Miriam Meckel

Redaktionsmanagement

D1735161

Miriam Meckel

Redaktionsmanagement

Ansätze aus Theorie und Praxis

Westdeutscher Verlag

Alle Rechte vorbehalten
© Westdeutscher Verlag GmbH, Opladen/Wiesbaden, 1999

Der Westdeutsche Verlag ist ein Unternehmen der Bertelsmann Fachinformation GmbH.

http://www.westdeutschervlg.de

Höchste inhaltliche und technische Qualität unserer Produkte ist unser Ziel. Bei der
Produktion und Verbreitung unserer Bücher wollen wir die Umwelt schonen: Dieses
Buch ist auf säurefreiem und chlorfrei gebleichtem Papier gedruckt. Die Einschweiß-
folie besteht aus Polyäthylen und damit aus organischen Grundstoffen, die weder bei der
Herstellung noch bei der Verbrennung Schadstoffe freisetzen.

Umschlaggestaltung: Horst-Dieter Bürkle, Darmstadt
Umschlagbild: Axel Waldhier, Typoconcept, München; mit freundlicher Genehmigung
dem Heft 1/1995 der Medienfachzeitschrift SAGE & SCHREIBE entnommen.
Druck und buchbinderische Verarbeitung: Lengericher Handelsdruckerei, Lengerich
Printed in Germany

ISBN 3-531-12980-5

Wenn man einem komplexen sozialen System gegenübersteht, einem Stadtzentrum oder einem Hamster, mit Dingen darin, die einem nicht gefallen und die man in Ordnung bringen möchte, dann kann man nicht einfach hineingehen und Ordnung machen. Das hat wenig Aussichten. Diese Erfahrung gehört zu den Enttäuschungen unseres Jahrhunderts.

Lewis Thomas: Die Meduse und die Schnecke. Köln 1981.

Inhalt

Vorwort

„What is a business? What is a profession? Can any business also be a profession [...]? Can a profession also be a business?" – so beginnt Curtis D. MacDougall 1947 sein Werk über „Newsroom Problems and Policies". Auch wenn das Wort Management in diesem Buch kein einziges Mal auftaucht, handelt es von einem Verhältnis, das in seinen unterschiedlichen Ausprägungen eines der umstrittensten im Journalismus sein dürfte: das Verhältnis von Berufung zu Beruf, von Selbstverwirklichung zu Dienstleistung. Damit handelt das Buch auch von der Frage, ob journalistische Arbeit einer an Führungskonzepten und Marktbedingungen orientierten Steuerung zugänglich ist oder nicht.

Das Management von journalistischer resp. redaktioneller Arbeit hat die US-amerikanische Wissenschaft sehr viel früher beschäftigt als die deutsche. Wenn von „newsroom policies" die Rede ist, dann geht es unter anderem Label um nichts anderes als die Ausrichtung und Steuerung journalistischer Arbeit im sozialen Gefüge Redaktion – also um das, was wir heute als Management bezeichnen. Überlegungen zum redaktionellen Management setzen damit auf einer konkreteren Ebene an als die organisationssoziologischen und systemtheoretischen Ausführungen zur Selbstorganisation, wenngleich die einen nicht ohne die anderen denkbar sind.

Anders gesagt: Dieses Buch versucht einen Brückenschlag zwischen Wissenschaft und Praxis. Dabei geht es nicht darum, vom einen „Ufer" Schmährufe oder Kritiktiraden an das andere zu schicken, sondern die Entwicklungsströme zu beobachten, die zwischen den beiden verlaufen. Aus mehr als zehnjähriger Erfahrung als „Grenzgängerin" zwischen beiden Dimensionen weiß die Autorin, wie fruchtbar (und manchmal auch furchtbar) diese verkreuzte Beobachtung sein kann.

Die Arbeit an diesem Buch war im doppelten Sinne transdisziplinär. Es geht nicht nur thematisch um die Möglichkeiten eines Transfers, einer gewinnbringenden Anwendung wirtschaftswissenschaftlichen Denkens auf die redaktionelle Arbeit. Die Auseinandersetzungen mit den Möglichkeiten und Vorzügen des Managements haben mir auch für das Wissenschaftssystem einige neue Perspektiven eröffnet. Im Klartext: Wenn der Journalismus Managementdefizite aufweist, dann leidet die Wissenschaft unter einer Management-„Aphasie".

Ist im Folgenden vom Redaktionsmanagement die Rede, dann sicherlich nicht allein davon, wie journalistische Arbeit für die Zukunft effektiver und effizienter werden kann. Im Gegenteil: Journalismus braucht kreative Freiräume und Entwicklungsspähren. Die allerdings sind heute unter Bedingungen eines modernen, durch Kommerzialisierung, Konkurrenz und Konzentration gekennzeichneten Medienmarktes rar geworden. Redaktionelles Management muß vor diesem Hintergrund dafür sorgen, diese Freiräume zu erhalten und zu sichern. Das funktioniert allerdings nicht ohne „Opfer". Insofern geht es natürlich schon um Wandlungsprozesse im Journalismus, die es verlangen, das Berufsfeld in einer veränderten Umwelt neu zu positionieren.

Verschiedene Autoren und Autorinnen ängstigen sich längst, inwieweit der Journalismus im neuen Jahrhundert derselbe bleiben wird, wie wir ihn derzeit kennen. Ich möchte antworten: Ich hoffe, er bleibt es *nicht*. Denn der Journalismus des 20. Jahrhunderts wird es im 21. Jahrhundert schwer haben, ebenso wie der des 19. Jahrhunderts in unserer Zeit wenig tragfähig gewesen wäre. Wenn der Journalismus als Beobachtungssystem sozialer Entwicklung diese nicht in seine Beobachtungsraster zu integrieren vermag, dann wird er über kurz oder lang obsolet.

Zurück zum Redaktionsmanagement: Wer sich als Journalist (nicht nur, aber vor allem in einer Führungsposition) dem Wandel verweigert, wird von ihm überholt werden, wer ihn analysiert und aktiv begleitet, wird ihn mitgestalten können. In einer pluralisierten und differenzierten Medienlandschaft hat sich nichts daran geändert, daß Journalismus einer Verantwortung und einer daran gemessenen Produktqualität verpflichtet ist. Aber es gilt zunehmend, diese Qualität im Kampf einer Ökonomie des Geldes, vor allem aber einer Ökonomie der Aufmerksamkeit, zu verteidigen. Das kann kein Chefredakteur und keine Redaktionsleiterin alleine leisten. Mit einem an die Besonderheiten der journalistischen Arbeit angepaßten Managementkonzept aber kann es gelingen, die ganze Redaktion auf Qualitätskurs zu bringen.

Management hat folglich, im hier zugrundegelegten Sinne, nichts mit Horrorszenarien einer gnadenlosen Rationalisierung, Technisierung und Mechanisierung von journalistischer Arbeit zu tun, sondern mit der gezielten und strukturierten Neuorientierung der Redaktion in einem gewandelten Mediensystem, die ihren Produkten im Medienmarkt die verdiente Position und Aufmerksamkeit garantiert.

Für diese Publikation gebührt einer Reihe von Menschen Dank, die mir beim Management dieses Buchprojektes geholfen haben und zur Seite standen. Für das Layout gilt mein Dank Kai Heddergott, für die Hilfe bei den Korrekturen Hildegard Mangels und Julia Flasdick. Ein besonderer Dank geht auch an alle Kolleginnen und Kollegen aus der journalistischen Praxis, die mir durch Gespräche, Hinweise und kritische Rückfragen viele Anregungen gegeben haben und somit am Gelingen des Projektes beteiligt sind. Barbara Emig-Roller vom Westdeutschen Verlag hatte Verständnis dafür, daß mein privates und berufliches Zeitmanagement nicht immer mit dem „Redaktionsmanagement" korrespondierte – auch ihr gebührt dafür Dank.

Köln, Münster 1998   M.M.

1 Management in Medienbetrieben

1.1 Von Redaktionen und Fußballvereinen

Manager und Managerinnen (von denen es bekanntlich immer noch wenige gibt) entscheiden in Medienbetrieben nicht allein, aber dennoch richtungsweisend, über das Wohl oder Wehe eines journalistischen Produktes – das ist sicher kein neues, aber ein neuerdings überaus interessantes und von den Medien selbst auch genau beobachtetes Faktum. Seit der „Erfindung des Medienmanagements", die Peter Glotz (1998) dem Ungarn Josef von Ferenczy zuweist und an seinen Eigenschaften „Beziehungsfähigkeit", „Instinkt" und „Phantasie" festmacht (Glotz 1998: 105), hat sich das Interesse an der Führung von Medienbetrieben von der Faszination der Intuition zur Faszination der Macht und des Erfolgs bzw. Mißerfolgs gewandelt. Dafür gibt es zwei Gründe.

Zum einen steigt seit einigen Jahren mit zunehmender Ausdifferenzierung des Medienmarktes in Deutschland das Interesse der Medien an den Medien; die Selbstreferenz in der Berichterstattung nimmt also zu. Daß sich dabei vor allem die Stars der Szene im Beobachtungsfocus bewegen, ist wenig verwunderlich und eröffnet eine erste Parallele zwischen dem Journalismus und dem Fußball. Vor allem die Akteure oder Spieler (von denen es auch im Journalismus einige gibt) sind interessant, die in der ersten Liga spielen. Daran ändert auch die Erkenntnis nichts, daß jeder Medienbetrieb und jeder Verein, der in der Bundesliga spielen will, auf Unterstützung und Nachwuchs, also auf einen „Unterbau" aus den Regionalligen angewiesen ist.

Zum zweiten wird die Luft auch im Journalismus mit steigender Auflagenzahl oder steigendem Marktanteil immer dünner. Diejenigen also, die sich in die Führungsetagen, und damit in den Wettbewerb (manchmal auch in die Schlacht) um Top-Positionen begeben, kommen immer häufiger darin um. Auch das ist eine Parallele zwischen Journalismus und Fußball. Wenn die Nationalmannschaft ausscheidet, wird zwar auf einzelne Spieler geschimpft, letztlich aber ist immer der Bundestrainer verantwortlich – eine Schuldzuweisung, die sich zunächst in Rücktrittsforderungen und -spekulationen Luft macht, wie wieder nach dem Ausscheiden der deutschen Nationalelf im Viertelfinale bei der Weltmeisterschaft 1998 in Frankreich zu beobachten war. Das liegt nicht zuletzt daran, daß man schwerlich ein ganzes Team, eine ganze Mannschaft für ihr Versagen bestrafen kann. Also bedarf es herausgehobener Sündenböcke, die stellvertretend Verantwortung für einen Mißerfolg oder ein Scheitern übernehmen. Im genannten Fall hat das bestens funktioniert: Berti Vogts warf Anfang September 1998 das Handtuch – als Sündenbock des DFB und der Medien. Ähnliches gilt auch für Medienbetriebe seit der Wettbewerb durch die stetige Vergrößerung der Angebotspalette im intermediären Bereich (Zeitung, Zeitschriften, Fernsehen, neue Medien) ebenso wie im intramediären Bereich (Konkurrenz von öffentlich-rechtlichen und privat-kommerziellen Fernsehprogrammen, Konkurrenz von Magazinen wie SPIEGEL und FOCUS, von Wochenzeitungen wie DIE ZEIT und DIE WOCHE usf.) immer stärker geworden ist.

Einige Beispiele aus dem Verlags- und Fernsehgeschäft mögen dies belegen. Zum Jahresende 1997 mußte der Vorstandsvorsitzende des Hamburger *Springer Verlages*, Jürgen Richter, mehr als ein Jahr vor dem offiziellen Ende seines Vertrages den Hut nehmen. Die Formulierung in der dazu ausgegebenen Presseerklärung des Verlags – das Unternehmen sei Richter „zu großem Dank verpflichtet" (vgl. DIE ZEIT v. 21.11.1997: 28) – war durchaus wörtlich zu nehmen. In nur drei Jahren hatte der Manager den Verlag ökonomisch auf Vordermann gebracht. So hat sich z. B. der Gewinn von 142,1 Millionen DM 1996 auf 164 Millionen DM 1997 erhöht, hat sich die Dividende in wenigen Jahren verdoppelt und das Vermögen der Aktionäre fast verdreifacht.

Wenn dies sicher kein Grund für eine vorzeitige Trennung zwischen Verlag und Vorstandchef gewesen sein kann, so bleiben andere Gründe, die im Medienmanagement offenbar von enormer Wichtigkeit sind. Die „Chemie" zwischen Konzern, Eigentümern und obersten Managern muß stimmen. Dies war bei Richter offenbar nicht mehr der Fall. Er hatte nicht nur zuviel Entscheidungskompetenz und damit zuviel Macht in seiner Position vereint, sondern bewies auch eine unglückliche Hand im Umgang mit dem Dauerkonflikt zwischen Kirch und Springer um den Fernsehsender SAT.1. Der Versuch, gegen den Willen von Claus Larass in die Chefredaktion der BILD-ZEITUNG hineinzuregieren, war ein weiterer Fauxpas, der ihm nicht verziehen wurde. Seit Jahresbeginn 1998 sitzt August Fischer auf dem Stuhl Richters, ein Schweizer Manager, der zuletzt die Geschäfte des Verlagshauses News International geführt hat, einem Unternehmen des Medienkonzerns von Rupert Murdoch. Claus Larass ist vom Chefredakteur der BILD-ZEITUNG zum Zeitungsvorstand bei *Springer* aufgerückt (vgl. Die Zeit v. 4.6.1998: 10).

Ähnlich erging es dem Geschäftsführer von RTL Television, Helmut Thoma. Der Österreicher hat den Kölner Privatsender vom Markteintritt 1984 an aufgebaut und konsequent zum europaweit führenden TV-Unternehmen gemacht. RTL erwirtschaftet heute einen Umsatz von mehr als zwei Milliarden Mark im Jahr und ist neben PRO7 der einzige Privatsender in Deutschland, der Gewinne verbuchen kann. Dennoch haben sich die Chefs von Bertelsmann, dem Mehrheitsgesellschafter des Senders RTL, entschieden, Thomas Vertrag nicht mehr zu verlängern, sondern ihn vielmehr schon vorzeitig, nämlich zum Herbst 1998, von seinen Pflichten zu entbinden (vgl. Süddeutsche Zeitung v. 3.4.1998: 23). Dabei konnte Thoma auch auf seiner letzten Bilanzpressekonferenz wieder hervorragende Zahlen präsentieren. RTL hat seinen Umsatz um 9,1 Prozent auf knapp 2,24 Milliarden Mark gesteigert (vgl. Medienspiegel 29/1998: 3). Auch in diesem Fall haben Probleme der Verständigung mit Konzern und Management dazu geführt, daß aus dem einst zum „Medienmanager des Jahres" gekürten Mann ein „Geschäftsführer mit Verfallsdatum" wurde (Süddeutsche Zeitung v. 3.4.98: 23). Thoma hatte den Fehler begangen, die Pläne der Bertelsmann-Manager für das digitale Fernsehen öffentlich als „elektronischen Rinderwahnsinn" zu bezeichnen und außerdem immer wieder auf die Controller der Gütersloher Konzernzentrale geschimpft, denen trotz guter Ergebnisse die Programmkosten zu hoch waren (Süddeutsche Zeitung v. 2.4.1998: 3).

Selbst in der zweiten „Liga" der Chefredakteure herrscht seit einiger Zeit eine hohe Fluktuation. Sogar das Traditionswochenblatt DIE ZEIT wechselte im Mai 1997 ihren Chefredakteur Robert Leicht ohne die sonst üblichen Lobtiraden gegen den neuen Mann Roger de Weck aus. Die Art und Weise des Wechsels sorgte in der Branche für große Aufmerksamkeit, denn offenbar war der interne Druck so groß, daß der Betroffene nicht aus dem eigenen Hause, sondern aus dem SPIEGEL von seiner bevorstehende Ablöse erfuhr (vgl. Riehl-Heyse 1997: 13).

Auch PRO7 entließ im Juli 1997 seinen Chefredakteur Gerd Berger, allerdings ohne für einen Nachfolger zu sorgen. Offiziell begründete Geschäftsführer Georg Kofler diese Maßnahme mit einer Neuordnung des Managements (vgl. Süddeutsche Zeitung v. 29.7.1997: 12). Daß dabei offenbar die journalistische Kompetenz in Zukunft weniger gefragt ist als betriebswirtschaftliches Denken, stellt eine mögliche Schlußfolgerung dar, die man aus den Veränderungen ziehen kann. Dabei unterscheidet sich gerade das Management in Medienbetrieben von der Führung anderer Wirtschaftsunternehmen erheblich. Die Führungskompetenz sollte sich daher aus einem je nach Zielsetzung adäquat gewichteten Zusammenspiel aus journalistischen und ökonomischen Komponenten ergeben – eine Anforderung, die unter anderem die Berufung von Claus Larass in den Vorstand des *Springer Verlags* begründet hat. Die Verpflichtung einer „starke[n] journalistische[n] Stimme" im *Springer*-Vorstand (Süddeutsche Zeitung v. 24.11.1997:19) zeigt also, daß sich die Balance zwischen journalistischer und wirtschaftlicher Führungskompetenz im Mediensektor zu beiden Seiten verschieben kann.

Natürlich leiden entlassene Medienmanager in der Regel nicht allzu lange unter fehlender Folgebeschäftigung. Richter hat den Bereich „Fachinformationen" der *Bertelsmann AG* in München übernommen, Thoma sitzt von nun an dem Beirat von RTL vor und berät außerdem den nordrhein-westfälischen Ministerpräsidenten Wolfgang Clement in Medienfragen. Leicht bleibt bei der ZEIT – wenngleich nicht in Chefposition – und Berger hat sich selbständig gemacht. Eine dritte Parallele zum Fußball: Auch wer im Mediengeschäft einmal zu kräftig getreten oder am Ziel vorbeigeschossen hat, bleibt am Ball. Die „Ablösesummen", die in einem solchen Fall hier wie dort gezahlt werden, ähneln sich ebenfalls.

Was aber bringt der Wechsel an der Spitze? Der Berufsverband der Deutschen Psychologen hat anhand mehrerer Studien für die Bundesliga festgestellt, „daß im statistischen Trend ‚Trainerwechsel wirkungslos' geblieben seien, weil die Entlassung nur ‚die Verantwortung auf einen Sündenbock' ablade" (Riehl-Heyse 1997: 13). Diese Feststellung leuchtet ein, denn schließlich muß der neue Mann oder die neue Frau in der Regel erst einmal wieder mit derselben Mannschaft antreten. Wenn die nicht mitspielt, steht alsbald der nächste Wechsel an der Spitze an. Die Probleme werden auf diesem Wege sicherlich nicht gelöst. Die Schlußfolgerung muß also hier wie dort lauten: Management ist auch, aber nicht nur eine Sache der Führungsspitze. Nicht der Trainer allein macht das Spiel, sondern vor allem die Mannschaft, die im Sturm auf neue Ziele ebenso gut sein muß wie in der Abwehr unerwünschter Veränderungen oder Einschnitte. Und schließlich gilt es, sich nicht allein vor dem Tor zu tummeln, um auf zufällige Qualitätstreffer zu warten, sondern ein Spiel muß langfristig und strategisch über das Mittelfeld aufgebaut werden, nur dann stellt sich auch langfristig der Erfolg ein. Im Zentrum des Fußballs steht also eine vom Sportsgeist beflügelte Mannschaft: das Team. Das ist im Journalismus nicht anders. Redaktionelles Management zielt auf eine von Chefredakteur und Geschäftsführer angeleitete Mannschaft, sprich: das Redaktionsteam. Das muß in erster Linie für den Erfolg eines journalistischen Produkts sorgen, und zwar unter kompetenter Führung – sonst droht auch dem Chef der Abpfiff.

1.2 Grundlagen und Ziele redaktionellen Managements

Sehr viel früher als in Deutschland hat sich in den USA die Kommunikationswissenschaft damit beschäftigt, daß Redaktionen in mehrfacher Hinsicht professionell steuerbare Organisationen sind, die auch in ihrer institutionalisierten Form – als „news factory" (vgl. Bantz/McCorkle/Baade 1980) – betriebswirtschaftlichen Überlegungen zugänglich sein müssen (vgl. Underwood 1993; Giles 1988). Spätestens seit Anfang der neunziger Jahre erfreuen sich diese Denkansätze auch in Deutschland zunehmender Popularität, man knüpft an US-amerikanische Forschungsstränge an. „Theoretische Ansatzpunkte bieten Modelle aus der amerikanischen Managementforschung, die Ziele und Strategien unternehmerischen Handelns in Abhängigkeit von Umweltbedingungen des Unternehmens (rechtliche und politische Regelungen, wirtschaftliche Rahmenbedingungen), Markt- und Branchenstrukturen, Käuferinteressen sowie innerorganisatorische Verhältnisse analysieren." (Kaase/Neidhardt/Pfetsch 1997: 14).

Dabei steht die Medienpraxis den Überlegungen des Managements von Redaktionen und Medienbetrieben offener gegenüber (vgl. Rager/Schaefer-Dieterle/Weber 1994) als bislang die Wissenschaft. „Elemente redaktionellen Managements traditionell amerikanischer Prägung, derzeit vor allem dessen strategische Ausgangsidee vom Marketing für Redaktionen, erhalten hierzulande Beifall, als würde es keine grundsätzlichen Einwände bezogen auf die angestrebten Produktionsziele Gewinnoptimierung und Zukunftssicherung für Zeitungsbetriebe geben." (Neumann 1997: 17 f.) Solche Einwände gibt es natürlich, und es ist Aufgabe der Wissenschaft, sie zu thematisieren und auf mögliche Folgeprobleme hinzuweisen.

Die Diskussion um das Für und Wider von Management im Journalismus wird allerdings zum Teil wenig konstruktiv geführt. Auf der einen Seite gibt es eine Reihe von praxisorientierten Publikationen, die eher deskriptiv als analytisch die Herausforderungen an das redaktionelle Management darlegen (vgl. Reiter/Ruß-Mohl 1994). Auf der anderen Seite führt schon das Wort Management (meist in Verbindung mit Marketing) ob seiner betriebswirtschaftlichen Beheimatung zu Aversionen, ohne daß man sich in einer tiefergehenden Auseinandersetzung die Mühe einer differenzierten Entscheidung machen würde, welche Elemente und Strategien *verschiedener* Managementkonzepte möglicherweise durchaus konstruktiv ins redaktionelle Handlungsfeld zu implementieren wären (vgl. Neumann 1997: 7 f.; Ruß-Mohl 1995: 104).

Wenn derzeit Fehlfunktionen des US-amerikanischen Mediensystems ins Feld geführt werden, um die fehlende Übertragungsfähigkeit redaktionellen Managements in US-Medienbetrieben auf deutsche Redaktionen zu belegen, so geht diese Argumentation genau am Kernproblem vorbei. Daß der Transfer von Vorbildern redaktionellen Managements aus den USA auf Deutschland „in jedem Fall fragwürdig" sei (Neumann 1997: 236), ist eine Schlußfolgerung, die nur dann zutrifft, wenn man Redaktionsmanagement rein auf die ökonomische Dimension von Unternehmensführung und auf das Marketing-Management reduziert. Dies wäre aber – auch gemessen am US-Vorbild – eine verkürzte Annäherung, die den Gegebenheiten wenig gerecht wird.

Tatsächlich hatte der US-Journalismus in jüngster Vergangenheit mit erheblichen Glaubwürdigkeitsproblemen zu kämpfen, die Qualitätsdefizite offenbaren. So strahlte der Nachrichtensender CNN einen Bericht über einen angeblichen Giftgaseinsatz des US-Militärs im Vietnamkrieg aus, der nicht bestätigt werden konnte. Das Meinungsmagazin NEW REPUBLIC mußte einen seiner Starautoren entlassen, weil er den größten Teil seiner Geschichten einfach erfunden hatte. Der BOSTON GLOBE entledigte sich einer preisgekrönten Reporterin, die sich als Hochstaplerin entpuppt hatte (vgl. Süddeutsche Zeitung v. 9.7.1998: 3). Und auch die Berichterstattung im Sex-Skandal „Clinton versus Lewinsky" hat kein gutes Bild auf die Standards im amerikanischen Journalismus geworfen (vgl. Süddeutsche Zeitung v. 14./15.2.1998: I).

Mit Erklärungen sind die Medienkritiker in der Regel schnell bei der Hand: „Konkurrenzdruck" lautet die Begründung. Dies trifft auch sicher in vielen Fällen zu. Die Frage aber ist, ob sich daraus die Schlußfolgerung ziehen läßt, daß das US-Konzept des redaktionellen Managements versagt hat. Die gegenteilige Interpretation bietet sich vielmehr an: Die betroffenen Redaktionen haben zu wenig Wert auf professionelle Führung und Qualitätskontrolle gelegt. Dies läßt sich auch am prominentesten Fälscherskandal der deutschen Medienbranche gut nachweisen. Daß STERN-TV unter mehreren deutschen Fernsehmagazinredaktionen von den unlauteren Methoden eines Michael Born am stärksten betroffen war, läßt sich unschwer nachvollziehen, wenn schon der Redaktionsleiter, Günther Jauch, öffentlich zugibt, er habe „noch nie in einem Schneideraum gesessen" (Süddeutsche Zeitung v. 22.10.1996: 3). Das heißt nämlich letztlich nichts anderes, als daß die Erfahrung mit den Produktionsabläufen und damit das Wissen über wichtige und notwendige Kontrollstellen und -möglichkeiten fehlt. Diese Kontrollfunktionen („fact checking") stellen ein zentrales Element im US-Konzept des redaktionellen Managements dar (vgl. Redelfs 1996: 191 ff.)

Bei der Auseinandersetzung um die Übertragungsmöglichkeiten US-amerikanischer Vorstellungen von Redaktionsorganisation, Redaktionsführung und redaktionellem Management geht es folglich weder um ein „ganz", noch um ein „gar nicht". „Es gibt kein amerikanisches oder deutsches Managementmodell mehr. Das hat sich stark geändert. Die Unternehmen sind kein Spiegelbild der Gesellschaft mehr wie noch vor zwanzig Jahren, sie sind ein Spiegelbild des Marktes." So sieht Paul Danos, Rektor der Amos Tuck School in New Hampshire, die Herausbildung globaler Managementfunktionen und -strukturen (Die Zeit v. 18.10.1998: 68). Dies trifft sicherlich auf das Management von Medienbetrieben und Redaktionen so nicht zu. Denn der Journalismus bleibt als Funktionssystem der Gesellschaft sozial gebunden, also systemspezifisch kontextuiert. Ein primär kommerziell ausgerichtetes und in liberalistischer Tradition weiterentwickeltes US-Mediensystem unterscheidet sich dahingehend von einem eher staatlich gesteuerten und an das Sozialverantwortungsmodell angelehnten Mediensystem der Bundesrepublik Deutschland. Dennoch ist auch dieses Veränderungen unterworfen, die eine konstruktive Anwendung einzelner Strategien redaktionellen Managements sinnvoll machen.

Eine schrittweise und systematische Annäherung an das Feld „Redaktionsmanagement" soll im Folgenden erste Orientierungen bieten. Der Begriff „Management" bezeichnet zunächst einmal nichts anderes als „eine zweckdienliche Leistung, die zur Erhaltung eines Systems, hier der Unternehmung, zwingend notwendig ist" (Staehle 1992: 66). Zweifellos lassen sich auch für den Redaktionsalltag und seine Steuerung eine Reihe von Managementfunktionen anführen, ohne die eine Medienunternehmung langfristig nicht überlebensfähig ist. Dazu gehören vor allem

◆ die Entwicklung eines redaktionellen Konzeptes, das dem publizistischen Produkt ein unverwechselbares „Gesicht" gibt;

◆ die ständige Kontrolle der redaktionellen Qualitätsstandards und die Erarbeitung eines Maßnahmenkatalogs zur Qualitätssicherung;

◆ die Entwicklung und Implementierung redaktioneller Strukturen, die Arbeitsabläufe in hinreichendem, aber nicht mehr als notwendigem Maße komplex halten, um das gemeinsame Endprodukt zu gewährleisten;

◆ die Einstellung und Fortbildung von angemessen qualifiziertem Personal;

◆ die Entwicklung, Einhaltung und Überprüfung finanzieller Rahmenbedingungen (Redaktionsetat);

◆ die kontinuierliche Abstimmung von publizistischem Produkt und Publikumsinteresse durch Beobachtung von und Kontakt zu Rezipienten (Marketing).

Alle diese einzelnen Managementfunktionen sollen auf ein Ziel zuführen, und zwar auf die langfristige Implementierung, Steuerung und Sicherung publizistischer Qualität sowie auf den Markterfolg. Publizistische Qualität und ökonomische Effizienz stehen dabei in einem polaren Verhältnis, d. h. sie stehen für eine konträre, aber dennoch wesentlich zusammengehörige Zielformulierung journalistischer Arbeit. Redaktionsmanagement bezeichnet demnach die strategische Implementierung, Steuerung und Sicherung publizistischer Qualität in Verbindung mit Markterfolg auf dem Wege des konzeptionellen, organisatorischen, Personal- und Kostenmanagements. Das bedeutet für die Institutionalisierung der Managementfunktionen zur Erreichung dieser polaren Zielkonstellation aus journalistischem Anspruch und Publikumsakzeptanz, daß die eigentlich getrennten Bereiche Redaktion und Verlag bzw. Geschäftsführung zusammenarbeiten oder zumindest „Schnittstellen" ausbilden müssen, über die sie ihre Handlungen und Strategien koppeln können. Genau an diesen „Schnittstellen" setzt das Redaktionsmanagement an, das folglich einem im wettbewerbsorientierten Medienmarkt zunehmenden Bedarf an Koordination zwischen Publizistik und Ökonomie, zwischen Journalismus und betriebswirtschaftlicher Unternehmensführung Rechnung trägt. In manchen Redaktionen (z. B. bei TV SPIELFILM) hat dies bereits zur Neuschaffung von zwei Stellen für „Redaktionsmanager" oder „Redaktionsmanagerinnen" geführt, die diese „Schnittstelle" auch in persona markieren und ausfüllen sollen.[1]

---

[1] Vgl. dazu das Interview mit Maria Oppitz, TV Spielfilm, Hamburg, in Kap. 8.6.

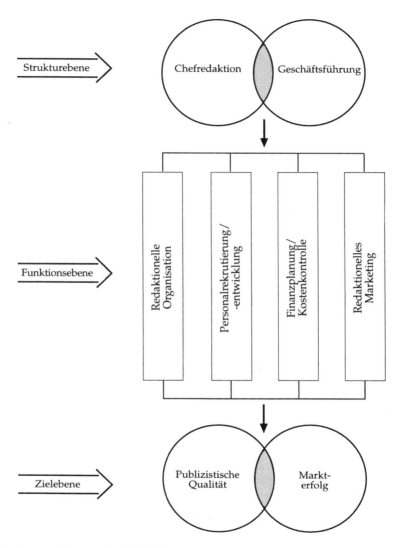

Abb. 1: **Ebenen des Redaktionsmanagements**
Quelle: eigene Darstellung

Die Entwicklung hin zu einer marktorientierten Interpretation von Journalismus hat sich seit Ende der achtziger Jahre enorm beschleunigt. Noch bis in die siebziger Jahre herrschte in Deutschland die Vorstellung vom Journalismus als Begabungsberuf, als kaum steuerbare Berufung, die allein auf der individuellen Aktivierung von vorhandenen Kreativitätspotentialen beruht. Die sozialen, politischen und ökonomischen Bedingungen der journalistischen Aussagenproduktion wurden weitgehend vernachlässigt (vgl. Weischenberg 1992: 37 ff.). Dies hat sich durch die organisationssoziologischen und systemischen Ansätze der Redaktionsforschung geändert (vgl. Rühl 1979, 1980, 1989) (vgl. Kapitel 3.2).

Die neuerlichen Perspektivverschiebungen auf die ökonomischen Dimensionen journalistischer Aussagenproduktion sind folglich eine weitergehende Konsequenz aus dieser Betrachtung des Journalismus im Kontext seiner Systembezüge. Denn diese haben sich seit Mitte der achtziger Jahre erheblich geändert. Gesamtgesellschaftliche Liberalisierungstendenzen weg vom Modell der *sozialen* Marktwirtschaft hin zu einem selbstregulativen Marktmodell in Verbindung mit medienpolitischen Deregulierungsmaßnahmen (vor allem im Fernsehsektor) haben den Medienmarkt einem erheblichen Wandel unterworfen. Heute konkurrieren in jedem Segment (Presse, Hörfunk, Fernsehen) des Medienmarktes eine Vielzahl von Anbietern um ein und dasselbe Publikum. Auch die Ausdifferenzierungs- und Spezialisierungsstrategien in den einzelnen Segmenten (z. B. Special-Interest-Zeitschriften und Spartenprogramme) bringen kein größeres Publikum, sondern machen lediglich eine zielgenauere Ansprache einzelner Teilpublika möglich. Der Wettbewerb wird damit lediglich von der größtmöglichen Breitenakzeptanz auf die zielsicherste Teilakzeptanz verlagert.

Die Kommunikationswissenschaft hat diese Entwicklung eher skeptisch beobachtet und prognostizierte früh negative Auswirkungen der neuen Konkurrenzsituation auf die publizistische Qualität. Denn diese Veränderungen im Medienmarkt unterscheiden sich erheblich von veränderten Konkurrenz- und Wettbewerbssituationen auf anderen Märkten. Medienprodukte sind als jeweils subjektiv bewertete Produkte („Geschmacksgüter") nicht dem klar definierten Zusammenhang von Qualitätswettbewerb und Akzeptanz unterworfen (vgl. Heinrich 1996: 167 ff.).

Ein Beispiel: Während in der Automobilindustrie Produktverbesserungen und -innovationen vom Kunden erkannt und durch die Bereitschaft, einen höheren Preis zu zahlen, honoriert werden können, ist dies bei Medienprodukten nicht so einfach. Eine gute Nachrichtensendung im Fernsehen kann anregend, unterhaltend, informierend, emotionalisierend sein, aber das läßt sich vom Rezipienten nur schwerlich so quantifizieren, daß man die Qualität schließlich in Zahlen, sprich in Geld, messen könnte. Beim Auto ist das anders: Hier zeigt das Tachometer, wie schnell der Wagen fährt, die Tankrechnung signalisiert, wie hoch der Verbrauch ist, und auch der Fahrkomfort läßt sich an konkreten Komponenten, wie z. B. der Handhabung der Instrumente, festmachen. All dies ist bei Medienprodukten so nicht der Fall. Damit ist folgende Situation im Medienmarkt bestimmend: Es gibt die typische Konkurrenz verschiedener Anbieter, die unterschiedliche Produkte auf den Markt bringen. Diese Konkurrenz führt auch im Medienmarkt zu einem zunehmenden Kostenwettbewerb, der alle Anbieter zwingt, für immer mehr Produkte immer weniger Geld auszugeben, also ihre produktive Effizienz zu erhöhen. Aber das zweite Steuerungskriterium herkömmlicher Märkte zur Verbesserung der allokativen Effizienz, der Qualitätswettbewerb, greift nicht vergleichbar (vgl. Heinrich 1994: 29, 1996: 165 f.). Zum einen, weil die Medienprodukte als „Geschmacksgüter" auf seiten der Rezipienten weitgehend subjektiver Bewertung unterworfen sind. Zum anderen, weil sich auch auf seiten der Produzenten oder der professionellen Beobachter (also z. B. der Wissenschaft) nur schwer intersubjektiv nachvollziehbare Kriterien für Qualität finden und definieren lassen.

Das alles macht die professionelle Planung, Steuerung und Kontrolle redaktioneller Arbeit nicht gerade leicht. Zwar geht angesichts der veränderten Verhältnisse auf den Medienmärkten kein Weg an neuen Managementkonzepten für die Redaktion vorbei. Auch wird die Reflexion solcher Ansätze in Praxis wie Wissenschaft heute in der Regel nicht mehr unmittelbar mit einem „ideologischen Verrat" am Journalismus gleichgesetzt. Aber die besondere Situation auf den Medienmärkten und die Bedingungen journalistischer Arbeit machen einen *behutsamen* Transfer derartiger Managementkonzepte in den Redaktionsalltag unerläßlich.

Eine Lösung für das aus dem verstärkten Spannungsverhältnis zwischen Ökonomie und Sozialverantwortung des Journalismus resultierende Dilemma kann das Redaktionsmanagement nur liefern, wenn man es als das versteht, was es im Medienmarkt sein kann: als professionalisierte Implementierung, Steuerung und Evaluation qualitätssichernder Maßnahmen in der journalistischen Aussagenproduktion.

Annäherungen an das „Redaktionsmanagement"

„,Redaktionsmanagement' ist das neue Wort für ein altes Problem:
Wie organisiert man den redaktionellen Arbeitsablauf in der Weise,
daß möglichst effizient und zugleich hochmotiviert produziert
wird?" (Redaktionsteam sage & schreibe)

„Klare Ziele für die redaktionelle Arbeit, systematische Planung
und Organisation, selbstkritische und auf die Redaktionsziele ausge-
richtete Überprüfungen alltäglicher Handlungsroutinen sowie (mit
Blick auf andere Konkurrenten) ein ständiges Suchen nach publizistischen Innovationen sind zentrale Aufgaben eines modernen Redaktionsmanagements." (Claudia Mast)

„Redaktionsmanagement ist die Summe aller nicht-journalistischen
Führungsaufgaben in Redaktionen." (Maria Oppitz)

„Der Journalist, der unter heutigen Bedingungen Karriere machen
möchte, muß sich nicht mehr nur um die Nachrichten und um die res
publica kümmern, sondern auch um *seine* Publika – also um Einschaltquoten, Verkaufsauflagen, um die Nachrichtenvermarktung und die
geschäftliche Seite des Medienbetriebs. Und damit sind wir bereits
bei den drei Aspekten [...] publizistische Qualitätssicherung, Me-
dien- und Redaktionsmanagement, redaktionelles Marketing." (Stephan Ruß-Mohl)

„Redakteure (*Editors*) als Manager zu betrachten, ihrer primär journalistischen Orientierung möglichst schon zu Beginn der Ausbildung
qua Definition zu entziehen und als Schnittstelle zwischen Produktion und Steuerung in die Verkaufsanstrengungen von Anzeigenabteilung und Vertrieb aufgrund präziser Marketing-Studien einzubeziehen, ist der dominierende Trend der 1980er und frühen 1990er
Jahre." (Sieglinde Neumann)

„Redaktionsmanagement heißt: Motivieren, für Kommunikation sorgen, Transparenz schaffen und eine vernünftige Planung, die es ermöglicht, Perlen ins Programm zu heben. Wenn eine Redaktion nur
von der Hand in den Mund lebt, dann kommt schon aus Zeitgründen
meist nur Durchschnittsware dabei heraus." (Gerald Baars)

„Redaktionelles Management setzt erstens eindeutige Führung, Zuständigkeiten und klare Linien voraus. Zweitens bedeutet es wirtschaftliches Arbeiten. Redaktionen sind keine wirtschaftsfreien Räume. Management heißt drittens, daß man termingerecht arbeitet, damit ein Angebot rechtzeitig beim Kunden ist. Auch eine Redaktion muß ihre Produkte pünktlich abliefern. Zum redaktionellen Management gehört schließlich, daß man die Strukturen und Abläufe permanent kontrolliert und bei Bedarf neu organisiert." (Jürgen Althans)

„Präsent sein, disponibel sein, dafür sorgen, daß schnell entschieden wird, damit die Kollegen nicht blockiert oder gehemmt sind; Entscheiden und sich entscheiden, das ist Redaktionsmanagement." (Roger de Weck)

„Redaktionsmanagement ist Coaching, wobei der Coach nicht nur situativ führender Koordinator, sondern auch Teamplayer, Kommunikator, Integrator und Motivator ist; und zwar an der Schnittstelle zwischen Redaktion und Produktion auf der einen Seite und dem Publikum auf der anderen Seite." (Holger Cappell)

„Redaktionsmanagement heißt klare Führung bei hoher Motivation." (Heiner Bremer)

2 Qualitätsmanagement

2.1 Auf der Suche nach Qualität

Qualität ist in aller Munde – nicht erst seit dem einschlägigen Nachweis ihres Fehlens, den viele Medienkritiker in der Tradition Hans Magnus Enzensbergers (1988) vor allem am „Nullmedium" Fernsehen festmachen. Das bietet aus dieser Sicht nämlich letztlich nichts mehr, schon gar keine Qualität. Fälscherskandale, Gefühlsfernsehen und Trash-TV à la *Jerry Springer* sind Indikatoren für nicht mehr als die „Wirklichkeit eines entfesselten Medienmarktes" (Weischenberg 1997: 9), der sich um vieles sorgt, vor allem um Pecunia und Popularis, nicht aber um journalistische Qualität. „Der Köder muß dem Fisch gefallen und nicht dem Angler" – so knapp und einfach hat RTL-Geschäftsführer Helmut Thoma dieses markt- und zeitgemäße Verständnis von Qualität (im Fernsehen) einmal auf den Punkt gebracht (zit. nach Schneider 1990: 19). Qualität ist dabei gleich Quote, oder anders formuliert: Qualität ist das, was dem Publikum gefällt. Man muß gar nicht an den lauten Protest erinnern, den eine solche Bemerkung und ihre auch in Programmformaten wie *Tutti Frutti* erkennbare Manifestation unter Medienkritikern und Wissenschaftlern hervorgerufen hat, um festzustellen, daß die Qualitätsdebatte eine der am vehementesten und kontroversesten geführten Diskussionen in Wissenschaft und Praxis der Medien überhaupt ist.

Das liegt zum einen daran, daß sich das Verständnis von Qualität auch im Journalismus – oder allgemeiner gesprochen in der Medienwelt – vor allem in den vergangenen zehn Jahren erheblich gewandelt hat. Hier ist wieder das Fernsehen zentraler Indikator: Es macht „den Verlust der *einen* Kultur und ihre Ablösung durch unterschiedliche Unternehmenskulturen [...] deutlich: Die eine soll die Gesellschaft, die anderen wollen ihre Gesellschafter zufrieden stellen" (Hall 1997: 9). Qualität im Journalismus hat sich damit – zumindest teilweise – von einer normativen Größe sozialer Verantwortung zu einer mehr oder minder kalkulierbaren Größe von Marktadäquanz und Publikumsakzeptanz entwickelt.

Während die Printmedien seit jeher im Qualitätswettbewerb um Aufmerksamkeit und Glaubwürdigkeit beim Leser auf der einen Seite (publizistischer Wettbewerb) und um Anzeigenkunden bzw. Abonnenten und Käufer auf der anderen Seite (ökonomischer Wettbewerb) konkurrieren (vgl. Heinrich 1994: 94 ff.), hat der Rundfunk diesen Wandel erst Mitte der achtziger Jahre (und deshalb unter großer Beachtung) vollzogen. Das Zitat Helmut Thomas markiert eine Extremposition in dem dadurch eröffneten Spannungsfeld zwischen Anspruch und Akzeptanz, Moral und Markt oder Publizistik und Ökonomie. Für die Frage nach den Steuerungsmöglichkeiten dieser Entwicklungen durch Managementmaßnahmen kann es aber nicht darum gehen, eine generelle Trendwende vom „Aufklärungs- zum Marketingjournalismus" (vgl. Weischenberg 1995: 334 ff.) zu konstatieren oder zu beklagen, sondern es geht vielmehr um die angemessene Planung, Positionierung und Umsetzung journalistischer Arbeit unter Berücksichtigung der Bedingungen des publizistischen *und* ökonomischen Wettbewerbs.

Genau bei der Balance zwischen den Extrempositionen setzt auch redaktionelles Qualitätsmanagement an. Wer journalistisch nur seinem Idealismus verpflichtet ist, nicht aber den ökonomischen Realisationsbedingungen, wird langfristig ebenso wenig in der Lage sein, Qualitätsstandards zu halten, wie derjenige, der sich ohne Rücksicht auf den Verlust publizistischen Anspruchs nur den Bilanzen verschreibt.

Zum anderen liegt und lag die Streitbarkeit des Themas Qualität in der Problematik seiner Definition und Abgrenzung begründet. „Qualität im Journalismus definieren zu wollen gleicht dem Versuch, einen Pudding an die Wand zu nageln", resümiert Stephan Ruß-Mohl (1994b: 94) die vielen Ansätze, die in diese Richtung zielen. Auch dieses Problem ist nicht neu. Was man unter Qualität verstehen kann und will, hängt nämlich davon ab, in welchem Produktionskontext man journalistische Qualität verwirklichen will. Deshalb muß die Auseinandersetzung mit Qualität in zwei Schritten erfolgen: Beim ersten Schritt geht es um das generelle Verständnis von Qualität, das anhand von möglichst greifbaren Kriterien operationalisiert werden muß (vgl. Kap. 2.1). Im zweiten Schritt geht es dann um die strategische Umsetzung dieser Vorstellung von Qualität in der redaktionellen Arbeit (vgl. Kap. 2.2). Einfach gesagt: Es müssen Bedingungen geschaffen und kontinuierlich überprüft werden, welche die Anwendung und Umsetzung eines zuvor definierten Konzepts journalistischer Qualität möglich machen.

2.1.1 Qualitätsbegriffe

Der Begriff Qualität bezeichnet zunächst einmal ganz allgemein „die Abwesenheit von Fehlern" (Karmasin 1996: 17) und damit abstrakt die Beschaffenheit, die Güte oder den Wert von etwas. Da in der Regel Produkte oder Angebote keinen reinen Selbstwert haben, sondern eine bestimmte Funktion erfüllen sollen, muß man Qualität in einem nächsten Schritt definieren als Beschaffenheit einer Einheit bezüglich ihrer Eignung, festgelegte und vorausgesetzte Erfordernisse angemessen oder auch überdurchschnittlich zu erfüllen (vgl. Hagen 1995: 32). Diese Handhabe des Qualitätsbegriffs liegt auch den industriepolitischen Normen (DIN 55 350) zugrunde, die Qualität folglich im Hinblick auf die Gebrauchstauglichkeit oder den Gebrauchswert eines Produktes definieren (vgl. Reschenberg 1993: 177).

Die Operationalisierung einer solchen Definition fällt im Warenmarkt leicht, im Medienmarkt dagegen schwer. Denn Medienprodukte entstehen im Kontext sozialer Orientierung. Rosengreen/Carlsson/Tågerud (1991: 24) haben dies, basierend auf einem mehrjährigen Forschungsprojekt zu „quality assessment of broadcasting programming", in folgender Definition berücksichtigt: „Quality [...] is one or more characteristics satisfiying certain standards backed up by more or less central values and norms." Auch diese Annäherung an den Qualitätsbegriff bietet allerdings kaum Angriffspunkte für eine Praxisbewertung und -steuerung der Qualität von Medienprodukten.

Die Kommunikationswissenschaft greift deshalb zu Hilfskonstrukten, mit denen das Phänomen Qualität operabel gemacht werden kann. Die einzelnen Operationalisierungsangebote unterscheiden sich allerdings erheblich. Zum Teil beschränkt sich die Antwort auf die Frage nach einer Konkretisierung des Begriffs Qualität im Journalismus auf allgemeine und zudem noch recht willkürliche Annäherungen durch Unterscheidungen zwischen objektiver und subjektiver Qualität, Nachricht und Meinung oder verschiedenen journalistischen Arbeitsstrategien, wie z. B. den „W-Fragen", die Qualität – welcher Art und Ausprägung auch immer – garantieren sollen (vgl. Huber 1996; Wallisch 1995: 96 ff.; Schröter 1995: 17 ff., 44 ff.). Auf Definitionsvorschläge für Qualität wird dann auch lieber verzichtet oder sie bleiben allgemein: „Die Qualität von Journalismus wird an seiner Fähigkeit gemessen, Themen der sozialen Wirklichkeit aufzugreifen, durch adäquate Recherchetechniken zu erfassen und durch entsprechende Vermittlungsformen dem Leser nahezubringen." (Wallisch 1995: 148)

Stephan Ruß-Mohl (1992: 86) wählt seinen Weg der Annäherung über ein „Magisches Vieleck", das aus den Konstanten „Komplexitätsreduktion", „Objektivität", „Transparenz/Reflexivität", „Originalität" und „Aktualität" zusammengesetzt ist, wobei die Beziehungen zwischen diesen Konstanten im Dunkeln bleiben und damit auch nur wenige anwendungsorientierte Erkenntnisse zur Qualitätsfrage geliefert werden können.

Stärker generalisierbare Kriterien für Qualität bietet Rager (1994a), der mit Vielfalt, Relevanz, Richtigkeit und Vermittlung vier wichtige Aspekte von Qualität benennt. Hagen (1995: 70 ff.) verdoppelt diesen Katalog im Hinblick auf die Informationsleistungen von Nachrichtenagenturen auf acht Kriterien (Relevanz, Richtigkeit, Transparenz, Sachlichkeit, Ausgewogenheit, Vielfalt, Aktualität und Verständlichkeit). Einen Mittelweg gehen Heribert Schatz und Winfried Schulz. Sie haben 1992 im Auftrag von ARD und ZDF eine umfassende Bestandsaufnahme von Kriterien zur Beurteilung der Qualität von Fernsehprogrammen vorgelegt (vgl. Schatz/Schulz 1992a), von denen drei zu den fast in allen eher systematisch-analytisch angelegten Studien kontinuierlich thematisierten Kategorien von Qualität gehören: Relevanz, Vielfalt und Rechtmäßigkeit. Auch diese drei konsensuierten Kriterien weisen allerdings Probleme auf, will man sie als Handreichungen für eine Praxissteuerung der Qualität von Medienangeboten begreifen.

◆ *Relevanz*: „Relevanz ist ein relationaler Begriff." (Schatz/Schulz 1992b: 696) Dinge oder Sachverhalte sind nicht a priori, aus sich heraus oder an sich relevant, sondern immer nur in Beziehung zu anderen Dingen oder Sachverhalten. Ein Zeitungsartikel oder eine Fernsehsendung ist dann relevant, wenn er oder sie in der Folge bei Individuen, Gruppen oder in Systemkontexten Betroffenheit bzw. Resonanz erzeugt. Ein Beispiel: Das bislang folgenreichste Zugunglück in Deutschland, der ICE-Unfall von Eschede im Juni 1998, ist für die Familienangehörigen der Mitreisenden stärker und vor allem anders relevant als für Menschen, die sowieso niemals Zug fahren, für den Chef und die Mitarbeiter der Deutschen Bahn oder für die Eisenbahnwirtschaft. Dementsprechend anders müßte für diese Bezugsgruppen und Bezugssysteme auch die Berichterstattung aussehen, dementsprechend andere Schwerpunkte müßten die Journalisten setzen.

Relevanz kann also auf der Mikro-, Meso- und Makroebene ansetzen, sie ergibt sich aus einem Korrelat von sozialen und systemischen Bezugsdimensionen auf seiten der Kommunikatoren ebenso wie der Rezipi-

enten und ist damit ein hochkomplexes Kriterium, das sich für die Praxissteuerung kaum operationalisieren läßt. Schatz und Schulz (1992b:
697) verweisen dann auch selbst auf „die Schwierigkeiten, die Relevanz
von Fernsehprogrammen empirisch zu bestimmen".

◆ *Vielfalt*: Kaum weniger komplex erscheinen die Implikationen, die eine
Konkretisierung des Kriteriums Vielfalt für die Qualitätsmessung von
journalistischen Produkten mit sich bringt. Das Problem beginnt schon
mit einer unterschiedlichen Handhabung von Vielfaltsanforderungen
im Presse- und Rundfunkmarkt. Während die Presse schon immer im
Sinne außenpluraler Vielfalt organisiert war, also ihre einzelnen Angebote auf dem freien Markt der Ideen miteinander konkurrieren mußten, war dies beim Rundfunk bis 1984 anders. Das Vielfaltsgebot ist sogar vergleichsweise konkret im Rundfunkrecht festgelegt, weil im Sinne
unseres demokratisch-partizipatorischen Gesellschaftsentwurfs nur ein
vielfältiges Medienangebot dazu gereichen kann, eine freie, umfassende
und chancengleiche Meinungsbildung zu ermöglichen. Das Bundesver-
fassungsgericht hat dies mehrfach im Begriff der „gleichgewichtigen
Vielfalt" umgesetzt (BVerfGE 73: 118, 83: 238). Diese Vielfalt war aber
bis Mitte der achtziger Jahre als binnenpluralistisches Modell konzeptioniert.

Welchen Veränderungen der Vielfaltsbegriff dann in quantitativer
und qualitativer Hinsicht in den folgenden Jahren unterworfen wurde,
zeigt folgende Argumentation. Wenn wir davon ausgehen, daß Vielfalt
zu Zeiten des öffentlich-rechtlichen Rundfunkmonopols als interne
Vielfalt konzeptioniert war, also als Ausdruck aller gesellschaftlich
relevanten Informationen und Meinungen in einem Fernsehprogramm, so
scheint unter den veränderten Bedingungen eines dualen Fernsehsystems
eher das Kriterium der externen Vielfalt (vgl. Brosius/Zubayr 1996: 187
f.) zu greifen, das sich als die Wahlmöglichkeit der Rezipienten zwischen verschiedenen Programmangeboten (Genres) verschiedener Fernsehveranstalter zu einem Zeitpunkt definieren läßt.

Allein also in der Bestimmung struktureller Vielfalt in Abgrenzung
ihrer internen und externen Ausprägungsmöglichkeiten finden sich
zahlreiche Unterscheidungen, ganz zu schweigen von dem, was wir unter der inhaltlichen Vielfalt, also der inhaltlichen Variationsbreite
und Differenzierung einer konkreten Sendung, alles noch fassen müßten.
Auch das Vielfaltskriterium ist damit ein variantenreiches Gebot, bei
dem nach Print- und Rundfunkangeboten sowie nach struktureller und

inhaltlicher Ausprägung unterschieden werden muß, und läßt sich in seinen möglichen Formen der Operationalisierung kaum weitergehend als „Leitgebot" für die Praxissteuerung, also das Qualitätsmanagement, heranziehen.

◆ *Rechtmäßigkeit*: Bei diesem Kriterium kann man davon ausgehen, daß es am einfachsten umzusetzen und anzuwenden ist, weil schließlich konkrete Rechtsnormen als Führungslinien, als „Leitplanken" vorhanden sind. Dies sind die verfassungsrechtlichen Grundlagen, die allgemeinen Gesetze und vor allem die rundfunkrechtlichen Vorschriften (vgl. Schatz/Schulz 1992b: 708 ff.). Wie schwierig aber selbst in diesem Kontext die Konkretisierung von praxisrelevanten Leitentscheidungen aussieht, soll wieder ein Beispiel verdeutlichen:

Im Rundfunkstaatsvertrag (§ 3) finden sich relativ genaue Vorgaben zum Jugendschutz im Fernsehen. Danach dürfen Sendungen, die geeignet sind, Menschen oder soziale Gruppen zu verleumden, die pornographisch sind oder Kinder und Jugendliche sittlich gefährden könnten, nicht bzw. nicht am Tage gesendet werden. Aus Anlaß einiger Ausgaben der PRO7-Talkshow *Arabella* entzündete sich Mitte 1998 eine Diskussion um die nachmittäglichen Fernsehtalkshows, die nach Ansicht einer ganzen Reihe von Wissenschaftlern und Politikern nicht mehr mit diesen Jugendschutzbestimmungen zu vereinbaren waren. Auch dies läßt sich als Qualitätsdefizit beschreiben, das ganz konkret am Kriterium der Rechtmäßigkeit festzumachen ist.

Wie haben nun die verantwortlichen Fernsehmacher dieses Problem gelöst? Sie haben einerseits einen Verhaltenskodex für Talkshows erarbeitet, in dem festgelegt wird, daß die Themen Sexualität, Gewalt und der Umgang mit Minderheiten „besonders sensibel zu behandeln" sind und „einer besonders gründlichen Vorbereitung" bedürfen (vgl. Medienspiegel Dokumentation 30/1998), und andererseits ein bißchen Programmkosmetik betrieben. Bei *Arabella* wurde z. B. aus „Schwangere sind häßlich" „Schwanger sein macht schön". Bei *Andreas Türck* – ebenfalls PRO7 – wurde „Glaub mir, sie hat Schläge verdient" zu „Sie hat mich provoziert, da habe ich zugeschlagen" – natürlich ohne daß die Folgen neu produziert oder an den bereits abgedrehten Sendungen etwas verändert worden wäre (vgl. Süddeutsche Zeitung v. 20./21.5.1998: 26). Die Schlußfolgerung, die man aus diesen Beispielen ziehen kann, lautet: Qualitätsmanagement im Fernsehen hängt im Kontext der Rechtmäßigkeit davon ab, ob der Programmdirektor oder der Chefredakteur ein Verpackungskünstler ist. Ernsthafter gesprochen heißt es, daß auch das konkreteste aller Kriterien zur Bestimmung von Qualität durchaus einen Spielraum für Auslegung und praktische Umsetzung bietet, der so breit ist, daß im Zweifel nur die Extremfälle von Qualitätsmangel wirklich faßbar werden.

Das Zwischenfazit müßte an dieser Stelle also lauten: Qualität im Journalismus läßt sich nicht definieren und letztlich auch nicht durch konkrete Kriterien operationalisieren, denn selbst diese bieten noch eine Interpretationsbreite, die für die anwendungsorientierte Klärung des Qualitätsbegriffs wenig Hilfestellung offeriert. Dies würde dann in einem konsequenten zweiten Schritt bedeuten, daß sich Qualität im Journalismus auch nicht steuern läßt, denn um zu steuern muß man das Objekt der Steuerung klar vor Augen haben und wissen, wie es funktioniert. Statt einer wissenschaftlichen und praktischen Kapitulation vor der Tücke des Qualitätsbegriffes, ist ein Perspektivenwechsel sinnvoll, der aus dieser Sackgasse hinausführen kann.

2.1.2   Normative versus funktionale Dimension von Qualität

Den bisherigen Überlegungen zur Qualität im Journalismus und ihren Kriterien liegt eine Gemeinsamkeit zugrunde: ihre normative Ausrichtung. Qualität wird in der wissenschaftlichen Diskussion in der Regel als Norm begriffen, als Aufgabe, die man den Medien zuweist, die wenig konkret faßbar und in ihrer Erfüllung oder Einlösung auch schwer meßbar ist. Die angloamerikanische Qualitätsforschung hat sich der Lösung dieses Problems einen Schritt weit genähert, indem sie die normative Interpretation von *Qualität als Aufgabe der Medien* durch eine funktionale Interpretation von *Qualität als Leistung der Medien*, als „Media Performance" ersetzt hat (vgl. McQuail 1992). Die übergeordnete Frage lautet also nicht mehr: Kommen die Medien ihren Aufgaben nach?, sondern sie muß vielmehr lauten: Welche Leistungen erbringen die Medien? Systemtheoretisch gesprochen: Welche Leistungen erbringt z. B. der Journalismus für andere Funktionssysteme oder für das Alltagsleben seiner gesellschaftlichen Umwelt? (vgl. Luhmann 1990: 355).
    Ausgehend von der Erkenntnis, daß wir in einer funktional differenzierten Gesellschaft leben, kann man weitergehend folgern, daß diese Gesellschaft funktional differenzierte Leistungssysteme braucht, wie z. B. den

Informationsjournalismus, den Service- und Orientierungsjournalismus, den Lokaljournalismus, den Sportjournalismus usf. Diese unterschiedlichen Leistungssysteme können dann auch nicht mit generalisierten, also nicht differenzierten Kriterien für Qualität operieren.

Nähern wir uns den Medien also mit einem funktionalen Qualitätsbegriff, so können journalistische Angebote funktional oder dysfunktional sein, je nachdem, ob sie zum Beispiel als Informationsangebote konzipiert sind und dementsprechend für Informiertheit beim Rezipienten sorgen, oder ob sie als Unterhaltungsangebote konzipiert sind und demnach unterhaltende, emotionalisierende Effekte haben können.

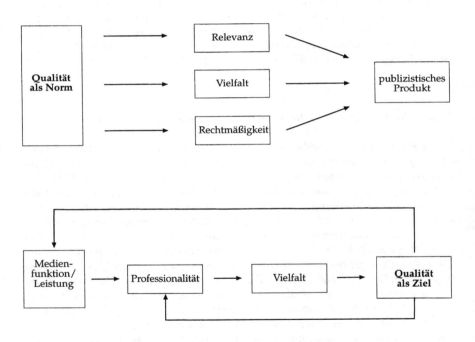

Abb. 2:   **Wege der Operationalisierung von Qualität:**
          normativer versus funktionaler Ansatz
          Quelle: eigene Darstellung

Das bedeutet zum einen: Qualität ist keine statische Norm, sondern eine variierende Meßgröße – je nachdem, welche Funktionen man den einzelnen Medien und seinen Angeboten zuweist (vgl. Ruß-Mohl 1992a: 85; Schenk/ Gralla 1993: 11). Und es bedeutet zum anderen, daß eine weitere Größe in die Qualitätsdiskussion aufgenommen werden muß, nämlich die Akzeptanz und damit die Rezipienten. Funktionalität oder Dysfunktionalität läßt sich nämlich nicht allein aus Anbieterperspektive, sondern vielmehr nur unter gleichzeitiger Berücksichtigung der Rezipientenperspektive bestimmen.

Interpretieren wir journalistische Qualität also in funktionaler Hinsicht unter Rückgriff auf die in einem differenzierten Mediensystem durch unterschiedliche Angebote erbrachten Leistungen der Medien, so läßt sich im Hinblick auf die Möglichkeiten der Steuerung einer so verstandenen Qualität – das Qualitätsmanagement – diese Größe vor allem durch zwei Kriterien operationalisieren, durch Akzeptanz und Professionalität (vgl. Schatz/ Schulz 1992b: 701 ff.).

◆ *Akzeptanz*: Gerade das Kriterium der Akzeptanz wird in Deutschland aus wissenschaftlicher Perspektive kritisch betrachtet, weil mit der Forderung nach einer Einbeziehung von Akzeptanz in die Beurteilung von Medienangeboten immer der Verdacht des „Massengeschmacks" einhergeht. Hohe Auflagen der Boulevard- und Regenbogenpresse ebenso wie gute Einschaltquoten für Fernsehsendungen, die eher die Niederungen menschlicher Abartigkeit denn die Höhen menschlicher Tugenden in den Vordergrund stellen, zeigen, daß „hohe Akzeptanz beim Rezipienten per se kein Qualitätsausweis ist. Auch Ramsch läßt sich ja mitunter gut verkaufen" (Ruß-Mohl 1992a: 89). Diese Argumentation verläuft allerdings genau entlang der bereits skizzierten normativen „Frontlinie", der nicht zuletzt – überspitzt formuliert – die Auffassung zugrundeliegt, daß Journalisten immer besser wissen, was gut für das Publikum ist, als dieses selbst. Für einen operationalisierbaren Qualitätsbegriff ist die provokative Gleichsetzung von Qualität und Quote bzw. Auflage zwar nicht die einzig wahre Maßgabe, aber zumindest ein wichtiger Indikator für das Qualitätsmanagement.

Ausgehend von einem funktionalen Qualitätsbegriff ist es notwendig, Funktionen unterschiedlicher Medien und Angebote unterschiedlicher journalistischer Leistungssysteme zu differenzieren, um auf diesem Wege die Akzeptanz als Variable in den Steuerungsprozeß des Qualitätsmanagements einzubringen. Dies gilt für den Presse- ebenso wie für den Rundfunkmarkt. So würde wohl niemand ernsthaft behaupten wollen, daß die Leistungen von zwei täglich erscheinenden Zeitungen, wie z. B. der BILD-ZEITUNG und der SÜDDEUTSCHEN ZEITUNG vergleichbar sind. Die BILD-ZEITUNG mag z. T. sogar eine informierende Funktion haben, primär zielt ihre Lektüre aber auf Service-, Unterhaltungs- und emotionale Funktionen ab. Bei der SÜDDEUTSCHEN ZEITUNG ist es umgekehrt: Hier steht die Informationsfunktion an erster Stelle, gefolgt von Orientierungs- und Unterhaltungsfunktionen. So ist es wenig verwunderlich, daß sich auch die Leserschaft dieser beiden Zeitungen wesentlich unterscheidet, wenngleich beide eine kontinuierliche Akzeptanz aufweisen. Daß die BILD-ZEITUNG dabei eine deutlich höhere Auflage erzielt als die SÜDDEUTSCHE ZEITUNG, mag manchen Kulturkritiker traurig stimmen, spiegelt aber nur ein Phänomen wider, das unsere gesellschaftliche Entwicklung seit jeher bestimmt: die Unterscheidung zwischen Populär- oder Massenkultur und Kunstkultur. Um sich von diesen tradierten und wiederum normativ geprägten Begrifflichkeiten zu lösen, spreche ich statt von Populärmedien und Anspruchsmedien lieber von eher *generalisierbaren* und eher *differenzorientierten* Medienangeboten. Beide Angebotsformen haben ihre Berechtigung, ihr Publikum und ihre Akzeptanzformen. Deren Unterschiedlichkeiten müssen allerdings bei den Überlegungen zur detaillierten Gestaltung der Angebote berücksichtigt werden.

Das gilt besonders für das Fernsehen. Eigentlich müßte man aus der permanenten Kritik an der Quotenorientierung (vgl. Bourdieu 1998: 37 ff., 68 ff., 95 f.) folgern, daß die Deutschen ein dummes und anspruchsloses Fernsehvolk sind. Auch dies kann so nicht stehen bleiben, argumentiert man im oben erläuterten Sinne. Zum einen ist der Geschmack des Publikums gar nicht durchgängig so einseitig orientiert, wie die Quotenkritiker dies gerne darstellen (vgl. Schulz 1996: 55). Als Beispiel lassen sich in diesem Zusammenhang die Akzeptanzwerte für Informationssendungen im Fernsehen anführen. So erreicht die *Tagesschau* der ARD in Zeiten der Popularisierung des Fernsehens noch immer täglich fast zehn Millionen Zuschauer und einen Marktanteil von 34 Prozent. Auch der ARD-*Brennpunkt* mit fast sechs Millionen Zuschauern (Marktanteil 20 Prozent) als Sondersendung des Informationssektors oder die Nachrichtensendung des privaten Anbieters RTL, RTL *Aktuell*, (mehr als vier Millionen Zuschauer und 20 Prozent Marktanteil) (vgl. Medienspiegel Dokumentation 31/1998), beweisen, daß es durchaus Kongruenzen zwischen einem normativen und einem funktional-akzep-

tanzorientierten Qualitätsbegriff gibt, und dies sogar beim Fernsehen
als dem unter qualitativen Gesichtspunkten umstrittensten Medium.
Dabei geht es für das Fernsehen sogar um eine noch grundlegendere
Unterscheidung als sie oben für die Presse nach eher generalisierbaren
und eher differenzorientierten Angeboten vorgenommen wurde. Denn das
Fernsehen ist z. B. im Vergleich zur Tageszeitung in erster Linie ein Un-
terhaltungsmedium (vgl. Meckel/Kamps 1998: 27 ff.). Seine Programme
sollen dem Publikum Spaß machen (vgl. Göpfert 1993: 99). Es ist dagegen kein primäres Informations- oder Bildungsmedium. Dies liegt in seiner visuellen Orientierung begründet, die das Fernsehen von anderen
Medien grundsätzlich unterscheidet. Damit gibt es nicht nur in funktionaler Hinsicht eine Priorität für Unterhaltungsangebote, für emotive
Programme, sondern ebenso eine Priorität für medienspezifische Angebote des Fernsehens, die sich durch Visualität, Livecharakter und Er-
eignisorientierung auszeichnen und dadurch von Angeboten anderer Medien abheben. Dies ist das Ergebnis einer weiteren Ausdifferenzierung
des Mediensystems, in dem unterschiedliche Medien eben nicht durchgehend dieselben Leistungen erbringen. Die Qualität eines Medienangebots richtet sich folglich nach den Leistungen und der Angebotsspezifik
des jeweiligen Mediums.

Die Schlußfolgerung daraus heißt: Fernsehen leistet anderes als
die Zeitung oder der Hörfunk und muß daher zum Teil auch mit anderen
Qualitätsmaßstäben gemessen werden. Diese lassen sich nicht in Begriffen wie gut oder schlecht, relevant oder irrelevant fassen, und es
sind eben auch nicht durchgängig die Qualitätskriterien, die wir an den
Informationsjournalismus anlegen. Damit bleibt vor allem ein Kriterium, das die Qualität für das redaktionelle Management steuerbar
macht.

◆ *Professionalität*: Das Publikum erwartet gut gemachte, also professionelle Medienangebote, die mediengerechte Umsetzung von Ideen, Themen und Ereignissen. Schlecht gemachte Zeitungen oder schlecht ge-
machtes Fernsehen werden in der Regel auch schwer akzeptiert (vgl.
Oehmichen 1993: 19).

Zum Kriterium der Professionalität gehören einerseits die wieder
eher abstrakten Grundregeln journalistischen Arbeitens, wie sie in den
Begriffen der „Objektivität", „Sachgerechtigkeit", „Überparteilich-
keit" usf. festgelegt sind (vgl. Schatz/Schulz 1992b: 702 ff.). Es handelt
sich aber auch dabei nicht um „objektivierbare" Normen, die vom Publi-

kum oder von professionellen Beobachtern (z. B. der Wissenschaft) nachvollziehbar überprüft werden können (vgl. Weischenberg 1995: 157 f.), sondern vielmehr um Hilfskonstrukte oder Strategien, mit denen Journalisten sich formalisierte Sicherheit in ihrer täglichen Arbeit verschaffen (vgl. Tuchman 1978, 1972).

Im Zusammenhang mit dem Qualitätsmanagement muß Professionalität folglich genau bei diesen Strategien ansetzen, die das Erbringen bestimmter Leistungen möglich machen. Diese Strategien werden im Kontext bestimmter redaktioneller Strukturen umgesetzt, die mehr oder weniger geeignet sein können, konkrete, an den Leistungen des Mediums orientierte Ziele zu erreichen. Qualitätsorientierte Professionalisierung bedeutet, daß die redaktionellen Strukturen und Arbeitsprozesse sowie die in ihnen erbrachten publizistischen Leistungen ständig an den medienspezifischen Leistungen und den daraus abgeleiteten Zielsetzungen für die redaktionelle Arbeit überprüft und wenn notwendig variiert bzw. angepaßt werden.

An dieser Stelle läßt sich folgendes Zwischenergebnis formulieren: Wenn man Akzeptanz als Qualitätskriterium fassen will, dann bedeutet dies, daß man die Erwartungen, die Rezipienten an einzelne Medien richten, ernst nehmen muß, daß man in den Medienangeboten eine „receiver use quality" angelegt wissen muß (Rosengreen/Carlsson/Tågerud 1991: 50 ff.; vgl. auch Greenberg/Busselle 1994). Ein funktional ausgerichteter Qualitätsbegriff führt uns also dazu, die Leistungen einzelner Medienangebote zu unterscheiden, ihre jeweilige Konsistenz auch in der Akzeptanz bestätigt zu wissen, und dementsprechend unterschiedliche Qualitätsindikatoren für spezielle Publika zu bestimmen, die in der redaktionellen Arbeit umgesetzt werden. Die Professionalisierung von Qualität läßt sich in diesem Kontext dann als Funktion von konzeptionellem Denken, Mitarbeiterführung, organisatorischer Planung und Kostenbewußtsein verstehen.

2.2 Qualitätssicherung

Für die Implementierung, Steuerung und Sicherung von Qualität in der Medienpraxis bringt diese Interpretation es mit sich, daß im Blick auf die Praxis nicht Qualität als Wert an sich gemanagt oder gesichert werden kann, sondern „lediglich" Strukturen geschaffen werden können, die auf allen Stufen der Produktion von Medienangeboten als „Richtungsweiser"

fungieren können. Es bedeutet weiterhin, daß Qualität nicht *ein* Objekt des
Managementhandels sein kann (im Sinne von Qualitätsmanagement als
eine Managementfunktion neben anderen, wie dem Personalmanagement,
dem Kostenmanagement etc.), sondern daß sie eben das Ziel verschiedener
gebündelter Managementstrategien darstellt. Das hier entworfene Konzept
redaktionellen Managements definiert publizistische bzw. journalistische
Qualität folglich als Ziel eines ganzheitlichen Managements, bei dem alle
Einzelstrategien der Führung von Redaktionen auf die übergeordnete Zielformulierung der Qualitätsbestimmung, -umsetzung und -sicherung hin angelegt sind.

2.2.1   Das Konzept des Total Quality Management (TQM)

Für dieses Konzept lassen sich einige Anregungen aus den Wirtschaftswis-
senschaften entlehnen, die seit einigen Jahren mit ganzheitlichen Konzepten die Qualität in der Waren- und Dienstleistungswirtschaft zu konreti-
sieren und zu sichern versuchen, weil Qualität unter veränderten Marktbedingungen inzwischen zu einem primären Wettbewerbsfaktor geworden ist.
Dabei geht es um einen umfassenden Qualitätsbegriff, der nicht nur die
reine Produktqualität im Sinne der Herstellung eines fehlerfreien Endproduktes im Visier hat, sondern in Erweiterung dieser Qualität ersten Grades
eine Qualität zweiten Grades vorsieht. Sie umfaßt „neben der technischen
Qualität die Qualität in allen Phasen des Kontaktes mit dem Kunden, in
denen zusätzlich auch Dienstleistungen und Service angeboten werden"
(Töpfer/Mehdorn 1995: 9).
   Die Erfüllung dieser umfassenden Qualitätsanforderungen können sich
die Unternehmen zertifizieren lassen, wenn sie einer Überprüfung nach den
Industrienormen des Qualitätsmanagements (DIN ISO 9000 ff.) standhalten. Das bedeutet u. a., daß die Leistungsdaten des Unternehmens einer
externen Prüfung zugänglich gemacht werden müssen, daß also Transparenz
auf allen Ebenen des Unternehmens geschaffen wird. Qualität soll folglich
nicht nur in einem weitergehenden Verständnis umgesetzt, sondern auch
langfristig und für den externen Beobachter nachvollziehbar gesichert
werden. Anreize für derartige Bemühungen im Rahmen eines expansiven
Qualitätsmanagements sind nicht nur Wettbewerbsvorteile, die ISO-zerti-
fizierte Unternehmen inzwischen gegenüber nicht zertifizierten Unternehmen haben, sondern auch Öffentlichkeitseffekte, die z. B. durch Aus-
zeichnungen für besondere Qualitätssicherungsmaßnahmen erzielt werden,

wie sie die EUROPEAN FOUNDATION FOR QUALITY MANAGEMENT (EFQM) jährlich im Rahmen des EUROPEAN QUALITY AWARD verleiht (vgl. EFQM 1997).

Bei all diesen Maßnahmen geht es darum, eine „Qualitätsphilosophie" zu entwickeln, die auf allen Ebenen eines Unternehmens und in allen Stadien des Arbeitsprozesses ansetzt – also von der ersten Idee über die Konzeptionierung und die Produktionsphase bis hin zur Kontrolle des Ergebnisses – und die deshalb auch als „Total Quality Management" bezeichnet wird. „Total Quality Management ist eine auf der Mitwirkung aller ihrer Mitglieder beruhende Führungsmethode einer Organisation, die Qualität in den Mittelpunkt stellt und durch Zufriedenheit der Kunden auf langfristigen Geschäftserfolg sowie auf den Nutzen für die Mitglieder der Organisation und für die Gesellschaft zielt." (Deutsche Gesellschaft für Qualität e. V. 1995)

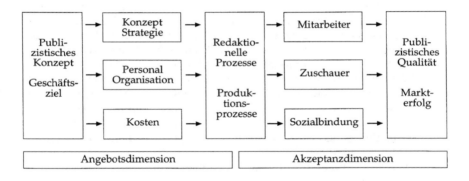

Abb. 3:   **Das Konzept des Total Quality Management in der Medienproduktion**
Quelle: erstellt in Anlehnung an EFQM 1997: 14

Diese Definition zeigt, daß das Konzept des Qualitätsmanagements eben nicht nur auf ökonomischen Denkprozessen und Entscheidungen beruht, sondern andere Faktoren und Kriterien mit einbezieht. Genau deshalb bieten sich Teile des Total Quality Management Konzeptes für eine Anwendung auf die Medienpraxis an (vgl. Fabris 1997: 73; Moss 1998: 72 ff.).

In der Medienproduktion, die in der Regel einen hohen personellen, finanziellen und logistischen Aufwand mit sich bringt, sind – selbst bei der

Herstellung im eigentlichen Sinne journalistischer Produkte – viele Teile des Produktionsprozesses determiniert. Ein wesentlicher Teil der Herstellung publizistischer Produkte verläuft daher (trotz aller Kreativität, die für die journalistische Arbeit sinnvoll und notwendig ist) im Sinne der Terminologie von Manfred Rühl (1989: 262) durch Konditionalprogramme, also durch routinierte Ablaufentscheidungen redaktionellen Alltagshandelns. Dies geschieht in der Regel nach dem Wenn-dann-Prinzip: Wenn es z. B. gute Bilder zu einem Ereignis gibt, dann erhöht sich seine Chance, in die Fernsehnachrichtensendung aufgenommen zu werden. Wenn das Ereignis weniger als zwei Stunden vor der Sendung geschieht, ist es aufgrund der Komplexität des Produktionsprozesses unwahrscheinlich, daß es als längerer Beitrag in der nächsten Sendung Berücksichtigung finden wird.

Nur in Ausnahmefällen und in Ausnahmepositionen können strategische Entscheidungen getroffen werden, die sich als Zweckprogramme, als grundsätzliche Orientierung im Sinne strategischer Führung von Redaktionen oder konzeptioneller Ausrichtung von Programmangeboten verstehen lassen. Eine wesentliche Aufgabe des Qualitätsmanagements ist es, zwischen diesen beiden Ausprägungen sinnvoll zu gewichten. Das bedeutet, soviel Routine wie nötig bei soviel Freiraum wie möglich zu etablieren. Dieser Ausgleich wird gerade durch das Konzept des Total Quality Managements ermöglicht, weil danach alle Mitarbeiter und Mitarbeiterinnen auf allen Hierarchieebenen und in allen Produktionsstufen der Entwicklung und Herstellung eines Produktes für die kontinuierliche Garantie von Qualität verantwortlich sind.

Das Konzept des Total Quality Managements hat demnach drei Zielsetzungen, die Qualitätssicherung in Unternehmen – auch der Medienbranche – erleichtern und institutionalisieren können.

◆ *Ganzheitlichkeit*: Die Qualität der Produkte, die ein Unternehmen – egal welcher Ausrichtung – auf den Markt bringt, hängt davon ab, ob ein Qualitätsbewußtsein geschaffen werden kann, das in allen Denk- und Handlungsprozessen, die in dem Unternehmen ablaufen, verankert ist. Die Sorge um die Qualität muß damit nicht nur die Manager und Managerinnen der „oberen Etagen" aufrühren, sondern jeden, der im Unternehmen mitarbeitet. Damit läßt sich Qualität auch nicht allein am eigentlichen Produktionsprozeß überwachen, sondern leitet die Arbeit in allen Phasen der Unternehmenstätigkeit als Zielorientierung an – von der Entwicklungsabteilung über die Verwaltung, die Produktion bis zur Vermarktung und zum Vertrieb.

Im Mediensektor kann man sich dies wie folgt vorstellen: Ein Fernsehsender entscheidet sich, eine neue Sendung – z. B. ein Magazin – ins Programm zu nehmen. Nach althergebrachter Vorstellung von Qualität und deren Sicherung geht es „lediglich" darum, ein sauberes, nach journalistischen Kriterien hergestelltes Programm zu produzieren, das keine technischen oder journalistischen Fehler hat. Das reicht für ein Qualitätsmanagement im Sinne des TQM-Ansatzes nicht mehr aus. Er impliziert mehr. Zur Qualitätssicherung gehören z. B. auch die Marktbeobachtung, mit der man die Lücke entdeckt, in die das neue Angebot passen könnte, die konzeptionelle Entwicklung, die möglichst viele Fehlerquellen und Fehlfunktionen schon im Vorfeld der eigentlichen Produktionsphase ausschließen kann, die konzeptionelle Zusammenarbeit von Redaktion und Produktion, um Brüche zu vermeiden und von Beginn an gemeinsam die optimalen Möglichkeiten für das neue Magazin auszuloten, die partnerschaftliche Kooperation mit Produktionsfirmen und Außenbüros, die nicht nur Zulieferarbeiten erledigen, sondern auch wesentlich für die Qualität des Endproduktes verantwortlich sind, u. v. m. Nur wenn die Qualitätssicherung im Sinne des ganzheitlichen Ansatzes auf allen Ebenen und an allen Schnittstellen ansetzt, kann man ein Ergebnis über Durchschnitt erzielen, kann das Produkt sich vom Minimalstandard der journalistischen und technischen Fehlerfreiheit abheben.

◆ *Prozeßhaftigkeit*: Auf der so einmal erzielten Qualität kann sich ein Unternehmen niemals dauerhaft ausruhen. Qualitätssicherung versteht sich vielmehr als Prozeß, der die Arbeit im Unternehmen kontinuierlich begleitet und weiterentwickelt. Dabei geht es nicht nur um die Erfüllung von Qualitätsstandards, sondern in Anlehnung an die japanische Tradition des *Kaizen* auch um das stetige Streben nach Verbesserungen (vgl. Imai 1992). Qualität als Unternehmensziel ist somit ein prozeßorientierter Maßstab, dessen Definition, gemessen an veränderten Rahmenbedingungen, mit der Zeit variieren kann.

Für das Beispiel aus der Medienbranche läßt sich dies folgendermaßen konkretisieren: Ist das neue Magazin der Fernsehanstalt zum ersten Mal ausgestrahlt worden und hat womöglich sogar eine zufriedenstellende Akzeptanz erzielt (konnte also einen angemessenen Marktanteil verbuchen), so geht die Qualitätssicherung nun in die nächste Phase. Durch Marktbeobachtung analysiert man die Reaktionen der Konkurrenten auf das neue Angebot und bezieht sie in die Konzeptionierung des eigenen Programms wieder mit ein. Das gleiche geschieht mit den

Zuschauerreaktionen, mit den Erfahrungen, die die Redaktion im Laufe des Entwicklungs- und Produktionsprozesses gemacht hat, und mit internen oder externen Verbesserungsvorschlägen. Für jede einzelne Ausgabe dieses Magazins muß sich die Redaktion also die Frage stellen, ob sie mit den zur Verfügung stehenden Ressourcen (Ereignisse und Themen, Redaktionsbudget, Mitarbeiter, Sendezeit) optimal umgegangen ist. Natürlich läßt sich diese Frage gerade in der durch Komplexität und Aktualitätenvariation geprägten journalistischen Arbeit selten oder nie einfach mit Ja beantworten. Dennoch steckt in der Forderung nach prozeßorientierter Qualitätssicherung der Ansporn, dies nicht als gegeben hinzunehmen, sondern sich immer wieder neu damit auseinanderzusetzen, um zwar nicht das ideale Programm (das es ja auch aus den oben erläuterten Aspekten der unterschiedlichen Ausprägungen von Publikumsakzeptanz kaum geben kann), aber das optimale Programm anzubieten.

◆ *Kontrollmöglichkeit*: Für ein dauerhaftes und auf kontinuierliche Verbesserung abzielendes ganzheitliches Qualitätsmanagement bedarf es Prüfungsverfahren, mit denen der Qualitätsstandard kontrolliert und evaluiert wird. Das setzt voraus, daß im Unternehmen konkrete Qualitätsziele formuliert worden sind, an denen sich der jeweils aktuell erreichte Qualitätsstandard messen läßt. Treten bei diesem Vergleich Divergenzen zutage, so muß zunächst die Ursache für die Abweichung des Qualitätsstandards vom Qualitätsziel gesucht und bestimmt werden. In einem zweiten Schritt werden dann die „Qualitätshemmnisse" systematisch ausgeräumt. Im Zuge der Qualitätssicherung in Unternehmen müssen folglich immer wieder feed-back-Schleifen in die Strategien des Qualitätsmanagements eingebaut werden, um die Funktionalität bzw. Dysfunktionalität von Arbeitsprozessen im Hinblick auf die Qualitätsziele der Unternehmung analysieren und kontrollieren zu können.

Das ganzheitliche Qualitätsmanagement in Medienbetrieben kann sich ähnlichen Zielsetzungen verschreiben. Für das neue Wochenmagazin einer Fernsehanstalt könnten konkrete, aus den übergeordneten Qualitätszielen der Fernsehanstalt abgeleitete Maßgaben z. B. lauten: Die bevorzugte journalistische Darstellungsform ist die Reportage, das Magazin nutzt die Darstellungsmöglichkeiten des Mediums Fernsehen (Visualisierung), jede Ausgabe enthält mindestens ein eigenrecherchiertes Thema, die Themen werden kontrovers aufbereitet, wobei gegnerische Parteien jeweils im Originalton zu Wort kommen usw. Nach jeder Aus-

strahlung einer Ausgabe muß nun der Qualitätskontrollmechanismus ansetzen. Erste Instanz dafür ist die Redaktionskonferenz. Hier wird diskutiert, ob die Sendung die Qualitätsziele erfüllt bzw. konstatiert, wo
sie sie verfehlt hat. Gibt es Diskrepanzen zwischen den redaktionellen
Qualitätsmaßstäben und dem, was die Sendung schließlich angeboten
hat, dann ist es Aufgabe der Redaktion (unter Führung der Redaktionsleitung) festzustellen, wo der „Fehler" liegt.
    Eine mögliche Qualitätsdiskrepanz könnte z. B. in langweilig oder
unzureichend visualisierten Beiträgen bestehen. Arbeiten in der Redaktion einige Redakteure, die zuvor hauptsächlich im Hörfunk beschäftigt waren, so könnte dies schon ein möglicher Grund für dieses Defizit
sein. Eine Lösung des Problems läge dann zunächst in einer Fortbildung
der betroffenen Mitarbeiter.
    Hat die Sendung es nicht geschafft, ein eigenrecherchiertes Thema
ins Programm zu heben, so könnte dafür ein zu enges Zeitkorsett in der
Vorbereitung und Produktion von Beiträgen verantwortlich sein, das die
Zeit für Recherchen auf ein Minimum verkürzt. Eine qualitätssichernde
Maßnahme, die der künftigen Fehlervermeidung dienen soll, wäre dann
z. B. die Umorganisation der Redaktion nach Rechercheredakteuren
und Filmredakteuren, die jeweils auf einen speziellen Bereich (Recherche, visuelle Umsetzung) spezialisiert sind.
    Nur durch dauerhafte und regelmäßige Kontrollmechanismen lassen
sich Fehler in der redaktionellen Arbeit sofort erkennen und durch Ge-
gensteuerungen die Ursachen dieser Fehler ausräumen, die ansonsten die
Qualität des Medienproduktes (unter Umständen nicht nur für die Redaktion, sondern auch für das Publikum sichtbar) beeinträchtigen.

2.2.2   Strategien und Maßnahmen

2.2.2.1 Die zehn K's des redaktionellen Qualitätsmanagements

Nicht immer läßt sich ein komplexes Feld, wie z. B. die Qualität von Medienprodukten, eingängig definieren und konkretisieren. Dennoch sind
Hilfskonstrukte manchmal sinnvoll, um die Komplexität des Gegenstandes
für die praktische Anwendung zu reduzieren. Vor diesem Hintergrund sind
die zehn K's des Qualitätsmanagements (vgl. Bruhn 1998: 33 ff.) in Medienbetrieben und Redaktionen zu sehen, die nicht mehr, aber auch nicht

weniger als Handreichungen sein können, um qualitätssichernde Maßnahmen zu strukturieren und organisieren.

♦ *Kundenorientierung*: Medienprodukte dienen nicht (allein) der beruflichen Selbstverwirklichung von Journalistinnen und Journalisten, sondern sollen ein Angebot an den Rezipienten sein, über das er sich informieren, bilden, unterhalten oder sonstige Gratifikationen erzielen kann. Die Akzeptanz auf seiten der Rezipienten ist daher ein wesentliches Merkmal von Qualität (vgl. Kap. 2.1.2). Neben der Maßgabe, daß Medienprodukte bestimmte an sie gerichtete Erwartungen des Rezipienten erfüllen, also funktional sein müssen, geht es bei der Kundenzufriedenheit weiterhin darum, daß im kontinuierlichen, wenngleich selektiven Kontakt mit dem Kunden, sprich dem Rezipienten, von der Redaktion immer wieder überprüft werden muß, ob diese Maßgabe erfüllt wird und ob Verbesserungen am Produkt notwendig sind.

♦ *Konkurrenzabgrenzung*: In einem ausdifferenzierten und konkurrenzorientierten Medienmarkt wird das Kriterium der Exklusivität immer wichtiger. Medienprodukte müssen von ihren Konkurrenzangeboten unterscheidbar sein. Für einen Medienbetrieb heißt das, es müssen Maßnahmen ergriffen oder Strategien verfolgt werden, die diese Abgrenzung von den anderen Anbietern im Markt auf Dauer steuern können. Die Redaktion muß mit ihrem Angebot also einen *Mehrwert* offerieren (vgl. Schümchen 1998: 7; Schulze 1993: 241 f.). Dies könnte für eine Fernsehanstalt z. B. durch den Erwerb von Rechten an Top-Spielfilmen erfolgen – eine Strategie, die der Sender PRO7 seit einigen Jahren erfolgreich umsetzt. Auch die Verpflichtung von hochqualifizierten und/oder populären Autorinnen und Autoren gehört dazu, wenn Sender oder Verlage sich im Markt möglichst differenziert positionieren wollen. Ähnliche Überlegungen gelten schließlich auch für die journalistischen Produkte einzelner Redaktionen. Sie stehen ebenso im Wettbewerb um Aufmerksamkeit und Akzeptanz, in dem sie nur durch die Strategie der Konkurrenzabgrenzung längerfristig eine Chance haben.

♦ *Konsequenz*: Alle Mitglieder der Redaktion müssen ihre sämtlichen Arbeitsschritte auf die Einlösung einer durch Zielvorgaben konkretisierten Qualitätsanforderung ausrichten. Das heißt in der Schlußfolgerung, daß sich im Medienbetrieb ebenso wie in den einzelnen Redaktionen eine Qualitätskultur entwickeln muß, die von einem ganzheitlichen Denken (und Arbeiten) getragen wird. Das Redaktionsmitglied ist nicht kreativer Einzelkämpfer, sondern sorgt im Team dafür, daß ein gemeinschaftliches Produkt entsteht, welches auch nur auf diesem Wege als geschlossenes, in sich homogenes Angebot vom Rezipienten akzeptiert werden kann.

♦ *Konsistenz*: Dieses Gesamtkonzept redaktioneller Qualität darf keine Widersprüche oder Brüche enthalten, denn sie führen zu Problemen bei den innerredaktionellen Arbeitsprozessen und werden u. U. auch von den Rezipienten entdeckt. Das Angebot einer Redaktion muß also von ihren Mitgliedern ebenso wie vom Publikum als einheitlich wahrgenommen und als geschlossenes Qualitätsformat identifiziert werden.

♦ *Kongruenz*: Zwischen dem nach außen präsentierten redaktionellen Arbeitsergebnis und dem redaktionsintern kommunizierten Qualitätsmaßstab sollte es keine Widersprüche geben. Eine Redaktion, die sich intern ständig über das lustig macht, was sie dem Leser, Hörer oder Zuschauer anbietet, und folglich intern einen völlig anderen Qualitätsmaßstab setzt (der sich in der Regel dann auch noch individuell unterscheidet) als er nach außen kommuniziert wird, kann auf Dauer keine im Ganzen identifizierbare journalistische Qualität hervorbringen.

♦ *Kontinuität*: Qualitätssicherungsmaßnahmen sind auf eine langfristige Implementierung in die redaktionellen Strukturen und die redaktionelle Arbeit angelegt. Sie müssen immer wieder in der Redaktion (z. B. in Konferenzen und Strategiegesprächen) thematisiert und regelmäßig durch konkrete Zielvorgaben erneuert werden. Das gilt auch für die Anwendung dieser Maßstäbe auf einzelne Medienprodukte, vor allem auf innovative Neuangebote. Die Entwicklung eines Fernsehformates oder die Planung einer themenspezifischen Seite in der Zeitung erfordert Zeit und Ausdauer – in der Konzeptions- ebenso wie in der Umsetzungsphase.

♦ *Komplettheit*: Im Sinne der Vorstellungen von ganzheitlicher Qualitätssicherung, wie sie dem Ansatz des Total Quality Management zugrunde liegen, müssen die in der Redaktion beschlossenen Strategien und Maßnahmen dazu geeignet sein, das redaktionelle Konzept in allen seinen Facetten dem übergeordneten Qualitätsmaßstab der Redaktion oder des Medienunternehmens zuzuordnen. Qualitätssicherung setzt damit

auf allen Hierarchieebenen und bei allen Arbeitsprozessen innerhalb
der Redaktion an.

◆ *Koordination*: Qualitätssichernde Maßnahmen müssen innerhalb der
Redaktion aufeinander abgestimmt werden. Das gilt nicht nur für explizit qualitätsorientierte Entscheidungen, sondern ebenso für Entscheidungen, die nicht unmittelbar, aber über das Gebot der Ganzheitlichkeit
mittelbar mit dem redaktionellen Qualitätsziel korrespondieren. So
müssen z. B. qualitätsorientierte Zielvereinbarungsgespräche zwischen
Redaktions- und Ressortleitern allen Mitgliedern der Redaktion be-
kannt und verständlich gemacht werden, sonst bleiben sie mehr oder
minder folgenlos. In der Aufbauphase kann es daher sinnvoll sein, eine
Person in der Redaktion zu benennen, die sich in erster Linie mit der
Qualitätskoordination beschäftigt, um Brüche zu vermeiden und gerade
in der entscheidenden, aber durch Streß und Hektik des Neuen geprägten Phase dafür sorgt, daß die Qualität immer im Blickfeld aller Beteiligten verbleibt.

◆ *Kommunikation*: Ein koordiniertes und konstistentes Konzept interner
und externer Kommunikation gehört zu den Erfordernissen redaktionellen Qualitätsmanagements. Wenn der Redaktionsleiter seine Mitarbeiter nicht richtig informiert, wird er Schwierigkeiten haben, qualitätssichernde Maßnahmen konsequent umzusetzen und möglicherweise sogar
auf Widerstände stoßen (vgl. Kap. 4.4.4). Auch die Außenkommunika-
tion der Redaktion muß den Regeln der Transparenz und Kontinuität
folgen, um den Kontakt zu den Rezipienten zu öffnen und von ihnen als
Kommunikationspartner wahr- und ernstgenommen zu werden.

◆ *Kosten-Nutzen-Orientierung*: Für Medienbetriebe gilt nicht nur, daß
Qualität ein Marktvorteil ist und damit die Wirtschaftlichkeit von
Medienbetrieben unterstützen kann. Es gilt auch umgekehrt, daß die
Qualitätssicherung in Medienbetrieben und Redaktionen dem Wirt-
schaftlichkeitsgebot unterstellt ist. Qualitätssichernde Maßnahmen
müssen sich an ihrem Effekt messen lassen und in einem vertretbaren Ko-
stenrahmen bewegen. So macht es z. B. wenig Sinn, daß eine Lokalzeitung zur Aufbesserung ihrer journalistischen Kompetenz einen international bekannten Top-TV-Journalisten verpflichtet, damit er durch eine
wöchentliche Kolumne die Aufmerksamkeitswerte der Zeitung aufpoliert. Denn die Lokalzeitung hat ihre Primärfunktion in der Nahraum-

berichterstattung. Statt hohe Honorare für Starschreiber zu bieten, könnte eine sinnvolle qualitätsichernde Maßnahme vielmehr der Ausbau des lokalen Reporterpools sein, durch den mehr eigenrecherchierte lokale Geschichten ins Blatt gehoben werden können.

2.2.2.2 Redaktionelle Qualitätssicherung als mehrstufiger Prozeß

Zusätzlich zu den aufgeführten Grundsätzen des redaktionellen Qualitätsmanagements bedarf es einer prozeduralen Orientierung von Qualitätssicherung, damit auf allen Stufen der Medienproduktion jeweils für sie spezifizierte Maßnahmen greifen. Dabei lassen sich drei Grundschritte unterscheiden: *Konzeption* (strategische Qualitätsplanung), *Konkretion* (Qualitätsumsetzung) und *Evaluation* (Qualitätscontrolling) (vgl. Bruhn 1998: 38 ff.).

Auf der ersten Stufe erfolgt die strategische Qualitätsplanung in der Redaktion. Hier wird durch Markt- und Konkurrenzbeobachtung das eigene Produkt positioniert und unter qualitativen Gesichtspunkten an den Koordinaten des Marktes ausgerichtet (Qualitätsposition). Eine umfassende Qualitätsstrategie soll es möglich machen, diese zuvor definierte Qualitätsposition zu halten bzw. sogar auszubauen. Einzelne Qualitätsgrundsätze konkretisieren diese Strategie dann für die tägliche redaktionelle Arbeit.

Ein allgemein gehaltenes Beispiel: Bei den Informationsleistungen des Fernsehens haben die öffentlich-rechtlichen Anbieter noch immer einen erheblichen Vorsprung vor den privat-kommerziellen Fernsehunternehmen in Deutschland. Als Qualitätsposition könnte daraus eine primäre Informationsorientierung von ARD und ZDF abgeleitet werden. Die Qualitätsstrategie liefe damit auf eine Betonung und auf einen Ausbau vorhandener Stärken hinaus. Einzelne Qualitätsgrundsätze lägen z. B. im Ausbau der täglichen Nachrichtenstrecken, einem regelmäßigen Angebot von Sondersendungen (ARD *Brennpunkt* und ZDF *spezial*) oder auch einer multimedialen Vernetzung der Informationsschiene durch die Verbindung von TV-, Print- und Onlineangeboten.

Auf der zweiten Stufe erfolgt die Konkretion (Qualitätsumsetzung) durch operative Qualitätsplanung, Qualitätslenkung und Qualitätsprüfung. Die operative Qualitätsplanung schließt eine konkrete Ermittlung der Anforderungen an die redaktionelle Arbeit aus Sicht der Rezipienten ein – z. B. durch regelmäßige Prüfung von Auflagen- und Einschaltquotenentwicklungen als quantitative Indikatoren und durch Aktivitäten der

Medienforschung, wie Rezipientenbefragungen, Gruppendiskussionen etc. als qualitative Indikatoren. Als zweites Gebot werden in diesem Rahmen Fehlereventualitäten geprüft. Da nach Murphys Gesetz bekanntlich alles schiefgeht, was schiefgehen kann, ist es sinnvoll, in dieser Phase mögliche Fehlerquellen schon frühzeitig zu erkennen, um präventive Gegenmaßnahmen zu ergreifen. So liegt z. B. im Umgang mit neuer Technik (computergesteuerte Redaktionssysteme bei der Zeitung, digitale Schnittplätze beim Fernsehen) eine Fehlereventualität, bei der man durch Mitarbeiterschulungen gegensteuern kann. Darüber hinaus werden konkrete Fehler aufgedeckt, analysiert und die zugrundeliegenden Probleme gelöst.

Prozesse der Qualitätslenkung können sich auf Mitarbeiterebene abspielen (Personalauswahl und -entwicklung, Anreizsysteme, internes Vorschlagswesen), sie können sich aber auch auf die „Redaktionskultur" beziehen und durch „Vorbildfunktionen" leitender Redakteure, der Ressort- und Redaktionsführung konkretisiert werden. Schließlich betreffen Maßnahmen der Qualitätslenkung auch direkt die redaktionelle Organisation, indem durch die Schaffung geeigneter Strukturen und Arbeitsbedingungen sowie den Einsatz von Qualitätszirkeln (vgl. Kap. 2.2.2.3) die qualitative Entwicklung der redaktionellen Arbeitsprozesse und damit verbunden die des journalistischen Produktes gesteuert werden können.

Auf der Ebene der Qualitätsprüfung wird die redaktionelle Leistung aus interner Perspektive (Bewertung des Produktes durch die Redakteure und Redakteurinnen selbst, z. B. in der Redaktionskonferenz) ebenso wie aus externer Perspektive (z. B. durch Hinzubitten eines „stellvertretenden" Lesers/Hörers/Zuschauers oder eines externen Kollegen zur Konferenz) geprüft und bewertet. Eine zweite Unterscheidung bezieht sich auf die Prüfung des redaktionellen Prozesses und des redaktionellen Ergebnisses. Lassen sich in den redaktionellen Arbeitsprozessen kritische Schnittstellen entdecken (wie z. B. eine unzureichende Absprache zwischen Redaktion und Produktion bei der Herstellung einer Fernsehsendung), so kann davon auf Ergebnisdefizite geschlossen werden (beispielsweise Fehler bei der Bildregie der Sendung, die bei vorheriger Absprache vermeidbar gewesen wären). Gerade bei der komplexen und oft unter starkem zeitlichen Druck stattfindenden journalistischen Arbeit hängen Arbeitsprozeß und Arbeitsergebnis unmittelbar voneinander ab.

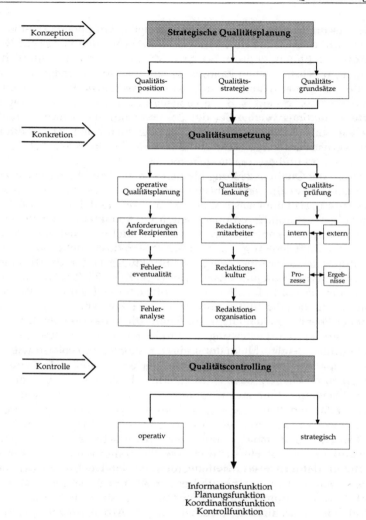

Abb. 4:   **Der Qualitätssicherungsprozeß**
                 Quelle: eigene Darstellung

Auf der dritten Stufe schließt die Evaluation (das Qualitätscontrolling) an. Das operative Controlling beschäftigt sich mit dem jeweils aktuellen Medienprodukt, also der zuvor ausgestrahlten Fernsehsendung, der gerade gedruckten Zeitung, prüft das Ergebnis und bewertet es gemessen an den Qualitätsgrundsätzen der Redaktion. Das strategische Controlling wählt eine umfassendere Perspektive und versucht, sämtliche Einflußfaktoren der redaktionellen Arbeit mit ihren Auswirkungen auf das journalistische Endprodukt in Beziehung zu setzen, um so langfristige Zusammenhänge zwischen Qualitätsmanagement, Effektivität und Effizienz der redaktionellen Arbeit auszumachen und diese weiterzuentwickeln. Das Qualitätscontrolling ist somit ein zugleich prospektives und reaktives Instrument redaktionellen Managements, das eine Koordinations-, eine Informations-, eine Planungs- und eine Kontrollfunktion hat und dessen Ergebnisse wiederum in den redaktionellen Arbeits- und Qualitätssicherungsprozeß einfließen.

Diese Aufgliederung nach verschiedenen Stufen und Schritten einer prozeßorientierten Qualitätssicherung in der Redaktion klingt komplizierter und aufwendiger als sie eigentlich ist. Denn viele Schritte dieses Prozesses gehören alsbald zur Routine professionellen Redaktionsmanagements. Nicht jeder Schritt muß immer wieder konkret benannt, geplant, umgesetzt und bewertet werden. Im Zuge der Herausbildung einer redaktionellen „Qualitätskultur" entwickelt sich vielmehr auch eine Routine im Umgang mit qualitätssichernden Maßnahmen (die allerdings auch in regelmäßigen Abständen überprüft werden muß).

2.2.2.3 Qualitätszirkel

Um Qualität als dauerhafte Zielvorgabe in die redaktionelle Arbeit zu implementieren, reicht es nicht, daß die Redaktion schöne Pläne entwickelt, sondern dafür müssen Beteiligte aus allen Bereichen des Medienunternehmens in den konzeptionellen Entwicklungsprozeß eingebunden werden. Ein hilfreiches Instrument sind dabei die Qualitätszirkel. „Dies sind auf Dauer angelegte Gesprächs- bzw. Problemlösungsgruppen, bei denen sich fünf bis zehn Mitarbeiter der unteren Hierarchieebene regelmäßig treffen, um selbstgewählte Qualitätsprobleme [...] zu diskutieren. Qualitätszirkel können neben der beabsichtigten Verbesserung der Dienstleistungsqualität zur Förderung des Qualitätsbewußtseins und der Qualitätsverantwortung der beteiligten Mitarbeiter beitragen, bereichsüberlappend qualitätsbezogene Probleme ermitteln und die Qualität der internen Kommunikation verbessern." (Bruhn 1998: 52)

Damit solche Gruppengespräche zielführend sind, werden sie durch einen Diskussionsleiter gesteuert. Dies kann entweder der direkte Vorgesetzte sein (was u. U. je nach Diskussionsverlauf zu Problemen führen kann), ein durch die Zirkelteilnehmer gewähltes Mitglied oder ein externer Moderator. Die letzte Möglichkeit hat gegenüber den beiden vorangehenden einen entscheidenden Vorteil. Als Nichtmitglied ist der Moderator nicht organisationsspezifisch „sozialisiert" und muß sich demnach im Gespräch auch nicht um mögliche Tabus kümmern. Er hat damit eine wesentlich größere Chance, innovatives Gedankengut in den Qualitätszirkel einzubringen.

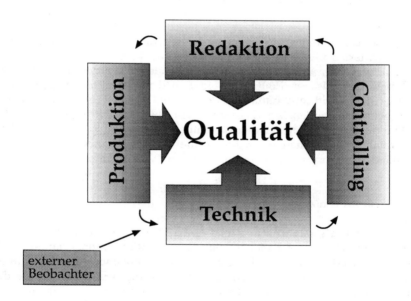

Abb. 5:   **Qualitätszirkel**
Quelle: eigene Darstellung

Die Idee der Qualitätszirkel läßt sich in der industriegeschichtlichen Entwicklung Japans verorten. Ende der siebziger Jahre setzte die japanische

Wirtschaft in verschiedenen Wirtschaftssegmenten durch hohe Qualitätsanforderungen zum Sturm auf den europäischen und US-amerikanischen
Markt an. Die Erfolgsstrategie lag schon damals in einem umfassenden
Qualitätskontrollsystem, das eben nicht nur auf eine nachträgliche Überprüfung der Produktqualität setzte, sondern den gesamten Entwicklungs-
und Produktionsprozeß begleitete. Dazu wurden Arbeitsgruppen eingerichtet, deren Mitglieder mögliche Qualitätsprobleme gemeinsam lösen sollten
(vgl. Winterhoff-Spurk/Senn 1992: 42). In Deutschland hat sich das Konzept der Qualitätszirkel erst spät durchgesetzt und blieb auf große Industrieunternehmen beschränkt. Dagegen wurde die Institution der „Lernstatt"bevorzugt, die letztlich auch Qualitätsverbesserungen zum Ziel hat,
diese aber eher über den Lern- und Weiterbildungsprozeß der Mitarbeiter
als über die diskursive Auseinandersetzung mit den existierenden Quali-
tätsproblemen zu erreichen versucht. Während Qualitätszirkel also die
Verbesserung der Produkt- oder Dienstleistungsqualität als primäres Ziel
haben, geht es bei der Lernstatt eher um Mitarbeitermotivation und – entwicklung (vgl. Moss 1998: 78 ff.).

Erfahrungen aus den USA zeigen aber – bisher allerdings eher im Sektor
der klassischen Warenproduktion -, daß auch Qualitätszirkel zur Institution dauerhafter Fort- und Weiterbildung der Mitarbeiter werden können,
daß die Zufriedenheit der Beteiligten steigt, weil viel konkreter und aktiver an der Zukunftsentwicklung des Unternehmens teilgenommen wird und
daß sich sogar die finanziellen Investitionen in die Qualitätszirkel um ein
Vielfaches auszahlen (vgl. Ledford/Lawler/Mohrmann 1988; Bruhn 1998:
146 ff.).

Auch in der Medienbranche finden sich inzwischen die ersten – wenngleich zögerlichen – Versuche, das Konzept der Qualitätszirkel für die
Verbesserung der Arbeitsprozesse und der eigenen Produktionen zu nutzen.
Dabei muß nach strategischen und thematischen Zirkeln unterschieden
werden. Strategische Zirkel beschäftigen sich mit Qualitätsdefiziten, die
aus den „klassischen" Feldern der Unternehmensentwicklung resultieren,
den Organisations- und Produktionsstrukturen, den Personalstrukturen, den
Wirtschaftlichkeitsdaten usf. Strategische Zirkel arbeiten demnach we-
niger journalismusbezogen als unternehmensspezifisch, um Verbesserungen
in den genannten Bereichen zu erzielen. Eine Variante dieser strategischen
Zirkel stellen die über einen längeren Zeitraum regelmäßig einberufenen
Zielvereinbarungsgespräche dar, in denen zwischen Unternehmensführung,
Redaktions- und Produktionsleitung Ziele für ein konkretes Medienprodukt

formuliert und Maßnahmen definiert werden, mit denen diese Ziele erreicht werden können.

Thematische Zirkel beschäftigen sich dagegen eher mit der journalistischen und redaktionellen Seite der Qualitätsverbesserung, suchen also nach neuen inhaltlichen Aspekten von Qualität. Eine Variante dieser thematischen Form von Qualitätszirkeln in Medienunternehmen sind Projektredaktionen, „die komplexe, durch hohe Informationsraten gekennzeichnete Querschnittsthemen über einzelne Ressortgrenzen hinweg durch ein Team von Journalisten (unterstützt durch Fachleute) bearbeiten können" (Weischenberg/Altmeppen/Löffelholz 1994: 156). Mit dieser Zielvorstellung hat DIE ZEIT z. B. 1998 ihre „kleine Reformwerkstatt" eingeführt, in der ein Journalist aus dem Wirtschaftsressort, einer aus dem Wissenschaftsressort und ein dritter aus einem wechselnden Ressort sich mit größeren Themen beschäftigen, die alle unter dem Stichwort „Reform" zu subsumieren sind und in größerem Umfang (z. B. im Dossier) präsentiert werden.[2]

In der Fernsehproduktion bietet sich eine derartige Institution nicht nur unter inhaltlichen Gesichtspunkten der thematisch-konzeptionellen Weiterentwicklung an, sondern vor allem auch, weil noch mehr verschiedene Arbeitsbereiche an der Herstellung eines Fernsehprogrammes beteiligt sind als bei der Zeitung oder im Hörfunk. Die Fernsehproduktion zeichnet sich folglich durch ein hohes Maß an spezialisierter Arbeitsteilung bei gleichzeitiger Notwendigkeit der Herstellung eines gemeinsamen Endproduktes aus – ein Komplexitätsproblem, daß mit Hilfe von Qualitätszirkeln reduziert werden kann.

Der direkten Produktverbesserung dienen Zirkel, die sich über das Instrument der Ist-Analyse in erster Linie der Fortentwicklung existierender Medienprodukte verschrieben haben. An diesen Zirkeln nehmen Redaktionsleitung, Mitarbeiter der Redaktion, der Ausbildungsabteilung, externe Medien- und Kommunikationswissenschaftler und – optional – der Medienforschungsabteilung eines Medienunternehmens teil. In je nach Stand der Produktion (Pilotproduktion, Regelproduktion, Produktvariation) verschiedenen Phasen werden die aktuellen Ausgaben des Medienproduktes im Rahmen des Zirkels diskutiert und analysiert. Auf diesem Wege kann der Kreis aus internen und externen Experten herausfinden, wo sich handwerkliche Lücken auftun, wie sich die Mitarbeiterinnen und Mitarbeiter der Redaktion selbst definieren und wie sich das auf die Vorstellung von der Qualität des Produktes auswirkt, welche spezifischen Probleme sich

---

2 Vgl. das Interview mit Roger de Weck, Die ZEIT, Hamburg, Kap. 8.5.

bei einzelnen Medienprodukten stellen und wie sie gelöst werden können, wie die Beziehung zwischen Angebot (Redaktion) und Akzeptanz (Rezipienten) verbessert werden kann, wie die Teamfähigkeit der Redaktion verstärkt werden kann, damit jeder einzelne noch stärker bereit ist, auf das gemeinsame Endprodukt hinzuarbeiten, wie redaktionelle und Produktionsprozesse funktionieren und wie sie verbessert werden können und wie die so gewonnenen Erkenntnisse wiederum in Fort- und Weiterbildungsmaßnahmen für die Mitarbeiter umgesetzt werden können (vgl. Winterhoff-Spurk/Senn 1992: 44).

Je nach Konzeption und Zielsetzung des Qualitätszirkels kann es sinnvoll sein, auch die Rezipienten mit in die Diskussion einzubeziehen (vgl. Oehmichen 1993). Die Vorteile von Qualitätszirkeln strategischer und thematischer bzw. produktorientierter Ausrichtung liegen jedenfalls längst auch für die Medienbranche und die redaktionelle Arbeit auf der Hand. Die kontinuierliche Erzeugung von Qualität bedarf einer kontinuierlich begleitenden Beobachtung der redaktionellen Leistungen, um Fehler zu entdecken, Lösungsmöglichkeiten für Probleme zu entwickeln und vor allem auch am Puls der Zeit die Weiterentwicklung von Arbeits- Produktions- und Kreativprozesse zu steuern. Qualitätszirkel sorgen dafür, daß dabei nicht nur internes Wissen neu koordiniert, sondern vielmehr auch externe Kompetenzen mit einbezogen werden können.

2.2.3 Qualitätsmanagement als Redaktionsprogramm

Qualitätsmanagement in Redaktionen kann nicht am Markt vorbeilaufen, sondern muß sich mit den Gegebenheiten des heutigen Medienmarktes auseinandersetzen, wenn es greifen und langfristig erfolgreich sein will. Zwischen den beiden Eckpunkten Anspruch und Akzeptanz verläuft also keine Trennlinie, sondern eine Verbindungslinie, auf der sich das Qualitätsmanagement angemessen positionieren muß. Um überhaupt eine praxisnahe Implementierung, Steuerung und Sicherung von Qualität möglich zu machen, ist es notwendig, den Qualitätsbegriff nicht mehr normativ, sondern eher funktional zu fassen, also die spezifischen Leistungen einzelner Medien in Verbindung mit der Akzeptanz auf seiten der Rezipienten als Indikatoren heranzuziehen. Die Konkretisierung von Qualitätsmanagement kann damit nur bei den Produktionsprozessen ansetzen, und zwar in viererlei Hinsicht: durch konzeptionelles, organisatorisches, Personal- und Kostenmanagement.

Für diese vier Bereiche gilt jeweils: Der Grad an Komplexität und die damit verbundene Differenzierung des Medienmarktes machen eine Doppelstrategie der zentralisierten und dezentralisierten Umsetzung notwendig. Managementanforderungen stellen sich also nicht nur auf der Führungsebene (Redaktions- oder Ressortleitung), sondern auf allen Ebenen des redaktionellen Arbeitsprozesses. Dabei überwiegen auch in der Medienproduktion in Folge rationalisierter und technisierter Produktionsprozesse die Konditionalprogramme, also die standardisierten Ablaufentscheidungen. Sie werden aber immer wieder durch Zweckprogramme ergänzt. Auch die konkreten Qualitätssicherungsmaßnahmen können zum Teil zum Routineprogramm der Redaktionsführung und des redaktionellen Entscheidens gehören. Zusätzlich müssen allerdings situations- und zeitabhängig Maßnahmen aktiviert werden, die als Instrumente der strategischen Qualitätssicherung fungieren (Qualitätszirkel). Anders gesagt: Die Regel macht die Ausnahme möglich, das Standardisierte schafft den Freiraum für Nicht-Standardisiertes, die strukturelle, prozedurale Implementierung von Qualität schafft Sicherheit im Umgang mit der Regel ebenso wie mit der Ausnahme.

Qualitätsmanagement als Redaktionsprogramm kann so langfristige und ganzheitliche Qualität der redaktionellen Arbeit im Sinne des Total Quality Management bewirken. Qualitätsmanagement darf also trotz der oben angeführten Strukturierungs- und Systematisierungsüberlegungen für ein Qualitätssicherungsverfahren nicht als starres Korsett der Redaktion mißverstanden werden. Qualitätsorientiertes Managementhandeln begrenzt nicht die journalistischen Freiräume und hemmt nicht die journalistische Kreativität, sondern schafft erst die Bedingungen für eben diese.

3 Redaktionsorganisation

3.1 Redaktion „Utopia"

Jeden Morgen sitzen Redakteure und Redakteurinnen frei nach Lust und Laune zusammen, um im Zuge eines offenen, kreativen Brainstormings zu erarbeiten, welcher Themen man sich journalistisch annehmen möchte. Ohne Zeitdruck und Kontrolle durch Vorgesetzte wird ein demokratischer und für alle tragfähiger Kompromiß verhandelt, aus dem dann das journalistische Endprodukt entstehen soll. Dieses Produkt – ob Zeitungsseite, Hörfunk- oder Fernsehsendung – wird so bearbeitet, wie es die daran beiteiligten Journalisten gemessen an den jeweiligen situativen Umständen für notwendig und richtig erachten. Das Endprodukt gelangt erst dann zum Leser, Hörer oder Zuschauer, wenn die von den Journalisten gesetzten Qualitätsmaßstäbe erfüllt sind, sie ihr Produkt für optimal und somit für präsentierbar halten.

Diese Szene wird so nie stattfinden, sie stammt aus der Redaktion „Utopia" und wird durch die Wirklichkeiten journalistischer Aussagenproduktion alsbald und für immer zu Fall gebracht.

Redaktionelles Handeln vollzieht sich weit weniger frei und situativ unabhängig als auch in der wissenschaftlichen Forschung lange angenommen wurde. Journalisten als feste oder freie Mitglieder von Redaktionen entscheiden täglich in einer Vielzahl von Fällen in komplexen Zusammenhängen. Dies ist zum Teil nur in routinisierten Entscheidungsabläufen und organisatorischen Rahmenbedingungen möglich. Ein Szenario wie oben wird jedes einzelne Mitglied der Redaktion lang- oder kurzfristig überfordern, zu einem organisatorischen Chaos führen oder (Re-)Organisationen hervorbringen, die mit den ursprünglichen Zielen journalistischer Kreativität und demokratischer Entscheidungsfreiheit nicht mehr viel zu tun haben.

Die TAZ hat solche Erfahrungen mit dysfunktionalen Entwicklungen fehlender Organisationsstrukturen in langen Jahren der Versuche eines freiheitlichen und basisdemokratischen Journalismus gemacht (vgl. Sontheimer 1994). Vor allem aber wird unter derartigen Umständen selten oder nie ein journalistisches Produkt entstehen, das die Wünsche der Kunden, sprich der Leser, Hörer und Zuschauer befriedigt, indem es regelmäßig, pünktlich und strukturiert, also gemäß der auf seiten der Rezipienten vorhandenen Erwartungsstrukturen, aktuelle Themen aufbereitet. Das Abonnement einer Tageszeitung, die mal heute, mal übermorgen erscheint, wird selbst der geneigteste Leser über kurz oder lang kündigen. Die Fernsehsendung, die heute aktuell, morgen hintergründig und immer nach unterschiedlichen Berichterstattungsmustern und in unterschiedlichen journalistischen Darstellungsformen das Weltgeschehen präsentiert, wird sich kaum dauerhaft einen vorderen Platz in der Gunst der Zuschauer erobern können. Das bedeutet, „daß durch das Fehlen fester Redaktionsstrukturen und dauerhafter interner Regelungsmechanismen die redaktionelle Autonomie und Einheit verloren gehen kann, die als wichtige Bestandteile der Gewährleistung publizistischer Qualität [...] gelten müssen" (Donges/Jarren 1997: 198). Redaktionen und ihre Mitarbeiter brauchen also feste Strukturen, Ablauf- und Entscheidungsprogramme, mit denen sie die Herausforderungen der journalistischen Bearbeitung von komplexen Themen in kurzen Zeiträumen und mit begrenzten Bordmitteln bewältigen können. Nur mit Hilfe gewisser organisatorischer Strukturen läßt sich journalistische Qualität über Kontinuität etablieren und lassen sich Probleme am Punkt ihrer Entstehung angehen.

3.2   Theorie und Empirie

Ähnlich wie in der journalistischen Praxis lange die Vorstellung vom kreativen Einzelkämpfer herrschte, hat auch die wissenschaftliche Forschung bis in die siebziger Jahre hinein das Individuum als theoretischen Bezugsrahmen für die Erklärung von redaktionellem Handeln und Prozessen journalistischer Aussagenproduktion gewählt (vgl. Rühl 1989: 257 ff.). Gängiges Beispiel für die Anfänge der empirischen Untersuchung redaktioneller Aussagenentstehung in individuenzentrierter Forschungsperspektive sind die US-amerikanischen Gatekeeper-Studien. Ausgehend von den Feldstudien Kurt Lewins, der anhand der Kaufentscheidung von Hausfrauen die Ernährungsgewohnheiten amerikanischer Familien untersuchte (vgl. Lewin 1963), übertrug David Manning White diesen Ansatz der personalisierten Pforten („gates") als Entscheidungsstellen auf die Redaktion. Am Beispiel des Nachrichtenredakteurs einer Tageszeitung in den USA analysierte White die Selektionspraxis dieses redaktionellen „Schleusenwärters" und fand heraus, daß „Mr. Gates" seine Nachrichtenauswahl eher nach subjektiv variierenden als nach klar strukturierten Entscheidungskriterien vornahm (vgl. White 1950). Die Befunde bestätigten also den subjektivistischen Ansatz, der dieser Studie zugrundelag.

In der weiteren Entwicklung dieses Forschungszweiges haben sich mehrere Wissenschaftler erneut des Gatekeeper-Konzepts angenommen und dabei zum Teil wenig innovative Überlegungen in den Untersuchungsansatz eingebracht (vgl. Snider 1967), zum Teil aber auch erste Ansätze zum organisatorisch-strukturellen Umfeld der jeweiligen Entscheidungsfindung in den Forschungsprozeß integriert. Walter Gieber wies mit seiner wesentlich breiter angelegten Studie über Nachrichtenredakteure bei Tageszeitungen in den USA nach, daß eben nicht allein individuelle Entscheidungen, sondern vielmehr auch strukturelle und institutionelle Zwänge die Nachrichtenauswahl beeinflussen (vgl. Gieber 1956). Auch die Studie von Warren Breed (1973) über „Soziale Kontrolle in der Redaktion" lenkte den Focus der wissenschaftlichen Beobachtung auf professionelle Zwänge, die sich aus einem beruflichen Sozialisationsprozeß des einzelnen Redakteurs in seinem Medienunternehmen ergeben und die journalistische Arbeit beeinflussen.

Der Wandel, den die Gatekeeper-Forschung somit von individualistischen zu institutionalen Ansätzen vollzogen hat, reicht allerdings nach Ansicht von Gertrude Joch Robinson bei weitem nicht aus, um Entscheidungsprozesse in der Redaktion (und damit die Bedingungen der Entstehung journalistischer Produkte) adäquat nachzuvollziehen. In ihrer kritischen Rückschau auf die Gatekeeper-Forschung widmet sich Robinson (1973) kybernetischen Ansätzen und belegt anhand einer eigenen Studie über die damalige jugoslawische Nachrichtenagentur TANJUG (Robinson 1970), daß der Prozeß der Nachrichtenselektion vornehmlich durch institutionalisierte Regel-Kreise (feed-back-Schleifen) geprägt ist. Ihr Ansatz zeigt damit nicht nur, „ [...] daß eher der institutionale Rahmen und weniger die psychologische Verfassung des Journalisten sein Gatekeeper-Verhalten am besten voraussagen kann. [...] Ein kybernetisches Modell klärt auch die dynamischen Kontrollbeziehungen in der Organisation selbst auf, die bisher nicht erkannt wurden" (Robinson 1973: 351).

Die US-amerikanische Redaktionsforschung hat folglich seit Beginn der siebziger Jahre verstärkt die institutionalen und organisatorischen Einflußfaktoren auf redaktionelle Arbeit untersucht, um sie in ein verallgemeinerungsfähiges Modell journalistischer Arbeitsorganisation einzubetten. Besonders die standardisierten Handlungen von Journalisten in der ak-

tuellen Nachrichtenproduktion im Sinne einer „newswork routinization"
(Bantz/McCorcle/Baade 1980: 46) rückten in den Vordergrund. Mehrere
Studien aus dieser Zeit weisen nach, daß redaktionelle Arbeitsprozesse
hochgradig routinisiert und ritualisiert verlaufen (vgl. Tuchman 1972,
1978) und im wesenlichen von institutionellen und organisatorischen Rahmenbedingungen bestimmt werden. Die Wissenschaft verabschiedete sich
folgelogisch von „Mr. Gates" und seiner individuenzentrierten Nachrichtenauswahl und rückte die Nachrichtenorganisation ins Zentrum der Begründung redaktioneller Entscheidungsprozesse: „The organization was the
gatekeeper." (Bailey/Lichty 1972: 229)

Wenngleich die US-amerikanische Kommunikator- und Redaktionsforschung auch die Entwicklungsstränge dieser Disziplin in Deutschland mit-
geprägt hat, setzte die Redaktionsforschung in der Bundesrepublik in einer
etwas anderen Ausrichtung bei organisations- und betriebssoziologischen
Studien an (vgl. Scholl/Weischenberg 1998: 42 ff.). Als „Initiationsstudie"
einer komplex-orientierten Erforschung redaktioneller Aussagenentstehung
läßt sich die Untersuchung Manfred Rühls über „Die Zeitungsredaktion als
organisiertes soziales System" aus dem Jahre 1969 nennen. Rühl geht von
der Annahme aus, „daß redaktionelles Handeln als Herstellen von Zeitungen in einem industriell hochentwickelten Gesellschaftssystem nicht nur
durch Nachrichten sammelnde und redigierende und sie kommentierende
Redakteure erfolgt. Vielmehr vollzieht sich redaktioneller Journalismus
als ein durchrationalisierter Produktionsprozeß in nicht minder rationali-
sierten und differenzierten Organisationen" (Rühl 1979: 18). Rühl gelang
sein von Einzelfallstudien abstrahierender und für die Redaktionsforschung in Deutschland in der Folge zentraler theoretischer Ansatz des „organisatorischen Journalismus" (vg. Rühl 1989) durch die Anwendung der
funktional-strukturellen Systemtheorie Niklas Luhmanns auf die Beobachtung redaktioneller Organisations- und Produktionsprozesse. Die Systemtheorie liefert dafür die Grundidee, nach der die Gesellschaft aus
sozialen Systemen komponiert wird, die bestimmte (jeweils exklusive)
Funktionen haben und diesen entsprechend über eigene Organisationssyste-
me jeweils konkrete Leistungen für ihre Umwelten erbringen.

Grundgedanke in den früheren Werken Luhmanns (vgl. 1964, 1970) ist
die Reduktion von Komplexität. Die Ausdifferenzierung sozialer Systeme
wird als Möglichkeit zur Verringerung von Komplexität gesehen, die notwendig ist, um den einzelnen weiterhin in die Lage zu versetzen, in Organisationen arbeitsteilig Probleme zu lösen. Derartige Ausdifferenzierungpro-
zesse werden mit dem Instrument der funktionalen Analyse näher unter-

sucht. Dieser Ansatz läßt sich auf den Journalismus übertragen, der angesichts einer hochkomplexen Umwelt auch Differenzierungsprozesse vollziehen muß, um journalistisches Problemlösen im Sinne redaktioneller Arbeit zu gewährleisten. Die Herausbildung von einzelnen Medieninstitutionen, Redaktionen und Ressorts ist ein Beispiel für diese Differenzierungsprozesse.

Inspirativ für die Redaktionsforschung ist auch die Verortung der Handelnden, die über die Zuweisung, Herausbildung und Identifikation von Status (Position im System) und Rolle (Gruppierung sozialer Verhaltenserwartungen im System) erfolgt (vgl. Weischenberg 1992: 281 ff.) und die gerade in Redaktionen durch Hierarchiebildung und das „Lernen der Hausordnung" (Weischenberg 1995: 525) erhebliche Auswirkungen auf die journalistische Arbeit und das journalistische Selbstverständnis hat.

Manfred Rühl hat neben dem Gedanken der Komplexität und funktionalen Differenzierung auch Elemente der Entscheidungstheorie in seine Überlegungen integriert und journalistische Arbeitsprozesse in der Redaktion als redaktionelles Entscheidungshandeln qualifiziert (vgl. Rühl 1979: 272 ff.). Seine Differenzierung zwischen Konditional- und Zweckprogrammen führt den Gedanken weitgehend routinisierter Arbeitsabläufe des Redaktionsalltags fort, wie ihn US-amerikanische Forscher entwickelt haben, und zeigt auf, daß redaktionelles Handeln nur in seltenen und bestimmten Fällen tatsächlich kreativ-strategisches Potential freisetzen kann.

In ihrer Weiterentwicklung hat die Systemtheorie mit ihrer „autopietischen Wende" das Konzept der Selbstreferenz in den Vordergrund gerückt (vgl. Luhmann 1984). Demnach werden soziale Systeme als operativ geschlossene Gebilde konzipiert, die nicht auf Fremdsteuerung, sondern auf Selbstorganisation abzielen. Nicht erst an dieser Stelle tun sich Probleme in der Anwendung einer „reinen Systemtheorie" auf die Medien, den Journalismus oder die Redaktionsorganisation auf, die auch Kritiker auf den Plan gerufen haben. Schwierigkeiten bereitet nicht nur der Abstraktionsgrad, der bei einer Anwendung der Systemtheorie auf die journalistische Aussagenproduktion fast zwangsläufig zu einer „Realitätskluft" führt, indem zugunsten argumentativ-logischer Geschlossenheit querlaufende empirische Beobachtungen außen vor gelassen werden müssen (vgl. Dygutsch-Lorenz 1971a). Problematisch ist ebenso die „konservative" Ausrichtung dieses Theoriegebäudes, das im Sinne der funktionalen Analyse immer nur Probleme identifizieren kann, die bereits gelöst sind (vgl. Luhmann 1981: 316), so „[...] daß gerade diejenigen Ergebnisse organisations- und industriesoziologischer Forschung akzeptiert werden, die dazu geeignet sind, den Status quo abzusichern" (Schumm-Garling 1973: 419).[3]

Abgesehen von diesen anwendungsbezogenen Problemen einer system-theoretischen Konfigurierung der Redaktionsforschung verbleiben auch weiterhin einige Fragezeichen hinsichtlich der Geschlossenheit des theoretischen Ansatzes im Feld der Journalismusforschung. Bislang liegt keine befriedigende und durchgehend schlüssige Konzeption von Journalismus oder Redaktion als System vor (vgl. Scholl/Weischenberg 1998: 71 ff.). Dies bedeutet aber nicht, daß systemtheoretische Überlegungen untauglich wären, um Prozesse, Funktionen und Strukturen (in) der Redaktion zu beobachten und zu analysieren. Vielmehr läßt sich der Erkenntnisgewinn, den die Systemtheorie der Journalismusforschung in den vergangenen zwanzig Jahren gebracht hat, durchaus nutzen, indem man nicht jedes Einzelsystem stoisch nach den zentralen systemtheoretischen Begrifflichkeiten „durch-dekliniert" und dabei sogar logische Brüche in Kauf nimmt (vgl. Luhmann 1996: 49 ff.; dazu auch Scholl/Weischenberg 1998: 69 f.), sondern indem man – allgemeiner orientiert – den Gedanken der Funktion als kontingenter Beziehung zwischen einem Problem und seiner Lösung aufgreift, um dann die funktionsspezifischen Strukturen in (redaktionellen) Organisationen zu betrachten, die bei dieser Problemlösung behilflich sein sollen.

Für den Kontext redaktionellen Managements lassen sich demzufolge eine Reihe von Anregungen aus der systemischen Betrachtung von Journalismus und Redaktionen ableiten, die vor allem deutlich machen, daß Management nicht allein die Fall-zu-Fall-Steuerung redaktioneller Arbeitsprozesse sein kann, sondern vielmehr auch im Systemkontext gesehen werden muß.

Erstens ist der Redaktionsleiter, Ressortleiter, Chef vom Dienst usf. nicht externer Beobachter, sondern durch Status und Rolle in das jeweilige System und die redaktionelle Organisation eingebunden. Zweitens kann er seine Managementfunktionen nur wahrnehmen, wenn die Leistungen der Redaktion konkret definiert sind (Qualitätsposition, -strategie und –grund-

---

[3] In diesem Zusammenhang muß man natürlich auch berücksichtigen, daß die Systemtheorie in ihren Anfängen den bis in die siebziger Jahre vorherrschenden und im weitesten Sinne auf die Kritische Theorie gründenden Vorstellungen eines „herrschaftsfreien" medialen und gesellschaftlichen Diskurses diametral entgegenlief (vgl. Enzensberger 1985). Mit ihr wurde – nach Vorstellung anderer Theoretiker – das Gesellschafts- und *Herrschafts*system (auch bei den Medien, z. B. in Form der Verlegermacht, vgl. Schumm-Garling 1973: 419) zementiert statt verändert. Weiterentwicklungen, angeleitet durch normative Zielvorstellungen (kommunikative Partizipation, emanzipatorische Medienproduktion u.v.m.), schienen durch diese Theorie ausgeschlossen.

sätze) und die Strukturen und Prozesse in der Redaktion daran gemessen ausgebildet sind oder andernfalls eben Veränderungen unterzogen werden müssen.

Management wird demnach nicht mehr als individuenbezogene Aufgabe, als Performanz einer hierarchisch positionierten Persönlichkeit begriffen, sondern als Problemlösungsfunktion für komplexe Herausforderungen im redaktionellen Arbeitsprozeß.

3.3 Organisationskonzepte in der Redaktion

3.3.1 Personalorganisation: Funktion und Stelle

Die Ablösung der individuenzentrierten Beobachtung und Interpretation journalistischer Arbeit führt zu einigen praktischen Vorgaben für die Personalorganisation in der Redaktion. Ginge man nämlich vom Konzept des kreativen Einzelkämpfers aus, so müßten Personalrekrutierungsprozesse immer an Persönlichkeiten orientiert sein, die dann nach ihren individuellen Fähigkeiten in der Redaktion eingesetzt werden. Im Ergebnis hätte man dann eine Ansammlung von Persönlichkeiten, deren Gemeinsamkeit maximal in der individualisierten Ausprägung von Können und Wollen, in einer variierenden Persönlichkeitsrolle liegt, darüber aber kaum hinausreichen kann.

Legt man dagegen die Überlegungen der Theorie organisierter Sozialsysteme auch für die Redaktionsorganisation zugrunde, so ergibt sich ein völlig anderer Ansatz. Durch die Abstraktion von Rollen zu Stellen (vgl. Luhmann 1975: 41 f.) wechselt man von der konkreten Persönlichkeits- auf die funktionale Organisationsebene. Die individualisierte Rolle wird durch die Stelle ersetzt, die als „versachlichter Komplex von Aufgaben" (Staehle 1992: 101) in der Organisation unabhängig von der sie besetzenden Person zu sehen ist.

In der praktischen Umsetzung für die redaktionelle Personalorganisation muß dafür zunächst einmal ein generalisiertes Unternehmensziel definiert werden, das in der Regel die voneinander abhängigen Ziele „publizistische Qualität" und „Wirtschaftlichkeit" enthält. Auch auf den Folgeebenen werden nach ähnlichem Muster Bereichsziele benannt (z. B. für Ressorts, Redaktionen). In der Lokalredaktion einer Tageszeitung (für deren Arbeit ebenfalls die übergeordneten Unternehmensziele verbindlich sind) könnten eine bürgernahe Berichterstattung, eine kritische Beobachtung der kommunalpolitischen Ereignisse und Entwicklungen, ein bestimmter Anteil eigenrecherchierter Geschichten, eine innovative, professionelle und themenorientierte Getaltung der Zeitung usf. solche Bereichsziele darstellen. Daraus ergeben sich dann konkrete Funktionen und Leistungen, die zur Realisierung dieser Bereichsziele (also zur Bewältigung der daraus resultierenden redaktionellen Herausforderungen) notwendig sind. Für die eigenrecherchierten Geschichten müssen Rechercheleistungen erbracht werden, für die bürgernahe Berichterstattung müssen Reportagen ins Blatt gehoben werden (und zuvor journalistisch umgesetzt werden), die themengerechte Umsetzung muß in der Gestaltung des Layouts (Orientierungsgrafiken bei Servicethemen oder komplizierten Sachverhalten) berücksichtigt werden. Für diese Einzelfunktionen werden Stellen geschaffen, die Funktionalität garantieren sollen, aber in der personellen Besetzung kontingent sind (vgl. Mast 1995: 418).

Die Stelle definiert sich dadurch, daß sie die Problemlösung, also die Vermittlung zwischen Herausforderung und ihrer Bewältigung, in der Redaktion etabliert und konkretisiert. Sie kann allerdings mit unterschiedlichen Personen besetzt werden, die immer jeweils eine Anforderung erfüllen müssen: Sie müssen von ihrem Qualifikationsprofil auf die funktionale Ausrichtung der Stelle passen. Die Frage, die sich im Zuge redaktionellen Managements durch Organisation stellt, muß folglich nicht mehr lauten: Welches Personal haben wir und was können wir damit machen?, sondern sie muß lauten: Was wollen wir erreichen und welches Personal wird dafür benötigt?

Das läßt sich in der Praxis leichter fordern als realisieren, denn nur in seltenen Fällen handelt es sich bei Medienunternehmen um Neugründungen, die von Beginn an die Redaktionsstrukturen ihren Leistungen angemessen planen und umsetzen können. Und selbst in diesen Fällen rangiert der Zwang, ein Blatt auf den Markt zu bringen oder eine Sendung zu produzieren, häufig vor Überlegungen zur Bestimmung und Sicherung publizistischer Qualität durch redaktionelle Organisation. So waren z. B. die privatkommerziellen Fernsehsender in Deutschland bei ihrem Markteintritt in der vorteilhaften Position, auf jahrzehntelangen Entwicklungen und Erfahrungswerten der öffentlich-rechtlichen Anstalten aufbauen zu können. Manche Organisationskonzepte sahen bzw. sehen im privaten Rundfunk dann auch anders aus als bei der öffentlich-rechtlichen Konkurrenz.[4] Die Idealvorgabe einer schrittweisen Bestimmung redaktioneller Konzepte in

---

[4] Vgl. das Interview mit Heiner Bremer, RTL *Nachtjournal*, Kap. 8.3.

Verbindung mit der Planung der daraus abzuleitenden optimalen Personalorganisation wurde aber auch beim Privatfernsehen nicht umgesetzt. Zum
einen, weil die Schnelligkeit der Entwicklung keine Zeit für konzeptionelle Überlegungen ließ, zum anderen weil mit dem Markteintritt der privaten Anbieter plötzlich eine überproportionale Nachfrage nach journalistischen und redaktionellen Mitarbeitern vorhanden war, die mangels
ausreichenden qualifizierten Personals nicht immer mit einem adäquaten
Angebot gedeckt werden konnte.

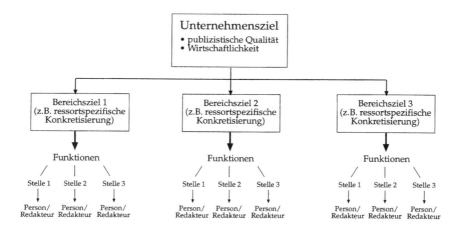

Abb. 6: **Redaktionelle Organisation nach Zielen,**
Funktionen und Stellen
Quelle: eigene Darstellung

Größere Probleme haben allerdings die öffentlich-rechtlichen Fernsehanstalten, die sich mit dem Eintritt der privat-kommerziellen Fernsehanbieter veränderten Umweltkonstellationen gegenüber sehen und mit organisatorischen Anpassungen darauf reagieren müssen (vgl. Fleck 1987; Brandt/
Fix 1985). Sie müssen dabei allerdings mit in ihren Redaktionen jahrzehn-
telang gewachsenen Strukturen umgehen, die nicht ohne weiteres Innovationen zugänglich sind und den Anstalten immer wieder Vorwürfe wegen
Bürokratisierung und mangelnder Leistungsfähigkeit eingebracht haben

(vgl. Schiwy 1994: 110). Gebunden durch beamtenähnliche Anstellungsver-
hältnisse gilt auch bei redaktionellen Veränderungen, z. B. der Entwicklung eines neuen Sendeformates, im öffentlich-rechtlichen Rundfunk das
Prinzip der Neustrukturierung vorhandenen Personals. Damit wird es
schwierig, funktionsgerecht Stellen zu schaffen und sie erst in einem zweiten Schritt mit dafür qualifiziertem Personal zu besetzen. Vielmehr geht es
darum, mit möglichst wenig Reibungsverlust das existierende Personal an
die veränderten Verhältnisse anzupassen. Dies führt dann im Extremfall
dazu, daß wiederum der Stelleninhaber seine Leistungen und damit die Be-
reichsfunktionen determininiert, während es eigentlich umgekehrt sein
sollte. In solchen Fällen helfen selten rigorose Maßnahmen, wie die
Zwangsversetzung eines angestellten Redakteurs in eine neue Redaktion,
die noch Mitarbeiter braucht. Durch Konfrontationshaltung, vor allem
aber die fehlende Feinabstimmung des Stelleninhabers auf ein detail-
liertes Stellenprofil, wird dieser Mitarbeiter u. U. nur in Ausnahmefällen
das leisten, was von ihm eigentlich erwartet wird.

Die organisationssoziologische Konzeption von funktionsgerecht definierten Stellen, die dann in einem zweiten Schritt durch entsprechend qua-
lifiziertes und damit geeignetes Personal besetzt werden, ist also eine
Idealvorgabe, die in der Praxis nicht leicht umzusetzen ist. Veränderungen
in der redaktionellen Personalorganisation müssen folglich, gemessen an
den Ausgangsbedingungen, sukzessive erfolgen und durch Informations-,
Aufklärungs- und Abstimmungsmaßnahmen der Redaktionsleitung begleitet werden.

3.3.2   Arbeitsorganisation: horizontale Differenzierung

Stärker als Industrie- oder Dienstleistungsunternehmen stehen Medienunternehmen vor dem Problem, ein ganzheitliches, konsistentes Endprodukt
anzubieten, dem die Rezipienten möglichst nicht ansehen sollen, daß viele
Menschen in arbeitsteiligen Prozessen daran mitgewirkt haben. „Die
Schwierigkeit bei einer Zeitung besteht darin, aus einem Nebeneinander
von widerspruchsvollen Elementen ein organisches Zueinander zu gestalten, einen Organismus, dessen Teile wie die leib-seelischen Funktionen des
menschlichen Körpers ineinandergreifen und zu einer harmonischen Einheit verschmelzen." (Hagemann 1950: 33 f.; vgl. auch Haacke 1962) Das
gilt noch immer. Von diesem organisch-harmonischen Denken sind wir
allerdings in der heutigen Redaktionspraxis weit entfernt. Prozesse der

horizontalen Differenzierung in Verbindung mit ambivalenten Folgen einer Technisierung der journalistischen Arbeit (vgl. Hienzsch 1990) haben zu stärkerer Arbeitsteilung geführt. Anders wäre die gewachsene Komplexität der Umweltbeobachtung in vielen Medienunternehmen allerdings auch nicht mehr zu leisten. Auch Redaktionen müssen also auf zunehmende Umweltkomplexität ihrerseits mit der Ausbildung eines angemessenen Komplexitätsgrads „reagieren" („law of requisite variety"; vgl. Ashby 1952). Die Gratwanderung verläuft dabei zwischen notwendiger Differenzierung und Routinisierung auf der einen und größtmöglicher kreativer Freiheit in der Arbeit des einzelnen auf der anderen Seite. Anders formuliert: Redaktionen arbeiten nur dann optimal, wenn das richtige – also an den Erfordernissen der Berichterstattung angepaßte – Gleichgewicht zwischen Über- und Unterorganisation gefunden wird (vgl. Jonscher 1995: 494; Theis 1992: 500 ff.).

Die Fortschritte in der Redaktionstechnik haben dabei ambivalente Konsequenzen gezeitigt, die sowohl zentralisierende wie auch dezentralisierende Komponenten aufweisen (vgl. Weischenberg 1995: 65 ff.). Zum einen werden die Redakteure und Journalisten durch technische Errungenschaften, wie den Ganzseitenumbruch in der Zeitungsproduktion, das Selbstfahrerstudio im Hörfunk und die vereinfachten Handhabungen der Fernsehtechnik durch kleinere semi-professionelle High-8-Kameras im Produktionsprozeß wieder „ganzheitlicher" gefordert, weil sie nicht nur die journalistische Arbeit, sondern in weiten Teilen auch die technische Herstellung übernehmen können. Zum anderen schafft die Technik neue Freiräume (z. B. durch die Verlagerung des Redaktionsschlusses auf einen späteren Zeitpunkt) und ersetzt bestehende Abhängigkeiten vom technischen Produktionspersonal durch Freiräume für die journalistische Arbeit.

Die Binnendifferenzierung von Medienunternehmen auf der horizontalen Ebene verläuft ähnlich wie bei der Organisationsbildung in anderen gesellschaftlichen und wirtschaftlichen Sektoren durch die personenunabhängige Schaffung von Stellen nach zweckrationalen und sachlogischen Erfordernissen (vgl. Staehle 1992: 100 ff.). Diese Stellen (in der Redaktion, der Herstellung/Produktion, dem Vertrieb und Marketing usf.) werden je nach Spezialisierungsgrad mit konkreten Leistungen für die Organisation verbunden (vgl. Kap. 3.3.1). Die Vorstellung von der Spezialisierung journalistischer Arbeitsprozesse unterscheidet sich auch heute je nach Medienunternehmen erheblich. So gilt für Lokalredaktionen noch immer das Journalistenbild des „Allrounders", des Alles-Könners, allerdings weniger aus organisatorischer Überzeugung als aus ökonomischen Zwängen, die es in der Lokalredaktion oft nicht erlauben, für spezielle Aufgaben auch Spezialisten einzusetzen (vgl. Jonscher 1995: 493). In der Lokalredaktion herrscht folglich häufig noch eine Organisationsform vor, die hinsichtlich der Differenzierung von Arbeitsprozessen eher zentralistisch als dezentralistisch zu nennen ist.

Das Gegensatzpaar der zentralen und dezentralen Arbeitsorganisation läßt sich wiederum auf der prozeduralen und der thematischen Ebene unterscheiden. Beide Formen – die zentrale wie die dezentrale – haben Vor- und Nachteile.

Auf der prozeduralen Ebene geht es um die Organisation journalistischer Arbeit in ihren einzelnen Schritten bis hin zum medialen Endprodukt. In Deutschland ist auch heute noch die zentrale prozedurale Arbeitsorganisation in vielen Redaktionen vorherrschend. Dabei durchläuft ein Redakteur oder Journalist alle Produktionsstufen von der Planung über die Recherche, die Produktion, die redaktionelle Bearbeitung bis hin zur Präsentation (Layoutgestaltung durch Ganzseitenumbruch bei der Zeitung, Sprechen und Moderation im Hörfunk und Fernsehen). In den USA wird seit jeher ein anderes Modell praktiziert, das eher dezentral angelegt ist. Ein wesentliches Merkmal ist die grundlegende Unterscheidung zwischen dem Redakteur (Editor), der in der Redaktion planende, koordinierende und kontrollierende Funktionen wahrnimmt, und dem Reporter, der für die journalistische Umsetzung eines Themas außerhalb der Redaktion zuständig ist (vgl. Neumann 1997: 69 ff., 110). Dazu kommt der Kommentator (Editorial Writer), der die Editorials, die Kommentare zum tagesaktuellen Geschehen verfaßt (vgl. Williamson 1979: 24 ff.).

Diese Spezialisierung zieht auch für das redaktionelle Management eine klare Trennungslinie: Der Editor übernimmt auf der Ebene unterhalb der Chefredaktion Managementaufgaben. Mit einem hochgradig formalisierten „Editing-Process" sollen die Redakteure für eine einheitliche Qualität des Produktes sorgen, Fehlerkontrolle und -analyse leisten und damit auch zur Qualitätssicherung im Herstellungsprozeß des publizistischen Produktes beitragen (vgl. Neumann 1997: 158). Dem Reporter obliegt dagegen die im eigentlichen Sinne eher journalistische Arbeit der kreativen Beitragsproduktion.

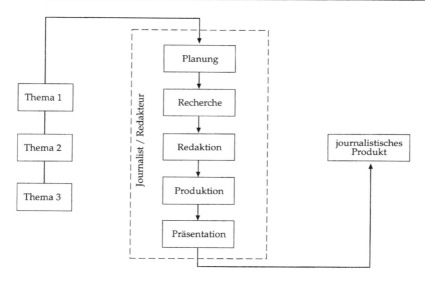

Abb. 7: **Zentralisierte redaktionelle Arbeitsorganisation**
Quelle: eigene Darstellung

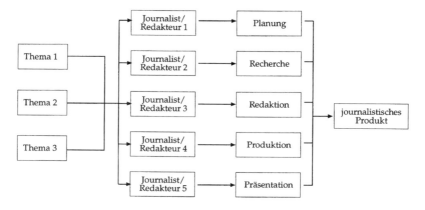

Abb. 8: **Dezentralisierte redaktionelle Arbeitsorganisation**
Quelle: eigene Darstellung

Eine weitere Unterscheidung vollzieht der US-amerikanische Journalismus zwischen „normalen" und „investigativen" Reportern. Aus der Erkenntnis heraus, daß die Qualität eines Medienproduktes sich u. a. durch die Unterscheidbarkeit von anderen Medienprodukten ergibt, die wiederum zu einem großen Teil auf den Möglichkeiten basiert, eigenrecherchierte, exklusive Geschichten ins Blatt oder ins Programm zu heben, hat sich im US-Mediensystem eine Sonderposition für die Recherche, vor allem für das „Investigative Reporting" etabliert (vgl. Redelfs 1996). Recherche ist eine zeitaufwendige und damit personal- und kostenintensive journalistische Leistung, die deshalb sinnvoll nach Spezialisierungs- und Dezentralisierungsvorgaben organisiert wird. Nur wer sich im Laufe seiner Berufsjahre ein Quellen- und Informantennetzwerk aufgebaut hat, kommt an die notwendigen Informationen heran, nur wer sich wirklich im Thema auskennt, erreicht die Wissenstiefe, die für das Entdecken und „Herausfiltern" neuer, kontroverser und spannender Entwicklungen Voraussetzung ist. Die Sonderposition des Recherche-Journalismus, des „Investigative Reporting", ergibt sich in den USA nicht nur aus der Konzeption eines „Journalismus der Machtkontrolle" (vgl. Redelfs 1996: 30, 54 ff.), sondern auch aus der Erkenntnis, daß nur durch Recherchespezialisten diese aufwendige und teure journalistische Leistung auf Dauer gewährleistet werden kann.

Wie unterschiedlich die Vorstellung zur Spezialisierung von journalistischen Arbeitsprozessen in den USA und in der Bundesrepublik Deutschland sind, hat eine international vergleichende Studie mit 300 befragten Journalisten Anfang der neunziger Jahre aufgezeigt: Danach übernehmen in Deutschland 74 Prozent, in den USA nur 17 Prozent der Journalisten gleichzeitig die Recherche und Kommentierung von Ereignissen. Recherchieren und Redigieren in „Personalunion" kommt in Deutschland bei 57, in den USA nur bei 27 Prozent der Befragten vor (vgl. Donsbach 1993: 148 f.).

Die Ausdifferenzierung eines Recherchejournalismus muß auch im Zusammenhang mit Qualitätssicherungsmaßnahmen im US-Journalismus interpretiert werden. So kommt dem „Fact checking" im redaktionellen Prozeß eine herausragende Bedeutung zu. Während die detailgenaue Überprüfung von den in einzelnen Beiträgen enthaltenen Tatsachenbehauptungen im Regelfall, also bei Tageszeitungen und z. T. auch Fernsehstationen, im Zuge des „Editing-Process" geleistet wird, spielt sie bei US-Zeitschriften eine besondere Rolle. Der NEW YORKER, das Flaggschiff des US-amerikanischen Qualitätsjournalismus, beschäftigt 16 „Fact checker", die sämtliche zur Veröffentlichung anstehenden Manuskripte auf ihren Wahrheitsgehalt hin prüfen (vgl. Shugaar 1994) – sogar Gedichte und Kurzgeschichten müssen angeblich durch das Nadelöhr der „Fact-Checking-Machine" des NEW YORKER (vgl. Süddeutsche Zeitung v. 12.3.1998: 20).

Mit einem in Ansätzen vergleichbaren inhaltlichen „Qualitätssicherungsprogramm" kann in Deutschland nur Der SPIEGEL aufwarten. 73 „Doku-Journalisten" – von denen allerdings nur zwei eine journalistische Ausbildung haben – verifizieren die für den Druck vorgesehenen Manuskripte anhand des umfassenden SPIEGEL-Archivs. In beiden Fällen stellt die inhaltliche Prüfung keine Ergänzung oder Erweiterung der journalistischen Recherche dar, sondern ist von ihr getrennt zu sehen und dient als Mittel zum Erhalt qualitativer Standards, die aus dem Konzept eines „objektiven" Journalismus resultieren.

Weniger große Unterschiede ergeben sich zwischen dem deutschen und dem US-amerikanischen Journalismus auf der Ebene der thematischen Dezentralisierung. Daß vor allem in Redaktionen, die sich komplexerer Sachverhalte annehmen, wie der kontextuellen und hintergründigen Politik-, Wirtschafts- oder Kulturberichterstattung, nicht jeder Redakteur oder Journalist Experte für jedes Themengebiet sein kann, versteht sich von selbst. Deshalb sind vor allem Zeitungsredaktionen seit Jahrzehnten in „klassische" Ressorts unterteilt, die jeweils für einzelne Gegenstandsbereiche in der Berichterstattung zuständig sind. Dies ist aber nur der erste Schritt: Auch innerhalb der Ressorts vollziehen sich in der redaktionellen Arbeit thematische Differenzierungen, die den besonderen Kenntnisstand und die Interessensgebiete einzelner Redakteure berücksichtigen. Lediglich in der rein aktuellen Nachrichtenproduktion funktioniert dies weit weniger gut als bei nicht primär aktualitätsbezogenen Medienangeboten, wie bei Zeitschriften, Wochenmagazine im Fernsehen usf., denn hier heißt die Maxime – ähnlich der des Lokaljournalismus – : das, was ansteht, muß auch umgesetzt werden.

In eine völlig andere Richtung weisen neuere Bemühungen, durch eine Bündelung thematischer Spezialisten zu einem zentralen „Think Tank" innovative Konzepte zu entwickeln und neue Ideen freizusetzen (vgl. Kap. 2.2.2.3). Dazu werden Journalisten bzw. Redakteure aus unterschiedlichen Ressorts und Abteilungen eines Medienunternehmens in einer Projektredaktion zusammengefaßt. Hintergrund ist allerdings nicht die thematische „Rezentralisierung" der redaktionellen Arbeit, als vielmehr die Überlegung, daß moderne gesellschaftliche Entwicklungen auch im Journalismus eine interdisziplinäre Umsetzung verlangen, damit die differenzierten und doch ineinandergreifenden Facetten dieser Entwicklungen in der Berichterstattung adäquat umgesetzt werden können. Ein für Projektredaktionen ty-

pisches Thema stellt z. B. das Phänomen der „Globalisierung" dar, das weder aus politischer, noch aus ökonomischer, noch aus gesellschaftlicher
Sicht alleine behandelt werden kann. Für dieses Thema macht es daher
Sinn, eine Projektredaktion mit Mitgliedern aus verschiedenenen Ressorts
einzurichten, die sich des Themas annimmt und z. B. versucht, dem Rezipienten durch eine interdisziplinäre Berichterstattung mehr Orientierung zu
bieten, als dies die einzelnen in der Projektredaktion zusammenarbeitenden
Journalisten mit ihrem Spezialwissen und einer differenzierten Sicht könnten. Das Konzept einer „integrativen Berichterstattung" (Weischen-
berg/Altmeppen/Löffelholz 1994: 156) durch Projektredaktionen kommt
folglich einem zunehmenden Orientierungsbedarf auf seiten der Rezipienten entgegen, der wiederum aus einer gesellschaftlichen und kommunikati-
onstechnischen Entwicklung resultiert, die mit dem Begriff der „Informationsgesellschaft" belegt wird (vgl. Kleinsteuber 1997). Bisherige Erfahrungen mit der Organisation redaktioneller Arbeit und die Einschätzung von
Experten zu deren Veränderungsmöglichkeiten (vgl. Weischenberg/Alt-
meppen/Löffelholz 1994: 154 ff.) zeigen allerdings, daß Projektredaktionen
auch in Zukunft eine Ausnahmeerscheinung in der Redaktionsorganisation
darstellen werden, die zwar immer häufiger vorkommt, aber dennoch keineswegs die Grenzziehungen zwischen klassischen Ressorts aufheben
wird.[5]

Eine Form prozeduraler *und* thematischer Zentralisierung stellt die
Entwicklung von Videojournalisten beim Fernsehen dar, wie sie der private
Lokalsender HAMBURG 1 beispielsweise ausschließlich praktiziert (vgl.
Hesselbach 1998). Hier muß nicht nur jeder Journalist als „selbstdrehender
Redakteur" den kreativen und technischen Produktionsprozeß in allen seinen Schritten eigenständig vollziehen, sondern ist in der Regel auch für das
gesamte Themenspektrum der Redaktion zuständig. Ein derartiger Zentra-
lisierungsgrad ist allerdings vornehmlich ökonomisch motiviert und geht
in der Folge oft zu Lasten der journalistischen Qualität.

Für die horizontale Differenzierung in der redaktionellen Arbeit gilt
daher, daß Zentralisierungs- und Dezentralisierungstendenzen je nach
Zielvorgaben in der Redaktion, Komplexitätsgrad der Umwelt und daraus
resultierenden Anforderungen an die redaktionellen Arbeitsprozesse variieren können. Prozedurale Dezentralisierung ist in Deutschland im Ver-

---

[5] Vgl. das Interview mit Roger de Weck, Die ZEIT, Kap. 8.5. Einige Beispiele für eine Neuori-
entierung in der Ressortaufteilung existieren aber bereits. So hat die US-Zeitung THE ORE-
GONIAN ihre klassischen Ressorts durch themenorientierte Teams ersetzt, die die Bereiche
„Öffentliches Leben", „Gesundheit", „Leben in der Stadt" usf. bearbeiten; vgl. Richter 1996: 83.

gleich zu den USA trotz ihrer Vorteile einer strukturierteren Qualitätssicherung noch nicht sehr weit fortentwickelt. Als Grund dafür wird in der Praxis oft der Einwand vorgebracht, der einzelne Journalist entwickle sich so zum „Fachidioten", der nur Planen, Redigieren oder Präsentieren könne. Dieses Argument läßt sich allerdings ausräumen, indem – aufbauend auf einem dezentralistischen Grundkonzept – in längeren Zeiträumen die speziellen Funktionen in der Redaktion wechseln. So können Planer, Chef vom Dienst, Schlußredakteur z. B. im Mehrmonats- oder Halbjahresturnus die Aufgaben tauschen. Etwas schwieriger gestaltet sich die Umsetzung dieses Rotationsprinzips bei den Reportertätigkeiten oder der Produktpräsentation (Moderation).

Im Gegensatz zur prozeduralen Dezentralisierung läßt sich die thematische Dezentralisierung durch Wissensspezialisierung der Mitarbeiter in der Informationsgesellschaft dagegen kaum noch umgehen. Auch auf dieser Ebene stellen sich aber Herausforderungen an das organisatorische Management, das durch die Bildung von Projektredaktionen Ressortgrenzen für einen bestimmten Zeitraum aufheben kann, um in einem interdisziplinären und integrativen Denkprozeß innovatives Potential für die Redaktion und damit für die Rezipienten freizusetzen.

3.3.3   Hierarchien: vertikale Differenzierung

Jedes Unternehmen zeichnet sich durch eine gewisse vertikale Strukturierung aus, die eng mit der horizontalen Differenzierung von Arbeitsprozessen verbunden ist. Durch vertikale Differenzierung wird eine Hierarchiestruktur im Unternehmen implementiert, an der unterschiedliche Stellen mit unterschiedlich großer Macht und Entscheidungskompetenz angelagert sind. Diese etabliert sich vornehmlich durch die Möglichkeiten des Zugangs zu und des Umgangs mit Informationen. Denn das Wissen über Situationen, die Kenntnis von Entscheidungen und Entwicklungen und die Möglichkeit, diese in der Organisation weiter zu kommunizieren, schafft einen Einflußvorteil gegenüber anderen, die weniger wissen und über das Nicht-Gewußte folglich auch nicht sprechen können (vgl. Kap. 4.4.4).

Die Hierarchiebildung, die sich aus dieser vertikalen Strukturierung in der Organisation ergibt, hat zweierlei Funktionen: zum einen werden arbeitsteilige Stellen und horizontal differenzierte Arbeitsprozesse auf diese Weise koordiniert, zum anderen kann nur so gewährleistet werden, daß Unternehmenziele und Entscheidungen durch die gesamte Organisation kommuniziert werden, um schließlich umgesetzt zu werden (vgl. Staehle 1992: 103 f.). Die Einflußgröße einer Person, die eine Stelle der oberen Hierarchiestufen besetzt, ergibt sich aus dem formalen Einfluß der jeweiligen Position (Amtsautorität) und dem persönlichen Einfluß des Stelleninhabers (Personalautorität), der in den Fähigkeiten, dem persönlichen „Charisma" u. v. m. begründet sein kein.

Laufen Amtsautorität und Personalautorität nicht parallel, so ergeben sich Dysfunktionalitäten für den an die Stelle gebundenen Einfluß der Person in der Organisation. Im schlimmsten Falle steigen Manager in Medienbetrieben so lange in der Hierarchie auf, bis sie nach dem Peter-Prinzip endgültig den Status der vollkommenen Inkompetenz erreicht haben (vgl. Peter/Hall 1972). Weniger drastische Ausprägungen dieser Gesetzmäßigkeit zeigen sich allerdings durchaus häufig – auch in Medienunternehmen. Dabei haben es z. B. die öffentlich-rechtlichen Rundfunkanstalten wieder schwerer als ihre privat-kommerziellen Pendants. Denn sie müssen mit Planstellen und Planstelleninhabern operieren.

Hat ein Redakteur beispielsweise einmal den Status des Redaktionsleiters mit der entsprechenden Einordnung in eine Vergütungsgruppe erreicht, so läßt er sich schwerlich zurückstufen, es sei denn, man kann ihm einschlägige Vergehen nachweisen. Das bedeutet im Extremfall, daß Mitarbeiter mit fehlender Personalautorität dennoch auf Führungspositionen verharren, obwohl sie für diese Positionen eindeutig die falsche Besetzung sind. Im besten dieses schlechten Falles werden solche Mitarbeiter auf diesen Führungspositionen bis zu ihrer Pensionierung oder ihrem anderweitigen Ausscheiden aus dem Unternehmen „geparkt", ohne größeren Schaden anzurichten. Im schlimmsten dieses schlechten Falles nehmen sie auf dieser Position ihre Amtsautorität wahr und fällen Entscheidungen, die in der Regel nicht zu Verbesserungen der redaktionellen Arbeit und Leistung führen.

Solche Konstellationen kommen natürlich auch bei den privat-kommerziellen Rundfunkanbietern vor, aber dort hat es das Top-Management dennoch leichter, diese Probleme zu lösen. Im privatwirtschaftlichen Mediensektor wird nämlich – gerade auf Führungsebene – eher mit Zeitverträgen gearbeitet. Wer auf einer Führungsposition versagt, kann sein Versagen wenigstens nur für einen begrenzten Zeitraum praktizieren. So wird dann auch der Schaden in Grenzen gehalten. Für Führungskräfte im privaten Mediensektor besteht somit ein größeres Risiko, für mangelnde Leistungen oder Fehlentscheidungen zur Rechenschaft gezogen zu werden, denn im privaten Rundfunk kann dies unmittelbare Konsequenzen haben.

Vertikale Differenzierung beschränkt sich allerdings nicht nur auf die Herausbildung von Top-Führungspositionen. Gerade größere Unternehmen und Organisationen arbeiten nach Grundmodellen hierarchischer Verknüpfung. Dabei gibt es verschiedene Modelle, die vertikale und horizontale Differenzierung miteinander verbinden (vgl. Staehle 1992: 110 ff.). Für die vertikale Hierarchiebildung in Medienunternehmen heißt das: Modernes Medienmanagement verlangt, daß sich Führungskräfte qua Personalautorität für eine mit Amtsautorität ausgestattete Stelle qualifiziert haben. Beide Autoritätsquellen müssen also miteinander kompatibel sein. Um Fehlentwicklungen zu vermeiden, ist es gerade auf den Führungsetagen sinnvoll, nach US-amerikanischen Vorbild mit Zeitverträgen zu arbeiten.

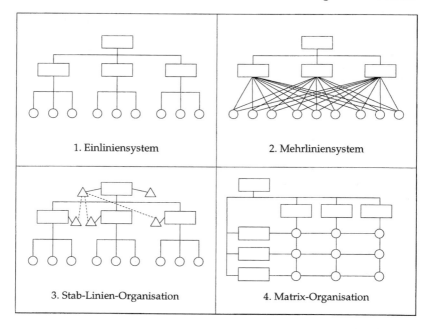

Abb. 9: **Grundmodelle vertikaler und horizontaler Differenzierung in Organisationen**
Quelle: Staehle 1992: 110-113

Die formale Organisation von Redaktionen richtet sich auch heute noch weitgehend nach dem Ein-Linien-System: Es gibt einen Chefredakteur, mehrere Ressortleiter und pro Ressort mehrere Redakteure (vgl. Ruß-Mohl 1995: 121 ff.). Jeder „Untergebene" hat bei diesem Modell nur einen Vorgesetzten (aber jeder Vorgesetzte mehrere „Untergebene"). Damit werden Entscheidungen linear von oben nach unten kommuniziert, was für den redaktionellen Alltag offenbar den Vorteil hat, daß keine mehrstufigen Abstimmungs- und Entscheidungsprozesse absolviert werden müssen, die im aktuellen Produktionsprozeß zeit- und nervenraubend sein können.

Beim Mehrlinien-System ist eine niedrigere Hierarchiestufe mit mehreren höheren Hierarchiestufen verbunden. Der Grundgedanke dieses Modells liegt in der Koordination von Mitarbeitern und Arbeitsprozessen nach dem Funktionsprinzip: Sobald eine Aufgabe in mehrere Funktionsbereiche eingreift, werden auch von mehreren Führungskräften entsprechende Anweisungen erteilt. Dieses Modell führt in der Redaktion z. B. zu einem stärkeren Wissenstransfer. Dadurch können Themendopplungen oder ein Verschleudern von Mitteln für eine unkoordinierte Produktionsinfrastruktur vermieden werden.

Wenn ein auf „Europa" spezialisierter Redakteur beispielsweise ein komplexes aktuelles Thema, wie den Euro-Gipfel zur Währungsunion im Mai 1998 bearbeitet, an dem mehrere Ressorts aus unterschiedlichen Perspektiven interessiert sind, so könnten Mehrfachaufträge für thematische Koordination sorgen, den redaktionellen Aufwand bündeln und inhaltliche Dubletten vermeiden helfen (vgl. Ehlers 1997: 288; Fix 1988: 162 ff.) – so weit die Theorie. In der Praxis sieht dies etwas komplizierter aus. Denn zum einen geht es bei der journalistischen Umsetzung eines solchen Themas nicht um eine standardisierte Produktionsleistung, wie beispielweise bei der Herstellung von Industriegütern und dem Erbringen von Dienstleistungen. Der einzelne Journalist soll womöglich das Thema in seiner persönlichen „Handschrift" umsetzen, dies kann er allerdings rein arbeitsökonomisch nicht gleich mehrfach leisten, und es erscheint auch für unterschiedliche Ressorts oder Redaktionen desselben Medienunternehmens im Blick auf das publizistische Gesamtprodukt gar nicht sinnvoll. In der Praxis ist diese Mehrlinienorganisation also selten. Sie kann z. B. in der Fernsehproduktion vorkommen, bei der Redakteure, die für die redaktionelle und moderative Umsetzung einer Sendung zuständig sind, vom Redaktionsleiter und vom Regisseur oder Produktionschef Anweisungen entgegennehmen.

Das Stab-Linien-Modell versucht, die Vorteile der Mehrlinienorganisation zu nutzen und gleichzeitig ihre Nachteile auszuschalten. Dieses

Modell behält die lineare Entscheidungsstruktur mit jeweils einem direkten Vorgesetzten bei, führt aber zusätzlich die Stabsstelle ein, die zur Entscheidungsvorbereitung der Führungsebene (Informationsbeschaffung und –auswertung, Planung, Beratung) dienen soll. Stabsstellen sind meist an die obersten Entscheidungsebenen eines Unternehmens oder einer Organisation angegliedert. Diese Organisationsform findet man in Medienunternehmen häufiger, allerdings nur in Form von Referentenpools, Justitiariaten und PR-Abteilungen. Auf der redaktionellen Ebene gibt es diese Organisationsform kaum. Stephan Ruß-Mohl (1995: 122) schlägt z. B. vor, zumindest in großen Redaktionen dem Chef vom Dienst (CvD) eine Stabsstelle anzugliedern. Angesichts der komplexen, aber in sich geschlossenen Aufgabe, die der CvD als Schaltstelle des aktuellen Redaktions- und Produktionsprozesses übernehmen muß, scheint dies kaum umsetzbar. Die Angliederung einer Stabsstelle bringt nur dann etwas, wenn in ihr wirklich Informationsflüsse aus verschiedenen Quellen und Richtungen gebündelt, ausgewertet und zu einer Grundentscheidung zusammengefaßt werden können.

Dies erfüllt z. B. eine neue personale Schnittstelle zwischen Redaktion und Produktion, die vor allem in der Fernsehproduktion in den vergangenen Jahren an Bedeutung gewonnen hat: der Producer (vgl. Kap. 3.3.4). Er sammelt die Informationen und Problemstellungen, die sich im redaktionellen und im davon zunächst getrennten Produktionsprozeß ergeben, wertet sie aus und berät den Redaktions- und Produktionsleiter dann bei aktuell anstehenden Entscheidungen. Zum Teil hat der Producer aber auch wiederum selbst eine gewisse Entscheidungskompetenz – ein Merkmal, das untypisch für Stabsstellen ist, die in der Regel nicht mit Weisungsbefugnissen ausgestattet sind.

Auch die Matrix-Organisation ist als Grundmodell der Differenzierung redaktioneller Arbeit selten zu finden. Dabei versucht das Modell eigentlich, eine optimale Kombination von horizontaler und vertikaler Differenzierung umzusetzen, und kann damit auch als Zwei-Linien-Modell bezeichnet werden (vgl. Staehle 1992: 113). Die vertikale Ebene bezeichnet die funktionsorientierte Organisationsstruktur, die horizontale Linie die objekt- oder produktorientierte Organisationsstruktur. Angelehnt an dieses Modell ist z. B. die Hörfunkreform des Westdeutschen Rundfunks vollzogen worden. Aus einem Wirrwarr von Funktionshierarchien und damit verbundenen Stellen (vgl. Dygutsch-Lorenz 1971b: 398 f.) hat man eine flachere Hierarchie mit Hörfunkdirektorin und Stellvertreter gemacht. An der Schnittstelle zwischen den funktionalen und produktbezogenen Linien wurden fünf „Wellenchefs" eingesetzt, die dafür verantwortlich sind, das jeweilige Hörfunkprogramm kontinuierlich und konsistent zu einem (im Vergleich zu den jeweils anderen „Wellen") möglichst exklusiven Angebot zu entwickeln. Die Matrix-Organisation bietet also Denkanreize, die inzwischen auch im Mediensektor umgesetzt werden, allerdings nicht in der durch das Modell dargelegten Reinform. Insgesamt setzt sich auch die Medienbranche seit einigen Jahren stärker mit den Erfahrungen auseinander, die hinsichtlich Arbeitsorganisation, -rationalisierung und Hierarchiebildung bereits in anderen Wirtschaftssektoren gemacht worden sind (vgl. Ehlers 1997: 293). Auch bei der Entscheidung für oder wider Hierarchiebildung in der vertikalen Differenzierung redaktioneller Organisation läßt sich allerdings kein Patentrezept ausstellen. Denn die Verflachung von Hierarchien ist oftmals mit wachsender Entscheidungskompetenz für einzelne Mitarbeiter verbunden – eine Entwicklung, auf die manche positiv, manche aber auch mit Angst reagieren. Auch für die Schnelligkeit und Effektivität von Entscheidungsfindungen in der aktuellen Redaktionsarbeit sind Hierarchien manchmal von Vorteil, einfach weil klare Weisungsbefugnisse bestehen und Diskussionen verkürzt werden können. Und nicht zuletzt sind Hierarchien durchaus auch als Motivations- und Leistungsanreiz zu interpretieren (vgl. Ehlers 1997: 292), denn wer sich beruflich weiterentwickeln, also Karriere machen will, h a t in egalitär organisierten Redaktionen größere Probleme, einen diesbezüglich erreichten Erfolg auch durch eine entsprechende Stelle (Amtsautorität) nach außen zu dokumentieren. Grundsätzlich aber gilt: Vertikale Differenzierung muß sich ebenso wie horizontale Differenzierung nach dem Gebot der Funktionalität vollziehen. Das heißt: Arbeitsteilung dort, wo sie gebraucht wird und Sinn macht, Hierarchien dort, wo sie gebraucht werden und Sinn machen. Letztlich wird kein Redaktionsmanager größere Probleme mit der Hierarchie in seiner Redaktion haben, wenn er diese immer wieder durch persönliche Leistung und Überzeugungskraft legitimieren kann.

3.3.4   Von Stellen und Schnittstellen

Früher war es in der Regel eine Person, die an der Spitze als Chefredakteur oder Intendant für die gesamte Arbeit und das Ergebnis der Zeitungsredaktion oder Rundfunkanstalt zuständig war, „der einzige, der bis in seine personale Existenz hinein die letzte Verantwortung trägt" (Bausch 1967: 237). Auch dieses personal-organische Führungsverhältnis ist inzwischen durch differenziertere Organisationsmodelle abgelöst worden (vgl. Schiwy 1994: 111). Zwar steht noch immer an der Spitze jeder Redaktion ein Chefredakteur, an der Spitze jeder öffentlich-rechtlichen Rundfunkanstalt ein Intendant und an der Spitze eines privaten Senders ein Geschäftsführer, aber die Führungslinien sind – wenngleich noch immer wesentlich an dem Stab-Linien-Modell orientiert – vernetzter geworden.

Wie wichtig es ist, das richtige Maß an horizontaler und vertikaler Differenzierung zu finden, zeigt sich vor allem für die vertikale Ebene immer wieder bei dysfunktionalen Entwicklungen, bei sog. Medienskandalen, z. B. dem Fälschungsskandal à la Michael Born (vgl. Weischenberg 1997: 45 ff; 1992: 208 ff.). Dann beginnt die Suche nach Schuldigen oder Verantwortlichen, und gerade die Führungskräfte in Medienunternehmen können dann oft nicht nachvollziehen, daß sie für den Skandal nun „den Sündenbock abgeben" sollen (Weischenberg 1997: 46).

Weder kann es heute eine einzelne Person angesichts der Komplexität des Beobachtungsgegenstandes leisten, allein die Kontrolle über die gesamte journalistische Aufbereitung zu behalten, noch ist es möglich, Managementfunktionen fast vollständig auszulagern, also an andere Mitarbeiter zu delegieren. In beiden Fällen ist eine fehlende kontinuierliche Qualitätsüberwachung und -kontrolle die Folge, die nur durch ein Netzwerk von Führungspersonen und -linien gewährleistet werden kann.

Da die herkömmlichen Modelle horizontaler und vertikaler Differenzierung, abgesehen von einer an den Erfordernissen der redaktionellen Arbeit und Leistung gemessenen zunehmenden Komplexität, auch gleich immer eine Reihe von Fehlerpunkten mitliefern, an denen Kommunikation nicht funktioniert, so daß daraus Probleme entstehen, haben sich in den vergangenen Jahren neue Schnittstellen herausgebildet. Sie sollen genau an diesen Fehlerpunkten ansetzen. Es handelt sich dabei also um funktionale und organisatorische „Interfaces", die an den Grenzstellen einzelner Systeme und Organisationsformen für Kompatibilität durch Kommunikation sorgen sollen.

Eine „klassische" Schnittstelle dieser Art setzt an der dualistischen Abgrenzung zwischen Chefredakteur und Verleger im Zeitungs- und Zeitschriftenmarkt an. In der Nachkriegszeit waren es vor allem Einzelverlegerpersönlichkeiten wie Rudolf Augstein, Henri Nannen und Gerd Bucerius, allesamt „Gesinnungsverleger alten Typs" (Grunenberg 1998: 3), die Eigen- und Fremdkapital in die Herausgabe eines einzelnen Blattes investierten und sich mehr für die publizistische Performanz interessierten als für das eigentliche Verlags- und Anzeigengeschäft. Die Organisationsstruktur, die redaktionelle Belange und wirtschaftliche Notwendigkeiten in ein voneinander unanhängiges Verhältnis bringen sollte, war das Modell des „Eigentümerverlegers", das in einer flachen Hierachie die unterschiedlichen Pole Redaktion und Verlag einem Chefredakteur und einem Verlagsleiter zuwies und die letztliche Verantwortung beim Eigentümerverleger beließ (vgl. Althans 1996: 366 f.).

Diese strikte Trennung verfolgt einen klaren Vorteil: Sie soll die Redaktion vor allzu konkreten Eingriffen durch den Verlagsleiter schützen. Dies funktioniert praktisch aber nicht immer in der theoretisch angedachten Weise, denn oft versteht sich der Chefredakteur „eher als Interessenvertreter des Verlags gegenüber der Redaktion denn als Vertreter der Redaktion gegenüber dem Verlag" (Weischenberg 1992: 279).

Mit zunehmender Komplexität der Managementaufgaben, die von einer einzelnen Person nicht mehr bewältigt werden konnten, haben sich differenziertere Modelle herausgebildet, die aber zunächst an dem Dualismus unabhängiger Interessensformulierung und -vertretung von Redaktion und Verlag festhielten (duale Führung).

Erst seit Anfang der neunziger Jahre haben sich grundlegendere Veränderungen dieses dualen Führungsmodells vollzogen, die von einer Strukturreform im Verlagshaus *Gruner + Jahr* angeschoben wurden. Angestellte Verlagsmanager übernehmen dort in persona die Gesamtverantwortung für den publizistischen und ökonomischen Erfolg einer Reihe von Pressetiteln. Diese Entwicklung ist sehr kritisch beobachtet und von Journalistenseite aus oft eher negativ interpretiert worden: „Die journalistische Primärfunktion macht der kommerziellen Platz. Um den journalistischen Anspruch der Unternehmen nach außen sichtbar zu machen, zogen manche Zeitungshäuser auch gegen den Branchentrend Journalisten zu Managementaufgaben heran." (Grunenberg 1998: 3)

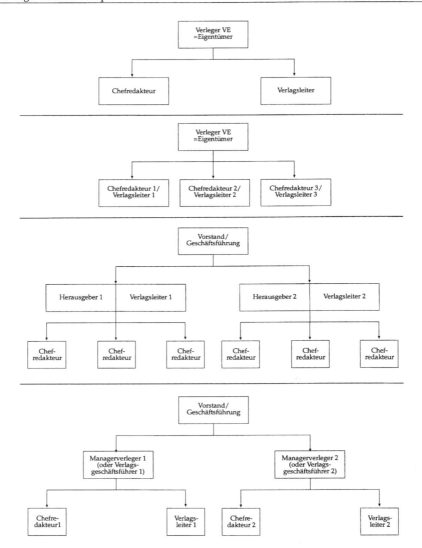

Abb. 10: **Führungsstrukturen im Verlagsgeschäft**
Quelle: Althans 1996: 365-369

Dieses Modell des Managementverlegers oder Verlagsgeschäftsführers[6] erfüllt aber eben nicht nur Dokumentationsfunktionen nach außen, sondern
vollzieht auf der Managementebene notwendige Veränderungen, die sich
aus einer drastisch gewandelten Situation im Medienmarkt ergeben (vgl.
auch schon Jacobi/Nahr 1977: 268). Publizistische Qualität existiert in
einem konkurrenz- und wettbewerbsintensiven Medienmarkt nämlich nicht
mehr unabhängig von ökonomischer Effizienz. Nur ein Medienunternehmen, das sorgsam mit seinen Ressourcen umgeht, kann auf Dauer Qualität
produzieren – kurz gesagt: ohne finanzielle Mittel läßt sich kein Journalismus machen, nicht einmal ein schlechter. Die Schaffung einer Schnittstelle zwischen publizistischer Qualität (früher: Chefredakteur) und ökonomischer Effizienz (früher: Verlagsleiter) in einer Stelle des Verlagsgeschäftsführers kommt genau diesen Erkenntnissen nach. Dualistische Auffassungen des jeweils eigenen Tagesgeschäfts mit unterschiedlich formu-
lierten Zielsetzungen und getrennten Personen müssen einem integrativen
Konzept weichen. Publizistische Qualität wirtschaftlich sichern, lautet
die Maxime.

Erste empirische Ergebnisse deuten darauf hin, „daß die um Geschäfts-
führerfunktionen erweiterten Chefredaktionen innovativer und mit ihrem
Produkt durchsetzungsfähiger agieren als traditionell dual organisierte
Zeitungshäuser – für den Preis verschärfter innerredaktioneller Konflikte"
(Haller 1997: 65). Diese lassen sich durch die plötzlichen Veränderungen
erklären, die eine journalistische und wirtschaftliche Denkweise des Chefs
natürlich bis in die Redaktionen hineinträgt. Die Implementierung von
vernetzten Führungskonzepten, personalen Schnittstellen mit dem Ziel der
integrativen publizistischen und wirtschaftlichen Führung braucht dementsprechend eine gewisse Zeit und muß kommunikativ vorbereitet und begleitet werden. Ziel soll schließlich sein, das integrative Denken, also die
Verbindung zwischen Qualitäts- und Kostenbewußtsein, auch in der Redaktion zu verankern bzw. den einzelnen Mitarbeitern Verständnis dafür zu
vermitteln. Organisatorisch bringt die Schaffung einer solchen Schnittstelle es mit sich, daß ein Chefredakteur mit Geschäftsführungsaufgaben mindestens einen aktiven Stellvertreter benötigt (in der Regel eher zwei), um
den gewachsenen Aufgabenumfang bewältigen zu können.

An diesem Punkt setzt auch die Idee an, eine explizit dem Redaktionsmanagement gewidmete Stelle zu schaffen.[7] Die Stelle des Redaktionsma-

---

[6] Vgl. das Interview mit Jürgen Althans, Gruner+Jahr, Kap. 8.1.
[7] Vgl. das Interview mit Maria Oppitz, TV-Spielfilm, Kap. 8.6.

nagers oder der Redaktionsmanagerin (von denen es bisher nur wenige in Deutschland gibt), kann ebenso mit einer Person besetzt werden, die Geschäftsführungs- und Koordinationsaufgaben übernimmt, also einen Teil der Managementfunktionen aus der Stelle des Chefredakteurs und Verlagsleiters/Geschäftsführers herauslöst. Auch dieses Konzept entspringt dem Gedanken, Schnittstellen zwischen verschiedenen Managementfunktionen zu schaffen, die früher aufgrund anderer Verhältnisse in den Medienmärkten so nicht notwendig waren. Redaktionsmanager können in enger Zusammenarbeit mit Chefredakteur und Geschäftsführung besonders drei Aufgabenbereiche übernehmen, die traditionell beide Pole betreffen, aber früher – je nach Absprache – immer von einem Pol stärker (oder überhaupt nicht) wahrgenommen wurden: laufende Geschäftsführung, Personalentwicklung und Projektmanagement. Die Einrichtung solcher an journalistische und wirtschaftliche Führungspositionen angegliederter Stellen bringt aber keine neue Qualität des redaktionellen Managements mit sich, sondern dokumentiert lediglich sichtbarer, daß Managementaufgaben sich heutzutage nicht mehr aus dem redaktionellen Kontext herausdefinieren lassen.

Eine dritte Form der Schaffung von Schnittstellen liegt im Berufsbild des Producers. Bei diesem geht es nicht primär, wenngleich auch, um die Verbindung zwischen redaktioneller und wirtschaftlicher Verantwortung, sondern in erster Linie um die Kommunikation zwischen Redaktion und Produktion in den elektronischen Medien. Ursprünglich waren Producer im Filmgeschäft im Einsatz. Während der Produzent – meist als Mitglied der Geschäftsführung – unternehmerisch für die gesamte Filmproduktion eines Unternehmens (z. B. Steven Spielberg in seiner Firma *Dreamworks*) verantwortlich ist, betreut der Producer einzelne Filmprojekte (vgl. Hertl 1997: 34 f.).

Das Stellenprofil läßt sich nur ansatzweise konkretisieren, da es jeweils stark nach den Anforderungen des einzelnen Medienproduktes variiert, das dem Producer anvertraut wurde. Ihm kann unternehmerische Teilverantwortung übertragen werden, er ist für die ideelle wie finanzielle Seite des Projektes gleichermaßen zuständig – ein weiteres Beispiel dafür, daß das Denken in den getrennten Kategorien publizistischer Qualität und ökonomischer Effizienz in unserer modernen Mediengesellschaft offenbar kaum noch zeitgemäß ist. Auch der Producer schafft somit eine Schnittstelle zwischen früher eher getrennten Zuständigkeiten und verfolgt bei seiner Arbeit ein integratives Ziel der Planung, Führung und Kontrolle aller mit einer Medienproduktion verbundenen Verantwortungsbereiche.

3.3.5   Arbeitsbedingungen und Arbeitsumfeld

Neben der grundsätzlichen horizontalen und vertikalen Strukturierung redaktioneller Organisation gibt es auch für eine möglichst reibungslose Ab-
lauforganisation in der Redaktion einige Vorgaben, die sich auf das Arbeitsumfeld und die Arbeitsbedingungen beziehen. Jeder Mensch – und somit
auch jeder Journalist – ist in seiner Leistungsfähigkeit nachgewiesener-
maßen stark von äußeren Bedingungen, also von seiner Umwelt abhängig.
Folglich kann eine Optimierung dieser Bedingungen auch eine Optimierung
der Leistungsfähigkeit einzelner Mitarbeiter und in der Folge der gesamten
Redaktion mit sich bringen.

Die Ergonomie hat inzwischen einige Faktoren herausgearbeitet, an denen sich die Qualität des Arbeitsumfeldes festmachen läßt (vgl. Jonscher
1995: 535 ff.). Dazu gehören z. B. die richtige Lufttemperatur, die in Büro-
räumen zwischen 20 und 22 Grad Celsius liegen sollte, und eine angemessene
Beleuchtung (in der Regel als Kombination aus Tageslicht und Kunstlicht
für Arbeitsplätze, die mehr als vier Meter von einem Fenster entfernt sind).
Gerade Licht beeinflußt nämlich nicht nur die optische Wahrnehmung am
Arbeitplatz, sondern regt auch das vegetative Nervensystem an, das u. a.
unsere Aktivität und Konzentrationsfähigkeit steuert.

Neben diesen grundlegenden Faktoren gibt es weitere, die gerade am
Arbeitsplatz oft sträflich vernachlässigt werden – z. B. die Geräuschkulis-
se. Wer im Job ständig Lärm ausgesetzt ist, kann oft keine Tätigkeiten ver-
richten, die langfristige Konzentration verlangen. Gerade im redaktionellen Alltag gehören – bei allem Druck der Tagesaktualität – auch Ruhezei-
ten und Ruhezonen dazu, um den kreativen Prozeß der Ideenentwicklung zu
ermöglichen. Redakteure, die als Planer oder Rechercheure viel telepho-
nieren und lesen müssen, dürfen nicht permanent (akustisch) gestört werden.
Auch für die Phase des Schreibens und Textens ist ein ruhiger Raum günsti-
ger als ein Durchgangszimmer.

Sogar individuelle Faktoren, wie Farb- und Gestaltungsvorlieben, können in der Redaktion ihren Platz finden, wenn der Redakteur oder die Re-
dakteurin ein einzelnes Büro hat und dies eigenhändig gestalten kann. Das
Gefühl, in das *eigene* Büro zu kommen, das man selbst eingerichtet und damit zu seiner persönlichen „Kreativzone" gemacht hat, wirkt sich positiv
auf den Arbeitsalltag aus.

Im wesentlichen hängen alle diese Faktoren von den räumlichen Bedingungen redaktioneller Arbeit ab. Seit den sechziger Jahren setzen sich Experten und Wissenschaftler damit auseinander, wie die Redaktionsräum-

lichkeiten gestaltet sein müssen (vgl. Wetzel 1968) und welche Vorteile Einzel- oder Gruppen- bzw. Großraumbüros für die Arbeitsorganisation und -abläufe haben (vgl. Bittner 1967). Auch hier gilt wiederum: Da redaktionelle Arbeit sich nicht nach allgemeinen standardisierten Vorgaben, sondern immer nur nach den Anforderungen des jeweilgen Mediums und seiner Produkte organisieren läßt, kann es auch keine Generallösungen für die räumliche Gestaltung geben. Allerdings lassen sich einige Leitlinien formulieren.

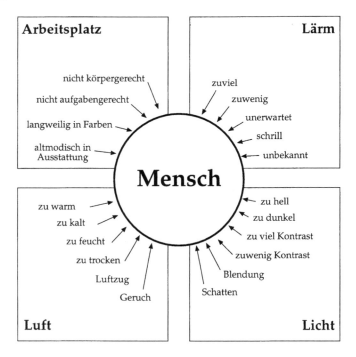

Abb. 11: **Einflußfaktoren im Arbeitsumfeld**
Quelle: Jonscher 1995: 536

Das Einzelbüro hat – abgesehen von einem Prestigegewinn des innehabenden Redakteurs gegenüber den „Großraum-Kollegen" – den Vorteil, daß es mehr Ruhe und Muße für die kreativen Tätigkeiten, wie das Schreiben von längeren Stücken, die konzeptionelle Arbeit etc., kurz: für die rein journalistischen Tätigkeiten mit niedrigem Routinegrad bietet. Ein großer Teil der redaktionellen Arbeit vollzieht sich allerdings über Kommunikation. Dies ist das wesentliche Argument für das Gruppen- oder Großraumbüro. Wer für jede Frage oder Abstimmung über den Flur laufen muß, kann kaum stringent und effektiv arbeiten. Deshalb sind im Redaktionsprozeß auch räumliche „Schaltzentralen" sinnvoll. In der aktuellen Nachrichtenproduktion gehören z. B. der Chef vom Dienst, Redaktionsassistent/in und Redaktionssektretär/in sowie Nachrichtenredakteur in einen Raum, weil zwischen diesen Personen nahezu permanent Informationen ausgetauscht werden müssen.

Handelt es sich um eine Fernsehredaktion, so gibt es einen Moderator oder eine Moderatorin, der oder die unmittelbar kommunikativ am Entwicklungsprozeß der Sendung beteiligt sein muß. Sämliche Neuinformationen oder veränderten Entscheidungen müssen ihm oder ihr sofort mitgeteilt werden. Dennoch ist es wenig sinnvoll, den Moderator in das Gruppen- oder Großraumbüro zu integrieren, denn er braucht Ruhe zum Denken und Schreiben. Das Einzelbüro des Moderators wäre dann optimal gegenüber oder neben dem CvD-Büro angegliedert, so daß es Sicht-, aber keinen direkten Hörkontakt gibt, und Informationen schnell „herübergereicht" werden können.

Der räumlichen Gestaltung von Redaktionen sollten also genaue Überlegungen zu den Kommunikations- und Informationsstrukturen unter den Mitarbeitern vorangehen, um diese dann in einer angemessenen Rauminfrastruktur optimal umzusetzen. In jedem Falle gilt: Die Arbeit im Gruppen- oder Großraumbüro erfordert von allen Anwesenden ein angemessenes Maß an Rücksichtnahme, damit der Arbeitsprozeß nicht zu stark durch Störungen belastet wird.

Auch die geeigneten Arbeitsmittel können zur Verbesserung der Leistungsfähigkeit in der Redaktion beitragen. Dazu gehören in erster Linie das Telefon und der Computer. Geräte, die in der Redaktion zur Verfügung stehen, sollten das leisten können, was für den redaktionellen Arbeitsprozeß nötig ist. Wenn der Computer zu viele andere Möglichkeiten bietet, als für die eigene Aufgabenbewältigung notwendig, führt dies häufig zu Dysfunktionen in Form von Ablenkungseffekten. So sehr der Computer alltägliche Arbeitsprozesse vereinfachen kann, so schnell kann es sich auch zur „Zeitvernichtungsmaschine" entwickeln.

Zum redaktionellen Management gehört auch – unabhängig von Hierarchieebenen und Einzelfunktionen – daß die Mitarbeiter genau beobachtet

werden. Damit ist nicht eine ständige Überwachung der Leistungen gemeint, sondern die „Barometerfunktion" einer Führungskraft. Unzufrieden-
heiten, fehlende Auslastung oder auch zu hohe Arbeitsanforderungen lassen sich nämlich durchaus häufig an äußeren Signalen in der Redaktion
ablesen. So kann ein Dauerchaos in den Redaktionsräumen ein Hinweis auf
fehlende Strukturen sein, die sich auch im redaktionellen Arbeitsprozeß
negativ niederschlagen. Auch „Abschottungsmechanismen" einzelner Mitarbeiter in Großraumbüros – z. B. durch den Aufbau einer „Mauer" aus Ord-
nern, Ablagekästen und Arbeitsgeräten rund um den eigenen Schreibtisch –
können darauf hindeuten, daß das Klima in der Redaktion nicht stimmt
und die Kommunikationsnetzwerke nicht optimal funktionieren.

3.3.6. Informations- und Wissensmanagement

Daß in einer Redaktion eigentlich nur Kommunikationsprofis versammelt
sein sollten, muß nicht unbedingt eine Garantie für optimale interne Infor-
mations- und Kommunikationsstrukturen sein. Die sind aber von entschei-
dender Wichtigkeit für die Leistungsfähigkeit der Redaktion und ihrer
Mitarbeiter. Deshalb muß auch der Umgang mit Information und Wissen in
der Redaktion nach Kriterien der Arbeitserfordernis organisiert werden.

Das bedeutet zunächst, daß die Informationen gesammelt, gesichtet und
vorstrukturiert werden, die als Input von außen in die redaktionelle Arbeit
einfließen, also Themenvorschläge, Terminvorschauen und Pessemitteilun-
gen. Sie alle sollten über *einen* Schreibtisch laufen, um zu vermeiden, daß
Themen sich in kurzer Zeit wiederholen, themenorientierte Arbeitsaufträ-
ge an unterschiedliche Autoren mehrfach vergeben oder auch einfach ver-
gessen werden. Dafür ist meist der Planer zuständig, der soz. die redaktionelle Informations-Schaltstelle zwischen der Außen- und Innenwelt darstellt. Wenn er langfristig planen soll (und das ist selbst für tagesaktuelle
Medienprodukte sinnvoll), dann darf der Planer nicht ständig mit anderen
Aufgaben belastet werden, sondern muß seine Arbeitskraft auf die Informa-
tionsverwaltung und die langfristige konzeptionelle Themenplanung für
die Redaktion verwenden.

Für den übrigen Informationsaustausch der Redaktion mit ihrer Umwelt
muß es ebenfalls klare Zuständigkeiten geben, z. B. für Zuschauer-, Hörer-
und Leserpost. Wer einer Redaktion schreibt, der will auch eine Antwort
bekommen. Gibt es unter den Mitarbeitern niemanden, der dafür zuständig
ist (und sei es, die Post an die zentrale Zuschauer-, Hörer- oder Leserredak-

tion weiterzuleiten), dann bleibt die Antwort aus und der Zuschauer, Hörer oder Leser bleibt u. U. bei der nächsten Ausgabe dem redaktionellen Angebot fern. Ähnliches gilt für unternehmensinterne Post, die zügig und regelmäßig bearbeitet werden muß. Sobald in einer Redaktion häufiger Kontrollanrufe eingehen, ob irgendetwas angekommen ist, oder irgendein Mitarbeiter etwas erhalten habe, müssen beim Redaktionsleiter die Warnsignale auf Rot schalten, denn das ist ein sicheres Zeichen für Fehler und Unzuverlässigkeiten in der redaktionsinternen Informationsverarbeitung (vgl. Schwarzwälder 1995b: 16).

Schließlich muß die Redaktion langfristig einen Wissensfundus anlegen, um in der täglichen Arbeit nicht jeweils wieder bei Null beginnen zu müssen. Eine wesentliche Hilfe bieten bei größeren Zeitungshäusern und Rundfunkanstalten die Zentralarchive, die für alle Redaktionen des Hauses nach Auftrag Informationen liefern, z. B. in Form von zurückliegenden Presseartikeln, Kopien aus dem Munzinger-Archiv usf. Auch die elektronische Datenverarbeitung bietet neue Optionen. So können Redakteure über Recherche-Programme, z. B. *Archimedes* (Archiv-Informations-Mediensysteme) der Firma SAP am eigenen PC die Meldungen der in der Redaktion eingehenden Agenturen über Jahre zurückverfolgen oder in Presse- bzw. Film-Archiv und Bibliothek des Hauses eigenständig recherchieren. Der Zugang zu Archiven und Bibliotheken ist deshalb wichtig, weil immer mehr Ereignisse nur auf dem Wege einer Einordnung in ihre langfristige Entwicklung verständlich werden. Diese Einordnung kann der Redakteur sich per Computer selbst organisieren.

Die Möglichkeiten der elektronischen Recherche und Kommunikation bedingen es, daß die Mitarbeiter eingehend in ihrer praktischen Anwendung und ihren Nutzungsmöglichkeiten geschult werden. Dazu gehört nicht nur die Einweisung in die Handhabung dieser Programme, sondern auch eine Auseinandersetzung über Sinn und Unsinn des Einsatzes in der Redaktion. Bisherige Erfahrungen zeigen nämlich, daß die Möglichkeiten der Computerkommunikation nicht immer nur positive Konsequenzen zeitigen. So sollen Internet-Recherche und elektronische Post (e-mail) eigentlich über Information und Kommunikation Probleme lösen, häufig schaffen sie aber selbst wiederum neue. Das, was dem Computer nichts ausmacht, das permanente Wechseln zwischen einzelnen Aufgaben und Arbeitsprozessen (Multitasking) überfordert den Menschen sehr schnell.

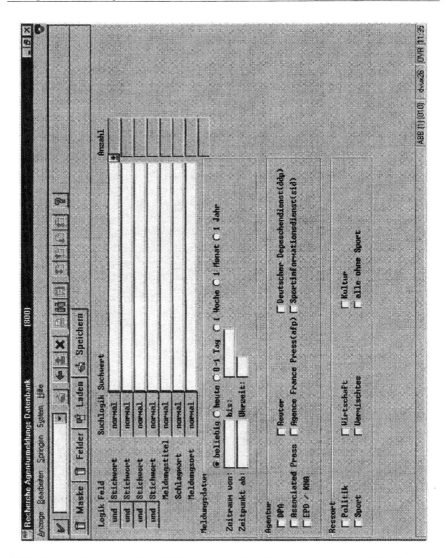

Abb. 12:   **Benutzeroberfläche des Rechercheprogramms** *Archimedes*
(SAP)
Quelle: WDR, Organisation und Informationssysteme

Das menschliche Hirn kann nur eine begrenzte Zahl von Vorgängen „gleichzeitig" bearbeiten. Fordert der Computer dies aber indirekt über Signale und Optionen ständig von den Mitarbeitern, baut sich bei ihnen Kommunikationsstreß auf. Parallel dazu läßt nach Erkenntnissen der Psychologie die Leistung alsbald nach (vgl. Die Zeit v. 16.04.1998: 27). Eine Redaktion, die in einer elektronischen „Datenlawine" erstickt, kann damit auf Dauer nicht mehr genug Aufmerksamkeit auf die eigentlich relevanten Informationsinputs ihrer Umwelt verwenden.

Trotz all dieser Hilfsmittel – und auch wegen ihrer neuen Probleme – kommt eine Redaktion auch heute nicht darum herum, ihr eigenes Arbeitsarchiv anzulegen. Gibt es in der tagesaktuellen Sendung einer Fernsehredaktion z. B. fast täglich einen Gesprächspartner zu einem aktuellen Thema, so macht es Sinn, eine Gästekartei zu führen, in der man kompetente und eloquente Experten mit vollständiger Adresse, Kontaktmöglichkeiten und einigen Stichworten zur thematischen Kompetenz sammelt. Nach einiger Zeit kann die Redaktion dann auf geeignete Interviewpartner zurückgreifen, ohne jedesmal neu zu recherchieren und dabei möglicherweise mangels Kenntnis des eingeladenen Gastes über dessen thematische und kommunikative „Leistungen" enttäuscht zu sein.

4 Personalmanagement

4.1 Personal- und Personalitymanagement

Es ist einfacher, einen Sack Flöhe zu hüten, als einen Haufen kreativer Einzelkämpfer in einer Redaktion zusammenzubringen und zu gemeinsamer Höchstleistung zu führen – so oder ähnlich plakativ läßt sich das Problem beschreiben, das Personalführung in Medienbetrieben, vor allem auf der journalistischen Seite, noch heute überaus schwierig macht. Wie die meisten Medaillen hat auch die, die sich ein erfolgreicher Redaktionsmanager in Sachen Personalführung umhängen kann, zwei Seiten.

Die erste Seite wird vom Berufs- und Menschentypus Journalist und Journalistin bestimmt, der auch von erfahrenen Managern der Medienbranche als eher schwierig zu steuern skizziert wird (vgl. Klenke 1997). Dafür gibt es verschiedene Gründe. Viele Journalisten verstehen ihre Arbeit noch heute als schöpferische Einzelleistung, sie sehen ihre Umwelt aus der Distanz des professionellen Beobachters und betrachten sich darüber hinaus gerne als Berufsgruppe mit Privilegien (vgl. Hörnig 1998a, 1998b: 30; de Weck 1996: 15). Journalisten achten deshalb besonders darauf, daß sie ihre beruflichen Freiräume, ihre Eigenverantwortlichkeit und ihre individuelle Kreativität wahren. „Häufig wird die Einbindung in eine Redaktion und Organisation als lästiges ‚Muß‘ erlebt." (Klepsch 1997: 73) Deshalb müssen Führungskräfte bei ihren journalistischen Mitarbeitern oft statt eines „konventionellen" *Personal*managements eher auf *Personality*management setzen, um diese langfristig für ihre Ziele zu gewinnen.

Die zweite Seite bestimmen die Redaktionsmanager selbst. Auch sie müssen ein Problem bewältigen, das sich aus der Diskrepanz zwischen journalistischer Fähigkeit und fehlender Führungserfahrung ergibt. In der Regel qualifizieren sich leitende Redakteure, Ressortleiter und Chefredakteure nämlich durch fachliche Kompetenz, also durch ihre journalistischen Fähigkeiten, für eine Führungsposition in der Redaktion. In dieser Position müssen sie dann auf einem ganz anderen Feld Kompetenz beweisen – dem der Mitarbeiterführung (vgl. Klepsch 1997: 73). Daß diese Kompetenz nicht allein auf individueller Begabung beruht, sondern auch Qualifi-

kations- und Lernprozesse voraussetzt, ist inzwischen selbst in der Medienbranche unumstritten (vgl. Bußmann 1998; Fasel 1998b; Teichert 1998).

Um so erschreckender sind manche Führungsmythen, die auch heute
noch gerne von Redaktionsleitern und Chefredakteuren gepflegt werden. So
vertritt Ex-BILD-Chefredakteur Hans Hermann Tiedje z. B. die Auffassung, damit ein Betrieb laufe, müsse man „Musterleichen schaffen" (zit.
nach Die Zeit v. 28.05.1998: 7). Am Beispiel der Titel und Beschreibungen,
die in der Medienszene über den Chefredakteur einer Hamburger Zeitschrift kursierten, kam Evelyn Roll, Reporterin der SÜDDEUTSCHEN
ZEITUNG zu dem Schluß, daß Deutschland ein Land sei, „in dem immer
noch die Kotzbrocken für Modellmanager gehalten werden" (Roll 1997: 18)
Die Woche wertet es im Falle des Ex-BUNTE-Chefredakteurs Franz Josef
Wagner schon als gutes Zeichen, daß „der Klaus Kinski unter den deutschen
Chefredakteuren" an seinem neuen Arbeitsplatz, der B. Z., „bisher noch
niemandem einen Aschenbecher hinterhergeworfen hat" (Wenderoth 1998:
21). Dieter Lesche, Ex-Chefredakteur von RTL und inzwischen selbständi-
ger Fernsehproduzent, kritisiert die deutschen Fernsehmanager als
„Glanzvolle Versager" und erinnert sich aus eigener Erfahrung an einen
Vorgesetzten, „der ebensowenig Managementerfahrung mitbrachte wie ich,
aber dafür wild entschlossen war, seinen Untergebenen das Leben so schwer
wie irgend möglich zu machen" (Lesche 1996: 12).

Dies sind zwar keine Phänomene, die ausschließlich im Management
journalistischer Arbeitsprozesse zum Tragen kommen, dennoch scheinen Redaktionen besonders stark von problematischen Führungsstrukturen und -
methoden betroffen zu sein, eben weil bis vor wenigen Jahren die Mitarbeiterführung dort kaum ein Thema war und somit ein großer Nachholbedarf
bei der Professionalisierung des redaktionellen Personalmanagements besteht. Die Führungsnoten, die Redakteure und Redakteurinnen ihren Chefs
erteilen, fallen dann zum Teil auch nicht sehr gut aus (vgl. Abb. 13).

Als zentrale Schwierigkeiten redaktioneller Führung scheinen Motivationsdefizite, fehlende Teamfähigkeit (auch des Chefs oder der Chefin)
und eine mangelhafte Informations- und Kommunikationspolitik in der Redaktion im Vordergrund zu stehen. Damit sind es fast alle wesentlichen
Kriterien modernen Personalmanagements, die in vielen Redaktionen nur
unzureichend ausgeprägt sind. Dies führt im besten Falle dazu, daß die Redaktion ihr schöpferisches Potential nicht optimal aktivieren und zusam-
menbringen kann, im schlechtesten Falle ist ein personalpolitisch defizi-
tärer Zustand in Redaktionen – ebenso wie in Abteilungen von Wirtschaftsunternehmen – für weitreichendere dysfunktionale Entwicklungen verant-

wortlich, z. B. für Leistungsabfall, Redaktionsintrigen und einen hohen Krankenstand. In solchen Situationen können unter Umständen externe Beobachter helfen, die Führungskräfte und Mitarbeiter in ihrem gegenseitigen Verhältnis analysieren (vgl. Hörnig 1998a: 36). Dabei ist es oft leichter, die Redaktionsmitglieder durch Gruppendiskussionen und Workshops enger zusammenzuschweißen, als die Manager auf Fehler „festzunageln". Spätestens, wenn z. B. ein Redaktionsleiter bei einem Arbeitsplatzwechsel den hohen Krankenstand in der bisherigen Redaktion in sein neues Arbeitsumfeld „transferiert", ist dies ein Indiz dafür, daß die Führungskraft die Probleme, die sie eigentlich durch Personalmanagement lösen sollte, erst selbst erzeugt und somit einer Managementweiterbildung bedarf.

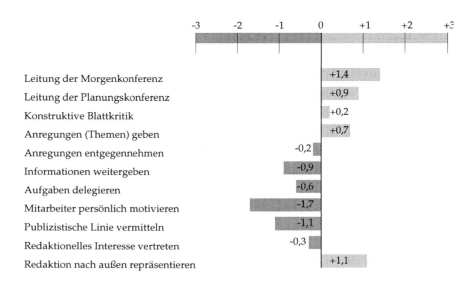

Abb. 13:   **Führungsnoten für die Redaktionsleitung**
Quelle: sage & schreibe 1/1995: 11[8]

---

[8] Befragt wurden 120 Redaktionsmitglieder bei 60 Tageszeitungen (Mittelwerte aus sieben Abstufungen von -3 für „völlig unzureichend" über 0 bis +3 für „sehr kompetent")

Sicherlich lassen sich zum Beheben dieser Defizite nicht einfach die aus Wirtschaftsunternehmen bekannten Führungsstrategien eins zu eins auf Redaktionen übertragen. Aber in ihren Grundzügen können die Erkenntnisse der Personalführung dazu beitragen, die Kommunikations- und Entscheidungsprozesse in der Redaktion zu professionalisieren und damit mehr auf die redaktionellen Qualitätsziele auszurichten. In Redaktionen kommt es allerdings stärker als in Wirtschaftsunternehmen darauf an, das richtige Zusammenspiel von Personal- und Persönlichkeitsmanagement zu entwickeln. Dieses „Mischungsverhältnis" läßt sich nur durch langfristige Erfahrungen und Lernprozesse optimal austarieren.

4.2   Die Redaktion als Lernende Organisation

Personalführung in der Redaktion ist zu einem wesentlichen Teil auch für die Kreativitäts- und Innovationspotentiale verantwortlich, die in der journalistischen Arbeit freigesetzt werden. Wenn der Chefredakteur oder die Chefredakteurin bereit ist, sich für die Lösung von Problemen auf neue Wege zu begeben, ist dies oft ein Ansporn für die anderen Mitarbeiter, es ihm oder ihr gleichzutun. Wenn allerdings alternative Lösungsvorschläge mit einem „das haben wir noch nie so gemacht" beschieden werden, dann ist dies ein gefährliches Zeichen für eingefahrene Strukturen und ritualisierte Arbeitsprozesse im redaktionellen Alltag, die wenig geeignet sind, die Redaktion auf Veränderungen im Medienmarkt vorzubereiten und einzustellen (vgl. Fasel 1998a: 31).

Gerade Redaktionen als journalistische „Pulsmesser" des Zeitgeschehens können es sich nicht erlauben, den status quo zu ihrem Maßstab zu machen. Sie müssen die Beobachtung gesellschaftlicher Entwicklungsprozesse nicht nur extern kommunizieren, sondern vielmehr auch intern umsetzen. Das heißt, die Redaktion muß sich als Lernende Organisation begreifen.

In Deutschland haben sich Wissenschaft und Praxis lange Zeit besonders schwergetan, die Erkenntnisse des Konzepts der Lernenden Organisation (vgl. Nonaka/Takeuchi 1997), das auf dem der Organisationsentwicklung aufbaut (vgl. Comelli/von Rosenstiel 1995: 249 ff.) im Management umzusetzen. Offenbar kommen die Vorstellungen des Taylorismus noch heute dem deutschen Denken eher entgegen als die flexiblen und dynamischen Vorstellungen eines ganzheitlichen, primär auf Wissens- und Erfahrungsentwicklung basierenden Konzepts der Lernenden Organisation.

Der auf den Werken Frederick Winslow Taylors (1917) beruhende Taylorismus war für die von Arbeitsteilung und funktionaler Differenzierung geprägten Jahrzehnte des 20. Jahrhunderts der passende Ansatz. Taylor knüpfte bei seinen Betrachtungen zur Effizienz an den Leistungen der Mitarbeiter an. Sein Ziel war es, uneffiziente und überflüssige Bewegungen oder Handlungen aus dem Arbeitsprozeß herauszukristallisieren, um sie in einem zweiten Schritt vollständig auszumerzen. Dazu entwickelte er eine Methode zur Analyse von Arbeitsprozessen, die es ermöglichte, jede Arbeit in kleinste Aufgabenelemente zu zerlegen, die dann von den einzelnen Arbeitern erledigt werden sollten. Durch diesen Prozeß der Differenzierung, Minimalisierung und Standardisierung von Arbeitsprozessen reduzierten sich Leerzeiten und sinnlose oder redundante Bewegungs- und Handlungsabläufe um ein Vielfaches – die funktionale, effiziente und kontrollierte Arbeit war geboren.

Diese Vorstellung hat die Unternehmensentwicklung in der westlichen Welt wesentlich geprägt, war allerdings auf die zu der Zeit vorherrschende rationalisierte maschinelle Industrieproduktion zugeschnitten: „Arbeit wird hier instrumentell als quantifizierbarer Input für technische Produktionsprozesse konzeptualisiert". (Staehle 1992: 58) In einer heute grundsätzlich veränderten Wettbewerbssituation, die nicht länger in erster Linie durch Rationalisierung und Spezialisierung, sondern vielmehr durch Geschwindigkeit und Innovationsfähigkeit als primäre Wettbewerbsvorteile geprägt ist (vgl. Walz/Bertels 1995), kann der Taylorismus als Arbeitsorganisations- und Managementkonzept kaum noch zu vergleichbaren Erfolgen führen.

Das Konzept der Lernenden Organisation hat die in fast allen neueren Managementmodellen angedachte Bedeutung von Information, Wissen und Lernen zu einem ganzheitlichen Denken zusammengeführt. „‚Lernen' heißt in diesem Zusammenhang nicht, daß man mehr Informationen aufnimmt, sondern daß man die Fähigkeit erweitert, die Ergebnisse zu erzielen, die man [...] anstrebt." (Senge 1996: 174) Dabei stehen die individuelle Weiterentwicklung, das Beobachten und interpretatorische Modellieren der Umwelt, die Entwicklung gemeinsamer Visionen, konstruktive Gruppenkommunikation und systemisches Denken im Vordergrund (vgl. Senge 1996: 75 ff.).

Das Management der Lernenden Organisation muß man sich als Transfer des vom menschlichen Gehirn vorgegebenen Organisationsmodells auf die Unternehmensführung vorstellen. „Seine Nervenzellen können unabhängig voneinander und ohne Führung durch eine zentrale Kontrollinstanz han-

deln. Durch Gruppenbildung können sie Verhaltensweisen entwickeln, die
aus eigener Kraft kein einzelner zustande brächte. Dies ist möglich, weil
kein Neuron auf ein dauerhaftes Verhalten festgelegt ist. Ändert sich die
Umwelt, können sie sich durch neue Vernetzung auf die neuen Bedingungen
sofort einstellen: ein anpassungsfähiges System also." (Hoch 1997: P1) Die
neuronalen Rekonstruktionsprozesse im Gehirn lassen sich in der Redaktion
als Informations- und Wissenstransferprozesse konzeptualisieren – beide
verfolgen gleichermaßen das Ziel, für jede neue Problemstellung eine punk-
tuelle (und bei mehrmaligem Auftreten dann eben auch langfristig adaptive) Lösung zu finden.

Ein Konzept, das für Wirtschaftsunternehmen Vorteile in einem dyna-
misierten und flexiblen Wettbewerb bringen kann, ist gerade auch auf das
Management in Medienbetrieben übertragbar. Denn Redaktionen sind beim
gesellschaftlichen Wissenswandel einer Doppeldynamik ausgesetzt. Sie
beobachten gesellschaftliche Entwicklung, beschäftigen sich also primär
mit der sozialen Veränderung als ihrem eigentlichen „Arbeitsbereich" und
müssen diese Veränderungen in ihre Beobachtungsschemata inkludieren,
um diese immer up to date zu halten – eine Erkenntnis, die schon in den kybernetischen Studien zur komplexen Organisation in der redaktionellen
Aussagenproduktion angelegt ist (vgl. Kap. 3.2). „Sie [die Organisationen,
M. M.] zeigen rückgekoppelte Lernprozesse und innovatives Verhalten, um
mit der ständigen Veränderung der Außenwelt Schritt halten zu können."
(Robinson 1973: 350).

Für die Praxis des redaktionellen Managements offenbart dies eine Reihe von Implikationen, die bislang noch kaum in ihrer Tragweite erkannt
und umgesetzt worden sind. So vertraut die Redaktion als Lernende Organisation darauf, daß jedes ihrer Mitglieder handeln, sprich journalistisch
arbeiten kann, ohne daß zentrale Führung jeweils den nötigen Input oder
Initialreiz geben muß. Gruppenbildungen, wie z. B. Projektredaktionen und
Qualitätszirkel, sind darüber hinaus geeignet, Lösungen für neue Probleme
zu entwickeln, indem in diesem Rahmen Lernprozesse gemeinsam ausgewertet und umgesetzt werden. Die Lernende Organisation propagiert damit ein
völlig anderes Bild redaktioneller Personal- und Führungskonstellation als
bisher diskutiert und praktiziert wurde: weg vom Einzelkämpfertum, aber
auch weg von der zentralen (autoritären) Führung, hin zu eigenverantwort-
lichem Arbeiten, aber auch hin zu ganzheitlichem Denken der Redaktion
als einem Organismus. Dies impliziert nicht den Abschied von dezentralisierten und spezialisierten Arbeitsprozessen. Aber es bedeutet, daß
jeder Arbeitsprozeß in Beziehung zu allen anderen Arbeitsprozessen gese-

hen werden muß und daß nur durch ständigen Informationsinput in Verbindung mit langfristigem Wissenstransfer die Redaktion ein Produkt herstellen kann, das gemessen an den Vorgaben ihrer Umwelt die notwendige soziale Adäquanz *und* die notwendige Wettbewerbsfähigkeit aufweist. Die Führung einer solchen, am Konzept der Lernenden Organisation orientierten Redaktion kommt in der Regel nicht allein mit den traditionellen Strategien und Instrumenten des Personalmanagements aus, sondern Führungskräfte sind im Rahmen eines „Personal Mastery" umfassend für das Lernen verantwortlich (vgl. Senge 1996: 171 ff., 410 ff.).

4.3   Personalrekrutierung

Mitarbeiter, die man im Rahmen eines wie auch immer gearteten Personalmanagements führen will, müssen zunächst einmal eingestellt werden. Hat man als Redaktionsleiter die Möglichkeit, diese Einstellung selbst vorzunehmen, ist dies schon ein erster großer Vorteil. Eine der wesentlichen Voraussetzungen für den Erfolg oder Mißerfolg von Personalführung liegt nämlich darin, den richtigen Mitarbeiter auf die richtige Stelle zu berufen oder zu befördern. Dabei geht es um quantitative und qualititive Aspekte der Personalbeschaffung.

In beiderlei Hinsicht ist der Personalbedarf einer Redaktion eine komplexe und im Zeitverlauf veränderliche Größe (vgl. Kossbiel 1983: 268 f.), die in regelmäßigen Abständen an den Leistungsanforderungen der Redaktion überprüft werden muß. Die Personalbedarfsplanung orientiert sich dabei an verschiedenen Kriterien, die je nach Beschaffenheit der Organisation unterschiedliches Gewicht haben können.

Grundlage aller personalplanerischen Überlegungen ist die Entscheidung über das Leistungsprogramm der Redaktion. Je nachdem, was eine Redaktion wie oft produzieren muß, gestaltet sich ihre personelle Besetzung. So bedarf es z. B. für die Produktion eines täglichen Angebotes (Tageszeitung, Nachrichtensendung) einer Personalausstattung, die eine tägliche Besetzung der Funktionsstellen (CvD, Tagesreporter, Nachrichtenredakteur etc.) sichert und darüber hinaus einen gewissen Spielraum für Sonderaufgaben läßt. Für die Produktion eines wöchentlichen Angebotes kann die Zahl der Mitarbeiter, die Funktionsstellen besetzen, kleiner sein, dafür liegt möglicherweise der Rechercheaufwand für die innerhalb einer Woche aufzubereitenden Themen höher, so daß dafür wiederum mehr Personal zur Verfügung stehen muß.

Das Leistungsprogramm entscheidet somit über die Generalziele und die damit verbundene Grundausstattung der Redaktion und strukturiert auch die weiteren Überlegungen zur Personalrekrutierung vor.

Davon abgeleitet ergibt sich in einem zweiten Konkretisierungsschritt nämlich der Arbeitszeitbedarf pro Leistungseinheit (Arbeitskoeffizient) bzw. pro Bedienungseinheit und Periode (Besetzungskoeffizient) (vgl. Kossbiel 1983: 268 f.). Diese Faktoren werden wiederum von Planungsentscheidungen im Medienunternehmen, aber auch von der technischen Ausstattung (Computerisierung), von Schichtdiensten oder sonstigen Arbeitszeitregelungen (z. B. die Vier-Tage-Woche für Mitarbeiter, die für Spätausgaben verantwortlich sind) mitbestimmt. Mit diesen personalplanerischen Vorüberlegungen soll erreicht werden, daß der Personalbedarf einer Organisation möglichst exakt gedeckt wird, daß also weder die Effizienz- noch die Leistungs- und Belastunggrenze über- oder unterschritten wird.

Nach Klärung dieser grundsätzlichen Fragen geht es nun darum, auf dem Arbeitsmarkt geeignete Mitarbeiter zu finden. Hier ist noch einmal wichtig, daß dem Leistungsprogramm der Redaktion entsprechend konzeptionierte Stellen mit jeweils nach ihrem Qualifikationsprofil geeigneten Mitarbeitern besetzt werden (vgl. Kap. 3.3.1). Leistungsprogramm und Stellenbesetzungprogramm müssen in einer Redaktion also eng aufeinander abgestimmt sein – eine Maßgabe, die heute in der Regel schwer zu befolgen ist, da viele Medienunternehmen mit einem vorhandenen Personalbestand „jonglieren" müssen, um neue Anforderungen personalplanerisch umzusetzen.

Besonders die öffentlich-rechtlichen Rundfunkanstalten leiden unter der „Fluktuationsquote Null" (Krüger 1997: 93), die externe Personalrekrutierung schwierig macht. Dies muß nicht nur Nachteile haben, weil interne Stellenbesetzungen ja auch Aufstiegschancen für einzelne Mitarbeiter darstellen und somit hausinterne Motivationsquellen sein können. Die interne Besetzung ist damit ein Instrument der unternehmenseigenen Personalentwicklung (vgl. Reusch 1997: 131). Schwierig wird es allerdings, wenn sich für eine Stelle intern kein geeigneter Kandidat findet.

In den Vorzug, eine ganze Redaktion neu aufbauen zu können, kommen nur noch wenige Führungskräfte in Medienbetrieben. Dies war z. B. beim Aufbau des Kölner Senders VOX möglich, gelingt aber heutzutage im journalistischen Bereich nur noch über die Neugründung von Redaktionen für Medienprodukte, die nicht in eine größere Unternehmung integriert sind. Das trifft z. B. auf das unter dem Dach einer Produktionsfirma hergestellte Sendeformat zu, das dann als fertiges Produkt an einen Fernsehsender verkauft wird. In größeren Medienbetrieben handelt es sich dagegen sonst eher um eine Neustrukturierung und Umverteilung des vorhandenen Personals (vgl. Kap. 3.3.1).

Auch beim Stellenwechsel einer redaktionellen Führungskraft gelten diese personalplanerischen Einschränkungen. In der Regel trifft ein Redaktionsleiter in seinem neuen Verantwortungsbereich nämlich auf eine Reihe von Mitarbeitern, die schon vor ihm da waren und im Normalfall auch bleiben möchten. Damit reduzieren sich die Möglichkeiten des Personalmanagements durch strategische Personalrekrutierung erheblich.

Um so unverständlicher ist es, daß dieses wichtige Mittel zukunftsorientierter Personalplanung in Redaktionen auch bei Möglichkeit nur beschränkt genutzt wird. „So wird über Einstellungen häufig auf der Grundlage nicht systematisierter Auswahlverfahren und völlig unstrukturierter Bewerbergespräche entschieden." (Odenthal 1997: 121). Dabei gibt es inzwischen eine Reihe von mehr oder minder standardisierten Auswahlverfahren, die eine genauere Abstimmung zwischen Qualifikations- und Persönlichkeitsprofil auf seiten des Bewerbers und Stellenprofil auf seiten der Redaktion ermöglichen und darüber hinaus auch eine bessere Vergleichbarkeit zwischen einzelnen Bewerbern garantieren sollen. Das einfachste Instrument, der Personalfragebogen, gibt nur wenig Aufschluß über weiterreichende Kompetenzen des potentiellen Mitarbeiters und ist eher als Mittel der standardisierten Erfassung von persönlichen Daten gedacht. Weitergehende Möglichkeiten bieten Tests und Übungen, die den Bewerber auf die gewünschten Fähigkeiten überpüfen können, z. B. ob er die in einer Nachrichtenredaktion notwendige Schnelligkeit in der Umsetzung von aktuellen Ereignissen in Meldungen oder Berichte leisten kann. In eine ähnliche Richtung zielen Assessment-Center, die auch in Medienunternehmen in den vergangenen Jahren populärer geworden sind (vgl. Odenthal 1997: 124 f.). Mehrere Bewerber absolvieren dabei einen „Übungsparcour", der auf die Anforderungen der zu besetzenden Stelle oder des zukünftigen Aufgabenkomplexes zugeschnitten ist. Stärker als bei Einzeltests stehen hier auch soziale Fähigkeiten, wie Gruppenprozesse, Durchsetzungsvermögen und Überzeugungskraft im Vordergrund. An die Idee der Assessment-Center sind beispielsweise auch die Volontärauswahlverfahren der Journalistenschulen und einzelner öffentlich-rechtlicher Rundfunkanstalten angelehnt.

Trotz der Vorteile, die eine derart intensive Konkurrenzbeobachtung potentieller zukünftiger Mitarbeiter bietet, bleibt das wichtigste Mittel im Mitarbeiterauswahlverfahren das persönliche Vorstellungsgespräch (vgl. Odenthal 1997: 123 f.). Im Zuge dessen besteht die Möglichkeit, die

schriftlichen Bewerbungsunterlagen im Gespräch zu verifizieren, kommunikative Kompetenz und Stringenz, Interessenlage, Aufgeschlossenheit und
persönliche Überzeugungskraft des Bewerbers en détail zu überprüfen. Alle
„Transkompetenzen", die weniger auf fachliche als auf persönliche und
soziale Qualifikation eines Bewerbers schließen lassen, offenbaren sich
eher im Gespräch als im (halb-)standardisierten Verfahren. Ein Vorstellungsgespräch kann deshalb durchaus 60 Minuten oder sogar länger dauern,
sollte in offener, aber ungestörter Atmosphäre geführt und auf seiten der
Führungskraft anhand eines Frageleitfadens grob vorstrukturiert werden.
Daß selbst diese geringfügigen Vorgaben oft immer noch ignoriert werden,
rächt sich später. Wer gleich zu Beginn die Chance auf intensive und facet-
tenreiche Begutachtung eines möglichen neuen Mitarbeiters vertut, der muß
später womöglich sogar langfristig mit Menschen zusammenarbeiten, die
vom Qualifikations- oder Persönlichkeitsprofil nicht zum Leistungsprogramm und zur sozialen Konstellation in der Redaktion passen. Im
schlimmsten Falle muß sich das redaktionelle Management dann mit Lei-
stungsdefiziten der Mitarbeiter, sozialen Spannungen in der Redaktion oder
sogar mit arbeitsgerichtlichen Auseinandersetzungen herumschlagen.

Große Sorgfalt bei der Personalrekrutierung zahlt sich also langfristig
aus: indem die redaktionellen Mitarbeiter sich zu einem der Zielorientierung – dem Leistungsprogramm – der Redaktion angemessenen Team zusam-
menfügen und so vergleichsweise wenig qualifikatorische und soziale Miß-
verhältnisse die redaktionelle Arbeit beeinträchtigen.

4.4   Personalführung

Die Personalführung in Redaktionen entwickelt diese teamorientierte Abstimmung von fachlichen und sozialen Kompetenzen der einzelnen Mitarbeiter in der Redaktion auf ein gemeinsames Leistungsziel hin weiter. „Unter Führung als Managementaufgabe versteht man die Beeinflussung der
Einstellungen und des Verhaltens von Einzelpersonen sowie der Interaktion
in und zwischen Gruppen mit dem Zweck, bestimmte Ziele zu erreichen."
(Staehle 1992: 127 f.)

Führung im Sinne von positiver Beeinflussung muß sich deutlich abgrenzen von Manipulation, bei der die Mitarbeiter bewußt über die Ziele und
die Strategien der Beeinflussung im unklaren bleiben. Gerade in Redaktionen als „Tummelplatz" kreativer Persönlichkeiten kann eine auf Manipulation basierende Personalführung nur negative Effekte zeitigen. Wer un-

bewußt und unbegründet in eine Ecke gedrängt werden soll, reagiert schnell mit Ablehnung. Darüber hinaus ist es völlig unsinnig, die Redaktion über die Ziele der Führungsentscheidungen im Dunkeln zu lassen, da sie letztlich für deren Realisierung im wesentlichen mitverantwortlich und nur im Zuge von reflexiven Lernprozessen in der Lage ist, die eigene Arbeit veränderlichen Leistungsanforderungen anzupassen. Personalführung in Redaktionen ist damit keine einseitige Steuerung von „oben" nach „unten", sondern ein interaktiver, reflexiver Prozeß der personalpolitischen Zielanpassung. Dabei geht es darum, im Sinne des Konzepts der Lernenden Organisation an der richtigen Stelle Impulse zu geben, die dann von den Mitarbeitern aufgegriffen und weiterentwickelt werden.

4.4.1 Führungsstile

Die Interpretation von Personalführung hat eine variantenreiche Entwicklung hinter sich, die zum Teil interessante Paralellen zwischen Management und Journalismus aufzeigt. So gingen die frühen, auf Sozial-Darwinismus und individualistische Persönlichkeitstheorien gestützten Ansätze der Personalführung von der Eigenschaftstheorie aus (vgl. Kossbiel 1983: 280 ff.).[9] Führungskompetenz leitete sich danach vor allem aus bestimmten Eigenschaften ab, die ein Manager hatte (oder nicht hatte) und die ihn soz. a priori zur Führungskraft qualifizierten. Im Journalismus finden wir ähnliche Entwicklungen. Auch dort war lange Zeit von der individuellen Befähigung die Rede („Begabungsthese"), die den Beruf des Journalisten im Grunde als nicht erlernbar qualifizierte (vgl. Weischenberg 1990: 11 ff.). Dies hat sich – im Management wie im Journalismus – durch vornehmlich in den USA angeregte Professionalisierungsdebatten geändert.

Beim Personalmanagement wendete man den Blick ab von typischen Führungs*eigenschaften* hin auf das Führungs*verhalten*, das sich in unterschiedlichen Führungs*stilen* konkretisieren kann (vgl. Staehle 1992: 129). Der Führungsstil bezeichnet das übergeordnete Konzept einzelner Führungsentscheidungen. Während diese sich je nach Situation ändern können,

---

9 Die Systematik der Führungstheorien unterscheidet auf der einen Seite die Führungs*kontext*theorien, zu denen neben der Eigenschaftstheorie auch die weiter unten angesprochene Situationstheorie zählt, und auf der anderen Seite die Führungs*prozeß*theorien. Sie umschließen die Führungsmustertheorien und die Führungsablauftheorien, die sich beide mehr auf das Verhalten, also den Führungsstil, die Führungstechniken und die Interaktion zwischen Führungskräften und Mitarbeitern konzentrieren (vgl. Kossbiel 1983: 180 ff.).

bleibt der Führungsstil gleich und ist somit „die Beschreibung eines situationsbeständigen Führungsverhaltens" (Staehle 1992: 129). Grundsätzlich unterscheidet man bei den Führungsstilen zwischen aufgaben- oder leistungsorientierter Führung auf der einen und beziehungs- oder mitarbeiterorientierter Führung auf der anderen Seite (vgl. Hersey/Blanchard 1977). Die aufgabenorientierte Führung beinhaltet ein hohes Maß an Individualkommunikation zwischen Führungskraft und Mitarbeiter, durch die genau festgelegt wird, was der Mitarbeiter wie und wann zu tun hat. Demgegenüber beruht die beziehungsorientierte Führung eher auf Mitarbeitermotivation durch kommunikative Unterstützung. Im ersten Fall geht es also um eine starke und direkte, im zweiten Fall um eine sanfte und indirekte Mitarbeitersteuerung. Wann welcher Führungsstil zum Tragen kommt, hängt von der jeweiligen Situation und Mitarbeiterkonstellation ab. Jedenfalls schließen sich diese beiden Führungsstile nicht aus, sondern müssen eher als gegenseitige Ergänzung verstanden werden (vgl. Staehle 1992: 129).

Der Erfolg von Personalführung wird dadurch bestimmt, ob die Führungskraft es versteht, in der jeweiligen Situation den richtigen Führungsstil zu aktivieren und dabei auch die Bedürfnisse und Erfordernisse der einzelnen Mitarbeiter mit einzubeziehen. Ob ein Mitarbeiter eher auf die aufgaben- oder die beziehungsorientierte Führung anspricht, hängt im wesentlichen davon ab, welchen Reifegrad (maturity) er erreicht hat. Die Reife bezieht sich dabei immer nur auf den konkreten Aufgabenkomplex, den der Mitarbeiter oder die Gruppe übernommen hat, nicht aber auf die Person(en) selbst. Darunter fällt für das Konzept des situativen Führens „die Fähigkeit, sich hohe, jedoch erreichbare Ziele zu setzen (Erfolgsmotivation), die Bereitschaft und Fähigkeit, Verantwortung zu übernehmen und die Ausbildung bzw. die Erfahrung eines Einzelnen oder einer Gruppe" (Faltermaier 1997: 88).

Je nach Reife muß die Führungskraft also die Führungsstile unterschiedlich stark aktivieren, wobei verschiedene Konstellationen vorstellbar sind, die vom Diktieren über das Argumentieren und Partizipieren bis hin zum Delegieren reichen. Grundsätzlich gilt: Je geringer die Reife, desto direktiver (aufgabenbezogener) die Führung. Erhöht sich die Reife, so kann stärker auf die soziale Führung (beziehungsorientiert) zurückgegriffen werden. Im Falle eines außergewöhnlich hohen Reifegrades greift dann das Delegationsprinzip: Der Mitarbeiter ist in der Lage, Aufgabenkomplexe selbständig zu übernehmen und zu bearbeiten und entlastet die Führungskraft von Einzelentscheidungen.

Erfolgreiche Personalführung verlangt also ein ständiges reflexives Anpassen des Führungsstils an die Gegebenheiten der jeweiligen Situation und Person.

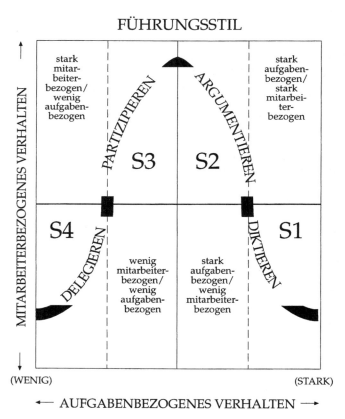

Abb. 14:   **Konstellationen des situationsgerechten Führens**
Quelle: Faltermaier 1997: 87

Ist ein Redakteur z. B. Spezialist für Recherche und erbringt in diesem Bereich jeweils Höchstleistungen, so bedarf es bei ihm in diesem Zusammenhang höchstens eines beziehungsorientierten Führungs*angebotes*, nicht aber einer direktiven, also aufgabenorientierten Führung. Derselbe Mitarbeiter kann aber Schwächen in anderen Bereichen aufweisen, wie z. B. dem Schreiben und Texten. Hier gilt es dann, klare (aufgabenorientierte) Vorgaben zu machen und ihre Umsetzung zu kontrollieren.

Eine weitere Unterscheidung, die wiederum situationsabhängig zu treffen ist, ergibt sich aus dem Wechsel zwischen Machtgebrauch und Machtverzicht. Grundsätzlich wird heute eher ein kooperativer Führungsstil proklamiert, der autoritäre Führungskonzepte abgelöst hat (vgl. Staehle 1992: 130 f.). Dies ist auch in Redaktionen zweifellos der richtige Weg, eben weil kooperative Überzeugung die Mitarbeiter eher auf das Redaktionsziel „einschwören" kann als es autoritäre Steuerung vermag. Dennoch gibt es auch hinsichtlich dieser Varianten Entscheidungszwänge, die eine Führungskraft manchmal sinnvoll zur klaren Ansage zurückkehren lassen. Ein jung beförderter Chefredakteur kann z. B. bei den „alten Hasen" der Redaktion ob seines Alters auf Ablehnung stoßen. In solchen Situationen kann es sinnvoll sein, Positionsmacht einzusetzen, um von Anfang an klare Verhältnisse zu schaffen (vgl. Faltermaier 1997: 85). Wer dauernd mit faulen Kompromissen arbeitet, um Konfrontationen zu vermeiden, wird vermutlich auch auf Dauer nicht akzeptiert. Strikter formuliert: Wer immer geliebt werden will, sollte besser gar nicht erst auf dem Chefsessel Platz nehmen.

4.4.2 Führungstechniken

Populärer als die recht abstrakten Führungsstile sind Führungstechniken, die als Management-by-Konzepte den Führungskräften konkretere Kriterien des erfolgreichen Personalmanagements an die Hand geben wollen. Dieses Feld ist inzwischen so breit geworden, daß man schon wieder Wegweiser braucht, um im Dschungel der by-Techniken die Orientierung zu behalten. Auch gibt es inzwischen eine Reihe von „Schmunzel-Konzeptionen", die weder in reinen Wirtschaftsunternehmen noch in Redaktionen dazu geeignet sind, ein Mitarbeiterteam erfolgreich an die Ziele der Organisation heranzuführen. „Management by helicopter (‚Mit Getöse landen, Staub aufwirbeln und nach oben entschwinden') entpuppt sich als ebenso untaugliches Mittel wie Management by Robinson (‚ ... alle warten auf Freitag'), Management by Champignons ('Mitarbeiter im Dunklen lassen, mit Mist bestreuen und wenn sich ein Kopf zeigt, absägen'), Management by Pingpong ('Jeden Vorgang solange hin und her bewegen, bis er sich von selbst ...) oder Management by Jeans (, ... die größten Nieten an die wichtigsten Stellen')." (Klenke 1997: 103 f.) Nach Durchsicht der zahlreichen Management-by-Varianten verbleiben deshalb nur zwei „klassische" Ausprägungen und ein paar wenige neue Akzentuierungen, die innovative Überlegungen in die tradierten Konzepte einfügen können.

Die Grundunterscheidung verläuft zwischen Management by Exception (Führung in Ausnahmefällen) und Management by Objectives (Führung durch Zielvereinbarung) (vgl. Staehle 1992: 131 f.). Management by Exception (MbE) bezeichnet eine Führungstechnik, die nur dann aktiviert wird, wenn zwischen bestehenden Vorgaben und der Leistung von Mitarbeitern resp. der Organisation in ihrer Gesamtheit erhebliche Diskrepanzen auftreten. Im wesentlichen basiert dieses Konzept auf Arbeitsteilung, in deren Rahmen der Mitarbeiter eigenverantwortlich die an ihn delegierten Aufgaben erledigt. Management by Objectives (MbO) dagegen setzt voraus, daß Führungskräfte und Mitarbeiter gemeinsam Ziele festlegen, Verantwortung für bestimmte aus den Zielen abgeleitete Aufgabenbereiche verteilen und das Verhältnis von Zielsetzung und Zielerreichen regelmäßig überprüfen.

Beide Managementtechniken haben Vor- und Nachteile. So bleibt der Mitarbeiter im Zuge von MbE von ständigen Kontrollen und Direktiven des Vorgesetzten verschont, solange er seine Aufgaben angemessen erledigt. Daß nur eingegriffen wird, wenn etwas schiefläuft, bedeutet im Umkehrschluß allerdings auch, daß besonders positive Leistungen oft lediglich stillschweigend zur Kenntnis genommen und nicht thematisiert werden. Gemessen an der sozialen, kommunikativen und ergebnisdynamischen Situation in Redaktionen dürfte ein alleiniges MbE daher eher selten das richtige Konzept sein, um die Redaktion mehr als funktionsfähig, nämlich auf innovativem und inspirativem Kurs zu halten.

Die Überlegungen zum MbO greifen genau diesen Punkt auf. Mit den gemeinsamen Zielvereinbarungen kann sich Teamgeist ausgeprägter entwickeln. Durch deren regelmäßige Überprüfung bleibt die Organisation dynamisch und veränderungsfähig. Da für all diese Prozesse Kommunikation stattfinden muß, trägt MbO auch zu transparenteren Entscheidungsstrukturen bei. Kurz: durch zielorientierte Personalführung wird der Mitarbeiter informiert, motiviert und er kann Erfolgserlebnisse verbuchen, sobald ein Ziel erreicht ist (vgl. Weber 1994: 104 f.; Comelli/von Rosenstiel 1995: 78).

Diese Führungstechnik kommt auch in Redaktionen inzwischen expliziter zum Tragen. So praktiziert die Hamburger Wochenzeitung DIE ZEIT sog. Jahresgespräche. Einmal im Jahr müssen Chefredakteur und Ressortleiter Rechenschaft über die eigene Arbeit ablegen und das Erreichte an den aktuellen Situationserfordernissen überprüfen. Darüber hinaus werden Ziele für das folgende Jahr vereinbart (vgl. Spaeth/Milz 1998: 33 f.). Solche Zielvereinbarungen für journalistische Tätigkeiten beziehen sich heute in der Regel nicht mehr „nur" auf die publizistische Performanz der jeweiligen Redaktion, sondern schließen inzwischen immer stärker auch ökonomische Ziele mit ein – Auflagenhöhe, Verkaufszahlen oder Einschaltquoten. Arbeitet eine Redaktion nach modernen Managementkonzepten, ohne die publizistische Priorität aus den Augen zu verlieren, muß dies auch nicht gleich als Indikator für den Verlust der Unabhängigkeit oder eine schleichende Kommerzialisierung interpretiert werden. Vielmehr basiert ein den Bedingungen moderner Medienmärkte angepaßtes Verständnis von publizistischer Qualität auf den Komponenten journalistischer Leistungsfähigkeit (Ausbildung und Pflege eines publizistischen Profils) *und* ökonomischer Wettbewerbsfähigkeit (angemessenes Kosten-Nutzen-Verhältnis) (vgl. Kap. 2.1.2).

Moderne Führungskonzeptionen in Redaktionen werden sich kaum zwischen MbE und MbO entscheiden können, sondern beide Alternativen alternierend bzw. ergänzend aktivieren, um redaktionelle Arbeitsprozesse zu steuern. Das Verhältnis des einen zum anderen Ansatz läßt sich in Anlehnung an die Terminologie der Entscheidungsprogramme Manfred Rühls gewichten (vgl. Rühl 1979: 273 ff., 1989: 261 f.; Dernbach 1994: 156 ff.). Dabei kommt dem MbO eher die Funktion strategischen Entscheidungshandels im Sinne von Zweckprogrammen zu, die – wenn nötig – dafür sorgen müssen, die redaktionelle Grundlinie oder andere grundlegende Fragen redaktioneller Entwicklung z. B. durch Zielvereinbarungen (neu) zu orientieren. MbE dagegen knüpft mit seiner grundsätzlichen Gelingensvermutung an die Konditionalprogramme an, die Routineentscheidungen im Redaktionsalltag nach einfachen Wenn-Dann-Mustern vorstrukturieren und so Komplexität reduzieren.

In Ergänzung zu den beiden dargelegten Grundführungstechniken konkurriert seit einigen Jahren eine Reihe von zusätzlichen Management-by-Konzepten um die Aufmerksamkeit des aufgeschlossenen Führungspersonals. Viele dieser Entwürfe reichen letztlich kaum weiter als die im MbO angelegten Grundsätze kooperativer und zielorientierter Führung. Einige Angebote weisen allerdings den Weg in eine Richtung, die in Zukunft größere

Bedeutung erlangen könnte, legt man zugrunde, daß einschneidende Veränderungen im Wettbewerb nur durch flexible und variantenreiche Reaktionen auf seiten der Personalführung erfolgreich aufgegriffen werden können. Ansätze dieses Gedankens stecken im Konzept des „Management by Empowerment" (vgl. Blanchard/Carlos/Rudolph 1998). Indem Mitarbeiter mehr Informationen und Kompetenzen erhalten, leisten sie auch mehr – so lautet das simple, aber in der Praxis durchaus schwer umzusetzende Credo dieses Management-Ansatzes. Damit stellt das Konzept den Zusammenhang von Verantwortungsdelegation, Information und Motivation in den Vordergrund, der auch im folgenden diskutiert werden soll.

4.4.3 Motivation, Leistung und Kontrolle

Personalführung beruht nicht allein auf praktischen und anwendungsgerechten Führungskonzepten, nicht alle Probleme lassen sich allein über die Konsultation der Management-by-Konzepte lösen. Vielmehr müssen Führungskräfte in Redaktionen besonders auf individuelle Leistungsfähigkeiten, Veränderungswünsche und Entwicklungspotentiale ihrer einzelnen Mitarbeiter achten. Der „Produktionsfaktor" Mensch bleibt gerade im Journalismus die zentrale und wichtigste Ressource der redaktionellen Entwicklung (vgl. Schulze 1995: 9).

Ein zentraler Faktor bei der Entwicklungsfähigkeit des redaktionellen Personals ist die Motivation, die Richtung, Dauer und Intensität unseres Verhaltens wesentlich bestimmt (vgl. Comelli/von Rosenstiel 1995: 24 ff.). Die Motivation des redaktionellen Mitarbeiters hängt dabei unmittelbar mit dem Grad seiner Arbeitszufriedenheit zusammen, die wiederum als affektive Beziehung zwischen der individuellen Persönlichkeit und ihrer beruflichen Aufgabe interpretiert werden kann (vgl. Bergen/Weaver 1988). Das Personalmanagement einer Redaktion – basierend auf „newsroom policy and management style" (vgl. Stamm/Underwood 1993) – ist folglich u. a. dafür verantwortlich, Bedingungen für eine hohe Arbeitsbereitschaft zu schaffen, die sich dann weitergehend in einer hohen Motivation der Mitarbeiter niederschlägt. „Unter Motivation als Managementaufgabe versteht man alle Maßnahmen zur Aktivierung von Motiven (noch nicht aktualisierte Beweggründe des Verhaltens) zu organisationsdienlichen Verhaltensweisen." (Staehle 1992: 121)

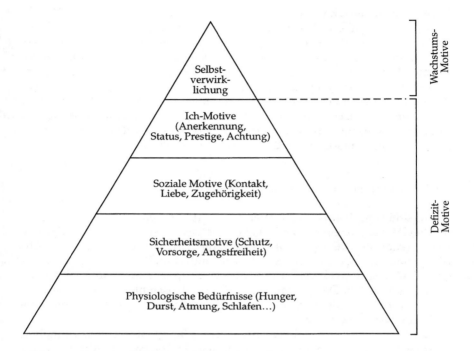

Abb. 15:   **Pyramide der Bedürfnishierarchie**
Quelle: erstellt nach Maslow 1977

Der US-amerikanische Psychologe Abraham Maslow hat in seiner Pyramide der Motive eine Rangfolge entwickelt, die einzelne menschliche Motive zu klassifizieren vermag. Alle fünf Motivgruppen sind grundsätzlich bei jedem Menschen latent vorhanden, manifest werden zum Teil nur die Grundmotive, die auf reines Überleben oder physisches Wohlbefinden gerichtet sind. Schon die Sicherheitsmotive aber können auch im Arbeitsverhältnis zum Tragen kommen, z. B. in dem Streben nach einer festen und dauerhaften Anstellung. Soziale Motive gehen ein in Teamarbeitsprozesse, Qualitätszirkel oder Projektgruppen und in den übergeordneten Zusammenhang dessen, was generell unter „Betriebsklima" gefaßt wird. Die Ich-Motive speisen den Wunsch nach beruflicher Anerkennung, Titeln oder nach Status-Symbolen, wie z. B. der Möglichkeit von Dienstreisen. Die Selbstverwirklichung schließlich bezieht Einzelmotive, wie das selbständige Arbeiten oder die berufliche Fort- und Weiterbildung, ein.

Alle diese Motivgruppen lassen sich durch unterschiedliche Anreize aktivieren, so daß aus latenten Motiven manifeste Beweggründe (mit in der Folge entsprechenden Handlungs- und Verhaltensweisen) resultieren. Ging man früher davon aus, daß Mitarbeiter vor allem über einen möglichst engen Zusammenhang von Lohn und Leistung auf den richtigen „Kurs" gebracht werden können (vgl. Taylor 1917), so hat die Human Relations Bewegung die Erkenntnis gebracht, daß auch äußere Arbeitsbedingungen (vgl. Kap. 3.3.5) zur Arbeitszufriedenheit beitragen, und versucht, über neue Formen der Arbeitsgestaltung und -organisation eine neue Qualität des Arbeitslebens zu etablieren (vgl. Staehle 1992: 122 f.).

In einer modernen Redaktion kann man davon ausgehen, daß sich das motivationale Management vor allem mit der Spitze der Maslowschen Bedürfnishierarchie auseinandersetzen muß. Für die Entscheidung über und den Einsatz von Anreizen zur Verbesserung der Leistungsbereitschaft ist eine Zweiteilung in intrinsische und extrinsische Motivationen sinnvoll (vgl. Barrett 1984).

Intrinsische Motivation ist dabei für die Führungskraft zweifellos das schwieriger zu bestellende Feld, da sie aus dem komplexen Zusammenspiel von individuellen Persönlichkeitsfaktoren und Ausgestaltung der journalistischen Arbeit hervorgeht. Allerdings handelt es sich bei vielen journalistischen Tätigkeiten in der Redaktion um Arbeitsprozesse, die von sich aus eine hohe Befriedigung und ein relativ großes Maß an Selbstverwirklichung ermöglichen. „Redaktionen sind Organisationseinheiten, in denen mit der intrinsischen, also aus der Tätigkeit selbst herrührenden Motivation der Mitarbeiter gerechnet werden kann." (Ruß-Mohl 1992b: 157) Die Begründung dafür ist naheliegend: Jeder geschriebene oder produzierte journalistische Beitrag ist in Recherche und Herstellung in der Regel mit sozialen Kontakten verbunden (soziale Motive), repräsentiert die eigene journalistische Tätigkeit sichtbar nach außen (Ich-Motive) und symbolisiert einen höchst individuellen und kreativen Prozeß, der mit der Endfertigung des Artikels oder Sendebeitrages auch noch einen gesamten Herstellungskreislauf schließt, also einen überaus niedrigen Entfremdungsgrad aufweist (Selbstverwirklichung).

Ein auf intrinsische Motivation abzielendes Anreizsystem zur Leistungssteigerung des Journalisten kann also „aus dem Vollen schöpfen" und sich auf die organisatorische und kommunikative Verstärkung der im Arbeitsprozeß angelegten Bedingungen stützen. Der Chefredakteur oder Redaktionsleiter kann dies durch die zunehmende Delegation von Verantwortung (Job Enrichment), durch die Schaffung neuer Projekte und Inhalte (Job Enlargement), die Möglichkeit der wechselnden Tätigkeiten (Job Rotation), das Aufzeigen von beruflichen Entwicklungsperspektiven und vor allem auch durch kommunikative Maßnahmen der Anerkennung weiterentwickeln.

Wesentlich ist bei alledem, daß der Mitarbeiter ernst und in die Verantwortung genommen wird. Das bedeutet z. B., auch Loben muß gelernt sein (vgl. Sprenger 1998). Lobesäußerungen, die den Mitarbeiter am Arbeitsplatz in das Kinder-Eltern-Verhältnis zurückversetzen („das haben Sie aber schön gemacht"), sind eher kontraproduktiv. Lob, das dagegen dem Mitarbeiter kommunikativ Anerkennung und Respekt zollt, sollte auch geäußert werden. Das klingt für den redaktionellen Alltag einfacher als es ist, denn die naheliegende Annahme, daß professionelle Kommunikatoren auch professionell kommunizieren können, trifft leider allzu häufig gerade in Redaktionen nicht zu (vgl. Fasel 1998c: 25).

Einfacher sieht es mit Anreizen aus, die auf die extrinsische Arbeitsmotivation abzielen. Hier geht es in erster Linie und einfach um Geld. Während in öffentlich-rechtlichen Unternehmen indviduellen Lohn- und Gehaltsverhandlungen engere Grenzen gesetzt sind, bietet sich diesen in privatwirtschaftlichen Medienunternehmen ein größerer Spielraum. Grundsätzlich gilt: ein Gehalt muß der Arbeit und Aufgabe angemessen sein, anders formuliert: gute Arbeit muß auch ordentlich bezahlt werden.

Seit einigen Jahren halten auch finanzielle Anreizsysteme im Journalismus Einzug, die in der US-amerikanischen Medienbranche schon lange üblich sind. „Pay For Performance" (PFP)-Pläne legen detailgenau einen Kriterienkatalog fest, nach dem sich die Höhe der finanziellen Zulage für den einzelnen Mitarbeiter bestimmt (vgl. Neumann 1997: 181 ff.). Diese Zulagen werden jedes Jahr nach einer am PFP-Plan orientierten individuellen Mitarbeiterbewertung neu überprüft. So positiv sich finanzielle Zulagen auf die Leistungsbereitschaft der Redakteure auswirken mögen, so vorsichtig sollte man mit diesem Motivationsinstrument umgehen. Vor allem die Klassifizierung von Mitarbeitern nach Zulagengruppen kann für ein kooperatives Redaktionsklima verheerende Folgen haben. Zulagen sollten daher nicht in einem generalisierten Vergabeverfahren zugeteilt, sondern nur bei wirklich außergewöhnlicher Leistung nach individuellen Gesprächen gewährt werden.

Zu Anreizen im Kontext extrinsischer Motivation gehören auch bestimmte Arbeitsmittel (Computer, Laptop, Büroausstattung, Dienstwagen)

und sog. Incentives (vgl. Süddeutsche Zeitung v. 31.05./01.06.1997: P3). Das
sind Wochenendtrips, Reisen oder Ausflüge, die für einzelne Mitarbeiter
oder auch eine gesamte Redaktion genehmigt werden, um für besondere
Leistung zu entlohnen und darüber hinaus zum weiteren außergewöhnlichen
Engagement anzuspornen. Im journalistischen Alltag existiert dabei eine
Reihe von Überschneidungen zwischen beruflichen Aufgaben und Anreizsy-
stemen, wie z. B. bei Recherchereisen ins Ausland. Dies gilt besonders für
den Reise- und Motorjournalismus. Hier sorgen nicht Chefredakteur oder
Redaktionsleiter für den Anreiz, sondern genehmigen lediglich die Wahr-
nehmung eines durch die Wirtschaft der Redaktion angetragenen (und damit unter Aspekten der journalistischen Unabhängigkeit problematischen)
Anreizes.

Moderne Managementkonzepte bauen stärker auf Motivation als auf
Kontrolle. Dennoch kommt auch das Personalmanagement einer Redaktion
nicht ganz ohne Kontrollmechanismen aus. Ein wesentlicher Ansatzpunkt
ist die Überprüfung getroffener Zielvereinbarungen (vgl. Kap. 4.4.2), die z.
B. in Jahresgesprächen erfolgen kann und Basis für neue Zielsetzungen,
Kurskorrekturen oder auch für eine dezidierte Kritik ist. Leistungsbeurtei-
lungsysteme, wie sie seit einiger Zeit intensiv in Wirtschaftsunternehmen
erprobt und eingeführt werden (vgl. Süddeutsche Zeitung v. 28./29.06.1997:
V1/1, v. 21./22.03.1998: V1/1 und v. 28./29.03.1998: I), lassen sich nicht so
einfach auf den redaktionellen Arbeitskontext übertragen, weil die Leistung dort von zahlreichen variierenden Variablen abhängt, die nicht immer der Einflußnahme durch den Journalisten zugänglich sind. Soll das
Leistungsbewertungssystem also die journalistische Arbeit in angemessener
Weise dem intraredaktionellen Vergleich zugänglich machen, so muß es
extrem differenziert ausfallen, was wiederum für die praktische Umsetzung problematisch ist. Schließlich gibt es nur wenige Redaktionen mit
einer derart üppig bemessenen Personalausstattung, daß Evaluationspro-
zesse neben der täglichen Arbeit problemlos bewältigt werden können.

Während früher bei der Thematisierung von Kontrolle in der Redaktion
eher die publizistische Linie und mit ihr verbundene Eingriffe der Chefredaktion in die journalistische Arbeit im Vordergrund standen (vgl. Breed
1973; Hoffmann-Riem 1979: 135 ff.; Donsbach/Wolling 1995), geht es bei
der Kontrolle im Rahmen des redaktionellen Managements mehr um die
Überprüfung der redaktionellen Leistung. Zwar gibt es natürlich auch heute noch Auseinandersetzungen um redaktionelle Autonomie und innere Pressefreiheit, aber die Diversifizierung und Pluralisierung des Medienmarktes scheint dazu beigetragen zu haben, daß solche Konflikte nicht mehr so

häufig vorkommen, wie beispielsweise in den siebziger Jahren. Außerdem mag sich auf Basis der neueren organisationssoziologischen und systemischen Denkmodelle die Einsicht durchgesetzt haben, daß die Kontrolle von Journalisten, die täglich mit kontingenten Herausforderungen zu tun haben, nur bedingt erfolgreich sein kann. Zum dritten ist in vielen Redaktionen der autoritäre einem kooperativen Führungsstil gewichen, weil sich damit langfristig mehr erreichen läßt und weil die Mitarbeiter bei zu strikter Führungskontrolle sowieso Wege finden, ihrerseits die Vorgesetzten zu „unterwachen" (Luhmann 1971: 69).

4.4.4   Kommunikative Führung

Wenn es um die Information und Kommunikation in einer Organisation geht, so gibt es die verschiedensten Schlagworte, die ein Konzept kommunikativer Führung zu beschreiben versuchen: von „dialogischer Führung" ist da die Rede (vgl. Schreiber 1996), von einer „Kritik- und Streitkultur" (vgl. Verfürth 1998; Fasel 1998c) oder den notwendigen „kommunikativen Kompetenzen" der Führungskräfte (vgl. LeMar 1997). Unter welcher Flagge sie auch immer segeln mag, die zentrale Aussage heißt: Mitarbeiterführung erfolgt im wesentlichen über Kommunikation. Für Medienunternehmen gilt dies sogar in besonderem Maße, weil Informations- und Wissens*transparenz* Grundbedingungen für Informations- und Wissens*verarbeitung* sind (vgl. Sökeland 1998).

Wenn das Kommunikationsklima einer Redaktion nicht stimmt, können auch die ausgereiftesten Managementkonzepte nicht greifen, denn sie müssen in ihren Inhalten und in ihrer Umsetzung den Mitarbeitern zunächst einmal kommunikativ vermittelt werden.

4.4.4.1 Glasnost am Arbeitsplatz: Integration über Information

Information ist im Rahmen der Personalführung ein Machtinstrument, das positiv und negativ eingesetzt werden kann. Nach modernen Mangementkonzepten soll die Frei- und Weitergabe von Informationen die Position der Führungskraft begründen und im positiven Sinne stärken. Der Manager aktiviert seine Funktion und die damit verbundene Amtsautorität in einem korporativen und transparenten Führungsstil, der in weiten Teilen auf Informationsaustausch beruht. Steht dagegen das Zurückhalten von Informa-

tionen im Vordergrund, so markiert diese Strategie eher einen dirigisti-
schen Führungsstil, der die Mitarbeiter über entscheidungsrelevante Zusammenhänge im Dunkeln läßt und sie letztlich zu Ausführungsgehilfen
eines hierarchisch begründeten Managements degradiert.

Während ein solches Konzept in manchen Bereichen der industriellen
Produktion noch funktionieren mag, bringt es für den redaktionellen Arbeitsalltag viele Probleme mit sich, die alle ähnlich begründet und miteinander verbunden sind.

Eine Redaktion mit Informations- und Kommunikationsdefiziten kann
in keiner Hinsicht ihre optimale Leistung erbringen. Fehlende Information
und Kommunikation wirkt auf den Mitarbeiter demotivierend, weil er sich
berechtigt nicht ernst genommen fühlt und Eigenverantwortlichkeiten ver-
mißt. „Menschen, die nicht informiert sind, können nicht verantwortungs-
voll handeln. Menschen, die informiert sind, wollen verantwortlich handeln." (Blanchard/Carlos/Rudolph 1998: 40) Motivationsdefizite bewirken in einem zweiten Schritt einen Anreizmangel, für die jeweilige Aufgabe
möglichst das Beste zu geben. Wenn die Motivation und Leistungsbereitschaft schon für die regulären Aufgaben nicht reicht, dann werden die
Mitarbeiter auch kaum darüber hinausgehendes Engagement zeigen, um das
zu ermöglichen, was gerade in einer Redaktion ein Grundprinzip des journalistischen Erfolges ist – die Bereitschaft zu Veränderung und Verbesserung.
So reicht eine ganze Kette von Defiziten und dysfunktionalen Entwicklungen letztlich auf ein Grundproblem zurück: fehlende Information und Kommunikation.

Dies läßt sich beispielsweise an den Folgen der veränderten Wettbewerbssituation im Medienmarkt belegen: Während Redaktionen früher als
wirtschaftsfreie Räume agieren durften, hat seit Mitte der achtziger Jahre
auch das Kostenmanagement im Journalismus Einzug gehalten (vgl. Kap.
5). Verständlicherweise ist der Zwang zu Rentabilitätsabwägungen bei den
redaktionellen Mitarbeitern erst einmal auf wenig Gegenliebe gestoßen.
Die Chefredaktionen und Redaktionsleitungen haben nun im Hinblick auf
kommunikative Führung zwei Möglichkeiten, dieses Problem zu lösen. Zum
einen können sie alle Finanzentscheidungen auf der oberen Managementebene ansiedeln. Damit bleiben die Redaktionen scheinbar wirtschaftsfreie
Räume, aber nur hinsichtlich ihres fehlenden Verantwortungsbewußtseins
in der finanziellen Planung und Kontrolle. Entscheidungen über Einspa-
rungszwänge werden dennoch getroffen und als Maßgabe von „oben" nach
„unten" weitergegeben. In dieser Situation können die Führungskräfte dann
allerdings auch nicht erwarten, daß die Journalisten in der Redaktion In-

teresse für die veränderte Finanzlage entwickeln oder gar mitdenken, wie Kosten sinnvoll eingespart werden können.

Anders sieht es aus, wenn die Redaktionsleitung die Verantwortung für die Kosten der redaktionellen Arbeit teilweise in die Redaktion delegiert und mit Information und Aufklärung dafür sorgt, daß die Mitarbeiter diese Verantwortung dann auch wahrnehmen können. Ein Fernsehredakteur, der weiß, daß er z. B. ein gebuchtes, aber wegen redaktioneller Fehlplanung nicht zum Einsatz gekommenes Kamerateam dennoch mit etwa 800 Mark pro Tag berechnen muß, wird gerne dafür sorgen, daß dies nicht mehrmals vorkommt, weil er für das auf diese Weise hinausgeworfene Geld z. B. eine kostenaufwendige Recherchereise finanzieren könnte.

Abgesehen von motivationalen und kreativen Aspekten, die mit einer offenen Kommunikation verbunden sind, gelingt auch das Alltagsgeschäft besser, arbeitet die Redaktion effektiver, wenn klar ist, auf welcher Basis das Tagesgeschäft erfolgt. Regelmäßige Verständigung über Grundkonzepte und Zielsetzungen der Redaktion gehören damit auch zu den notwendigen kommunikativen Prozessen der gesamten Redaktion. „Wenn nie über Ziele und Konzepte, über das Verständnis der eigenen Aufgabe gesprochen wird, fehlt [der] einheitliche Wissens- und Bewußtseinsstand in der Redaktion. Das behindert die Tagesarbeit, weil immer wieder Grundsatzfragen zum falschen Zeitpunkt angesprochen werden." (Schwarzwälder 1995a: 13)

Ein Beispiel: Muß ein Fernsehredakteur bei jedem Beitrag, den er aktuell produziert, erst sämtliche Rahmenbedingungen und konzeptionellen Grundfragen klären und womöglich noch mit dem CvD oder Chefredakteur ausdiskutieren, wird er kaum über den Status der Vorbereitung hinauskommen oder sehr konventionelle Produkte abliefern. Fragen nach der journalistischen Grundrichtung (Informations- oder Meinungsjournalismus, Präsentation der konträren Positionen, Verwendung von O-Tönen usf.) und der formalen Gestaltung (mögliche Beitragslänge, Einsatz von Grafiken und Musik, Schnittfrequenz, Einsatz von Computeranimationen etc.) sollten in der Redaktion diskutiert und gemeinsam entschieden werden, so daß jeder einzelne Mitarbeiter ein grundsätzliches konzeptionelles Raster im Kopf hat. Das reduziert Komplexität in den journalistischen Entscheidungssituationen, von denen es auch durch die aktuelle Ereignislage in der Regel noch genug gibt und die der Redakteur oder Reporter schnell und dennoch gewissenhaft bewältigen muß. Kommunikative Führung manifestiert sich also nicht nur im alltäglichen Führungsverhalten, sondern verlangt auch, daß grundlegende Entscheidungen offen dargelegt und jedem Mitarbeiter verständlich gemacht werden. Das kann auf dem Wege der interpersonalen

Kommunikation oder der „Hausmitteilungen" (Memos) erfolgen. Auch für die schriftliche Information der Mitarbeiter gilt: Sie sollten klare und verständliche Informationen enthalten, die an die richtigen Adressaten gerichtet sind. Kaum jemand in der Redaktion hat Zeit, jeden Tag lange Ausführungen zu lesen, deshalb sollten solche Mitteilungen knapp gehalten sein und sich auf das Wesentliche beschränken.

Egal auf welchem Wege die Information vom Chef zu den Mitarbeitern (und umgekehrt!) gelangt, für die Führung einer Redaktion gilt: Information ist eine Bringschuld der Führungskräfte (vgl. Sökeland 1998). Die Bereitschaft zu offener, aktiver Kommunikation wird auch durch äußere Zeichen dokumentiert, z. B. durch die Strategie der offenen Tür (vgl. Klassen 1998). Wer sich in seinem Büro verbarrikadiert, will offenbar in Ruhe gelassen werden und nicht reden. Natürlich braucht jeder für das Erledigen konzentrationsintensiver Arbeiten die nötige Ruhe (und von Zeit zu Zeit auch eine geschlossene Bürotür). Wo es möglich ist, kann aber auch die Führungskraft durch offene Türen signalisieren, daß Kommunikation erwünscht ist und als notwendiger Bestandteil des redaktionellen Arbeitsprozesses angesehen wird.

Zur Aufgabe der Redaktionsleitung gehören neben aktiven, positiv motivierenden Maßnahmen zur Verbesserung des Informationsaustausches, zur Vernetzung der Kommunikationsstrukturen und zur Schaffung klarer Grundpositionen und -regeln auch Maßnahmen zur Verhinderung negativer Kommunikationsprozesse in der Redaktion. Beide Ausprägungen kommunikativer Führung hängen meist eng zusammen. Fehlt die aktive Information durch die Führungskraft, so entwickeln sich „Kommunikationsnebenströme", die zumeist aus Spekulationen und Gerüchten bestehen und mit denen die Mitarbeiter versuchen, fehlender Informationstransparenz gegenzusteuern – allerdings mit negativen Folgen. In der Regel muß der Verantwortliche dann eine Menge Zeit und Aufwand für Richtigstellungen und Aufklärungsgespräche in Kauf nehmen. Mit einer offenen, kommunikativen Führung läßt sich dieser „Flurfunk" von vornherein weitgehend vermeiden (vgl. Krüger 1997: 97).

Bezieht der Chefredakteur immer nur wenige Mitarbeiter in seine Gespräche ein, so bildet sich mit der Zeit ein Zweiklassen-System in der Redaktion heraus, die im Extremfall in „Malocher und Stars" auseinanderfällt (vgl. Fasel 1998a: 31). Die ersten werden auf Dauer immer unzufriedener und wenig motiviert sein, die zweiten sind kommunikativer Führung immer schwerer zugänglich, weil sie sich gerne außerhalb der hierarchischen Strukturen ansiedeln und als kreative Einzelkämpfer verstehen.

Derart oligarchische Strukturen in der Redaktion sind auch sonst nur von Nachteil. Zwar fühlen sich die Vertreter des mittleren Managements durch die Aufmerksamkeit des Chefredakteurs geehrt (vgl. Krüger 1997: 97). Da sie aber die „vertraulichen" Informationen des Chefs nicht offensiv einsetzen können oder wollen, führt die hierarchisch organisierte Informations- und Wissenszuteilung dazu, daß vieles in durch Kommunikationsstrukturen etablierter Unzuständigkeit versandet. „Das mittlere Management ist das Bermuda-Dreieck der innerbetrieblichen Kommunikation. Es fühlt sich geschmeichelt, weil es eingeweiht wird, und kostet dies Privileg ein zweites Mal aus, indem es nach unten mit Herrschaftswissen geizt." (Sökeland 1998: 29)

Auch ein Konzept der exklusiven Zwiegespräche ist auf Dauer wenig tragfähig für eine funktionierende Kommunikationsstruktur in der Redaktion. Selbstverständlich muß der Redaktionsleiter, Chefredakteur oder CvD gelegentlich Vier-Augen-Gespräche mit einzelnen Mitarbeitern führen. Die können z. B. die weitere Karriereplanung für den Journalisten, persönliche Probleme oder auch Kritik an seiner Arbeitsleistung zum Gegenstand haben – alles Themen, die nicht im größeren Kreis diskutiert werden können und sollen (vgl. Fasel 1998c: 27). Erfolgt die Kommunikation in der Redaktion aber generell nur im Zwiegespräch, so führt dies unweigerlich zu Mißtrauen unter den Mitarbeitern. Jeder glaubt sich im Besitz von exklusiven Informationen und schätzt sich selbst als ein bißchen vertrauter mit dem Chef ein, als die anderen Redaktionsmitglieder es sind. Je extremer eine solche Situation sich zuspitzt, desto wahrscheinlicher wendet sie sich irgendwann gegen die Führungskraft. Auch für den Chefredakteur oder Redaktionsleiter bedeutet „Glasnost" in der Redaktion eher eine Stärkung seiner Position, weil eine offene Kommunikation zu einer Einbindung bzw. Anbindung der Mitarbeiter in die Redaktion und an den Chef führt. Spitzeltum und Seilschaften dagegen greifen – nicht nur in politischen Systemen – irgendwann auch die Machtkonstellationen an und demontieren die Organisation. Spätestens wenn sich sichtbare emotionale Seilschaften gebildet haben, die sich selbst als „Schicksalsgemeinschaften" in ihrer Verbündung gegen den Chef und dessen vermeintliche Günstlinge verstehen, wird es höchste Zeit gegenzusteuern (vgl. Klenke 1997: 108).

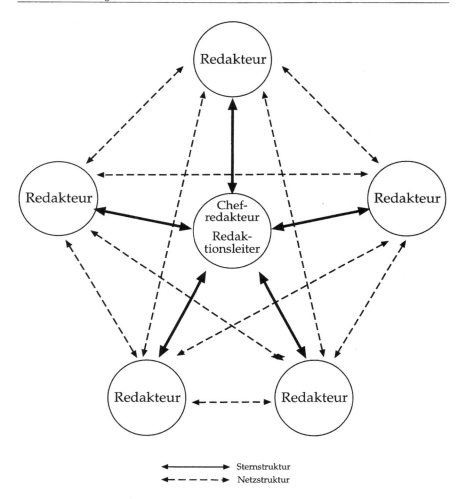

Abb. 16: **Kommunikationsstrukturen in der Redaktion: Stern- und Netz-struktur**
Quelle: eigene Darstellung

Persönliche und individuelle Belange verlangen also ein individuelles Mitarbeitergespräch, alles andere, was die Redaktion in ihrer Gesamtheit betrifft, muß in der Gruppenkommunikation mit allen Mitarbeitern diskutiert und geklärt werden.

Generell sollte die redaktionelle Kommunikation also auf einer variierend zu aktivierenden Netzstruktur und nicht auf einer Sternstruktur beruhen. Ist die Kommunikation sternförmig organisiert, spricht jeder einzelne mit dem Chef, aber zwischen den Mitarbeitern findet nur wenig Informationsaustausch statt, ebensowenig wie in der gesamten Gruppe Probleme gemeinsam besprochen werden. Diese Kommunikationsstruktur ist ein Indikator für eine eher dirigistische und autoritäre Führungskonzeption (vgl. Comelli/von Rosenstiel 1995: 173 ff.). Die Netzstruktur dagegen besagt, daß jeder mit jedem redet, wenn es Dinge zu besprechen gibt und der andere dafür der richtige Ansprechpartner ist. Die gemeinsame Redaktionskonferenz institutionalisiert diese Kommunikationsform, die auf ein gleichberechtigtes, transparentes und kooperatives Führungskonzept verweist.

4.4.4.2 Die Redaktionskonferenz als Kommunikations-Schaltzentrale

Das Treffen aller redaktionellen Mitarbeiter in der Redaktionskonferenz hat unterschiedliche Funktionen: die Aktivitäten verschiedener Ressorts oder Projektgruppen zu koordinieren, die Planung für den Tag oder eine längerfristige Periode zu erstellen und die Kritik und Kontrolle des bereits fertiggestellten Produktes zu gewährleisten. Je nach Größe der Redaktion können die einzelnen Funktionen unterschiedlich gewichtet sein. Da all dies kaum durch Einzelkommunikationen im redaktionellen Alltag gewährleistet werden kann, kommt der Redaktionskonferenz eine besondere Rolle zu. Sie ist die Kommunikations-Schaltzentrale der Redaktion.

Um so problematischer zeigt sich in der Konsequenz die Tatsache, daß Redaktionskonferenzen häufig unter Zeitmangel, fehlender Stringenz und Konzentration sowie Kommunikationsbarrieren leiden. Ein weiteres Dilemma ergibt sich daraus, daß Führungskräfte, die eigentlich für das Beheben dieser Mängel zuständig sind, die Probleme oft überhaupt erst verursachen. So schaffen es Chefredakteure als Vielredner, Selbstdarsteller und Ideenneider, jede Konferenz zur Show umzugestalten, und hinterlassen damit bei den Mitarbeitern nichts als Frust am Konferenztisch. Manche Chefs verfolgen – vermutlich aus Angst vor Gruppenkritik am Führungsstil – sogar eine Strategie der konsequenten Konferenzsabotage (vgl. Mortensen/ Svendsen 1980: 173). Redaktionskonferenzen brauchen daher ein System

und einen Katalog von Spielregeln, die für einen effektiven und effizienten
Informationsaustausch sorgen und die Zusammenkunft zu dem machen, was
sie eigentlich sein soll: Mittelpunkt dezentral-kollegialen Entscheidungs-
handelns (vgl. Weischenberg 1992: 279), Institutionalisierung kommunikativer Führung und „Marktplatz" der redaktionellen Qualitätskontrolle.

In Redaktionen müssen täglich so viele kurz- und langfristig relevante
Entscheidungen fallen, daß es Sinn macht, das Konferenzsystem nach zeitlichen und inhaltlichen Kriterien zu strukturieren. Für aktuell produzierende Redaktionen bietet sich eine Grobaufteilung nach drei Arten der Zusammenkunft an (vgl. Schwarzwälder 1995: 12; Weber 1994: 109 f.).

♦ In der *Tageskonferenz* (Routinekonferenz) werden die Themen des Tages
  diskutiert und auf die Mitarbeiter verteilt. In der Regel gehört auch die
  Kritik des fertigen Produktes vom Vortag in diese Konferenz. Manche
  Redaktionen schließen – je nach Erscheinungs- oder Sendezeit – unmittelbar an die Veröffentlichung ihres Produktes noch eine Kritikkonfe-
  renz an.

♦ Die *Wochenkonferenz* (Planungskonferenz) dient der längerfistigen
  Themendiskussion und -vorbereitung. Sie findet meist gegen Ende der
  Arbeitswoche statt, um noch vor dem Wochenende die notwendigen organisatorischen Entscheidungen für den Beginn der nächsten Woche zu
  treffen. Hier können Themen auch tiefer diskutiert werden als unter
  dem Druck der Tagesaktualität, kann die Redaktionsich bemühen, den
  Ereignissen einen eigenen „Dreh" zu geben, um das redaktionelle Profil
  umzusetzen. Damit kann die Wochenkonferenz schon einige Elemente
  grundsätzlicher inhaltlicher Diskussion enthalten, für die ansonsten
  ein weiteres Kommunikationsforum zur Verfügung stehen sollte.

♦ Die *Grundsatzkonferenz* wird in den meisten Redaktionen nur in längeren Abständen stattfinden, wichtig ist, daß es sie überhaupt gibt. In ihrem Kontext können die Mitarbeiter über die publizistische Linie der
  Redaktion, neue Ideen und Konzepte, Änderungsnotwendigkeiten, Qualitätsdefizite u. v. m. ausführlich und kontrovers diskutieren. Für eine
  Grundsatzkonferenz muß daher ein halber Tag eingeplant werden, soll
  sie ein konsensfähiges Ergebnis hervorbringen. Mindestens einmal im
  Jahr – abhängig von der Periodizität des redaktionellen Produkts unter
  Umständen aber auch häufiger – sollte die Chefredaktion eine derartige Grundsatzkonferenz ansetzen. Grundsatzkonferenzen sind auch der

richtige Rahmen, um über einst getroffene Zielvereinbarungen (vgl. Kap. 4.4.2) und deren Umsetzung zu reflektieren sowie Qualitätssicherungsmaßnahmen zu treffen (vgl. Kap. 2.2.2.2).

Hat die Redaktion die systematische Organisation von redaktionellen Kommunikationsprozessen in einzelnen Konferenztypen vollzogen, so müssen Chefredakteur oder Redaktionsleiter im weiteren auch darauf achten, daß diese Systematik – nicht sklavisch, aber dennoch streng – eingehalten wird. Das heißt, nicht jeder Mitarbeiter kann in jeder Konferenz alles ansprechen, sondern muß die eigenen Informations- und Kommunikationsbedürfnisse wenigstens grundlegend nach der Konferenzsystematik organisieren. Dies zeitigt den positiven Effekt, daß auch individuelle Kommunikationsstrategien nochmals überdacht werden und Mitarbeiter sich womöglich bemühen, ein Problem erst einmal selbst zu lösen, als die Lösung in einer der gerade anstehenden Konferenzen zur Diskussion und damit in die Gruppenveranwortung zu stellen.

Auch wenn eine Redaktionskonferenz ein Höchstmaß an Transparenz und Offenheit erreichen sollte (vgl. Verfürth 1998), gibt es noch weitere Spielregeln, die nicht die Offenheit, aber das kommunikative Chaos zügeln sollen. Für den generellen Verlauf eines solchen Meetings hat das Institut für Pädagogische Psychologie und Empirische Pädagogik der Universität München auf Basis einer Unternehmensumfrage solche Spielregeln herausgearbeitet (vgl. Süddeutsche Zeitung v. 20./21.12.1997: I). Vier Grundregeln genügen schon, um die Konferenz zu einem strukturierten und kommunikativen Arbeitsinstrument umzugestalten:

♦ Die Konferenz muß zeitlich begrenzt sein. Nur so lassen sich ausufernde Redebeiträge und Diskussionen in Schach halten. Durch die Vorgabe eines zeitlichen Endpunktes ist allen klar, daß bis dahin ein Ergebnis vorliegen muß, das konsensfähig ist. In der tagesaktuellen Redaktionsarbeit weiß der Redakteur darüber hinaus, daß alle Zeit, die in weitschweifenden Konferenzen vertan wird, von seiner ohnehin knapp bemessenen Zeit für die eigene Beitragsproduktion abgeht.

♦ Die Konferenz muß Ablaufregeln befolgen. Gehört z. B. die tägliche Blatt- oder Sendekritik in die Konferenz, so ist es sinnvoll, damit zu beginnen, um Fehler oder Kritikpunkte im neuen Anlauf auszubessern oder mehrtägige Themen aufgrund der Kritikergebnisse zum Vortagsprodukt „weiterzudrehen". Zur Kritik gehört es, kritisch zu sein. Das klingt banal, ist es aber gerade in Redaktionen nicht. Eine Redaktion, die jede Kritik mit einem zufriedenen „was waren wir wieder gut" beschließt, vertut jede Chance, Probleme zu lösen oder den status quo zu verbessern.

Für die Kritik muß daher immer ein Redaktionsmitglied definitiv zuständig sein. Manchmal ist es auch angebracht, externe Experten oder Beobachter für die Kritik hinzuzuziehen. Diese Aufgabe sollte in angemessenen zeitlichen Abständen rotieren. Er oder sie kritisiert das eigene Produkt unter Einbezug der Konkurrenzbeobachtung. Erst nach diesen Einzelausführungen können sich die anderen zu Wort melden. Verteidigungstiraden einzelner kritisierter Mitarbeiter sollte jede Konferenz vermeiden. Dafür ist in der Konferenz allerdings durchaus einmal Platz für Anerkennung. Auch in diesem Zusammenhang muß der Chefredakteur oder Redaktionsleiter klare Worte finden: in negativer, vor allem aber auch in positiver Hinsicht.

Nach der Kritik folgt die Tagesbesprechung. Auch dabei sind Spielregeln hilfreich. Zunächst hat der Planer das Wort, der Themen und Termine vorgesichtet hat, dann folgen die Themenvorschläge anderer Redaktionsmitglieder. Wenn alles „auf dem Tisch liegt", diskutiert die Redaktion die Prioritäten, und zwar immer mit Blick auf das eigene Blatt, die eigene Sendung. Schließlich wird entschieden. Die an dieser Stelle und zu diesem Zeitpunkt getroffenen Entscheidungen sind allerdings gerade in tagesaktuell produzierenden Redaktionen immer vorläufig. Die Aktualität kann schnell jeden noch so kreativen Beschluß der Redaktionskonferenz ins Wanken bringen.

◆ Die Konferenz muß vorbereitet sein. In der Tageskonferenz müssen vor allem Kritiker und Planer wissen, was sie vortragen wollen. Aber auch die anderen Redaktionsmitglieder sollten sich darüber klar sein, welches Thema sie vorschlagen wollen und dazu zumindest ausgiebig Zeitung gelesen haben. Bei Grundsatzkonferenzen gehört auch eine Tagesordnung dazu, nach der einzelne Fragen abgearbeitet werden. Die Ergebnisse einer solchen Konferenz werden protokolliert und durch ein schriftliches Memo allen Redaktionsmitgliedern zugänglich gemacht.

◆ Der diskursive Prozeß in der Konferenz läßt sich besser strukturieren, wenn ein Redaktionsmitglied die Moderation übernimmt. Auch diese Aufgabe sollte rotieren. Dadurch lernt jeder in der Redaktion die Probleme der Konferenzleitung kennen und kann sich mit dieser Erfahrung in der Rolle des diskutierenden Mitglieds besser in die möglichen Nöte des „Spielführers" hineindenken und so vielleicht sogar stellenweise in seiner eigenen Redeführung disziplinieren. Daraus folgt, daß die Konferenzleitung nicht dem Chefredakteur oder Redaktionsleiter zukommen sollte, der sowieso schon eine Sonderstellung einnimmt. Er wird als Moderator viel stärker als andere einzelne Redaktionsmitglieder die Teilnehmer zu Selbstdarstellung und Profilierung verleiten als ein reguläres Redaktionsmitglied.

Eine weitere Möglichkeit, die Diskussion in der Konferenz zu optimieren, liegt darin, sich an den Vorgaben der Themenzentrierten Interaktion zu orientieren (vgl. Cohn 1976). Sie verlangt, daß die im Gruppengespräch relevanten Faktoren – Thema, Ich und Wir – optimal ausbalanciert werden. Auf diesem Wege gestaltet sich die Kommunikation offener, präziser, schneller und direkter, vor allem aber bleibt bei jedem Kommunikationsprozeß der Themenbezug explizit.

Dazu gehören allerdings auch einige schwer umzusetzende Herausforderungen an das eigene Kommunikationsverhalten. So verlangt die Themenzentrierte Interaktion Offenheit (Kritik klar und deutlich formulieren), Meinungsfreudigkeit, das Recht, „nein" zu sagen, und das absolute Vermeiden von Nebengesprächen in der Gruppe (zwei Teilnehmer verständigen sich während der Gruppenkommunikation über ein anderes Thema). In jedem Falle ist eine so angelegte „Konferenzkultur" dazu geeignet, Mitarbeiter zu aktiver Teilnahme und kommunikativer Offenheit anzuleiten, und die Konferenz nicht zu einem Ritual „kollegialen Fassadenverhaltens" verkommen zu lassen (Teichert 1998: 30; vgl. auch Neverla/Walch 1994: 352 f.).

Kommunikative Führung in der Redaktionskonferenz beruht in der Gesamtbetrachtung also darauf, ein Kommunikationsklima der Kreativität (vgl. Langford 1969) zu schaffen, in dem sich Diskussionsprozesse frei entfalten können, aber dennoch strukturieren lassen. In der einzelnen Konferenz kann es zwar Situationen geben, in denen die Führungskraft im Sinne des Management-by-Exception-Konzeptes entscheidet, ansonsten sollten Chefredakteur oder Redaktionsleiter sich auf die Mitarbeiter verlassen. Auch hier geht es also wieder darum, im Sinne eines Zweckprogramms Grundsatzentscheidungen zu treffen, um die täglichen Arbeits- und Entscheidungsprozesse dann als Konditionalprogramme einer redaktionellen Selbststeuerung zu überantworten.

4.5   Personalentwicklung

Wandlungsprozesse in der redaktionellen Umwelt und Fortentwicklungen
im Medienmarkt machen auch für die Redaktion das Konzept des lebenslangen Lernens zur Notwendigkeit. Gutes Personal kann also gerade in der
Redaktion heute nicht mehr einmal auf den „richtigen Stand" gebracht
werden, um dort dann die weiteren Berufsjahre zu verharren, sondern muß
„entwickelt" werden. Zur Personalentwicklung gehören auf der einen Seite
berufliche Aufstiegs- und Entwicklungschancen, die mit Stellenwechseln
und einem Erklettern der Karriereleiter zusammenhängen. Auf der anderen
Seite wird die berufliche Weiterbildung immer wichtiger, mit der redaktionelle Mitarbeiter in die Lage versetzt werden können, sich den notwendigen Wissens- und Kompetenzfundus anzueignen, der zum Berarbeiten herkömmlicher Aufgaben unter veränderten Bedingungen oder zur Beschäfti-
gung mit gänzlich neuen Aufgaben notwendig ist.

Für Weiterbildungszwecke muß der Redaktion daher ein angemessener
finanzieller Etat zur Verfügung stehen bzw. „freigeschaufelt" werden, außerdem müssen die Mitarbeiter die Möglichkeit haben, für einige Tage im
Jahr vom Tagesgeschäft freigestellt zu werden (vgl. Kuczera 1995: 14). In
der Regel bietet der Redaktionsalltag nämlich nur in den wenigsten Fällen
die Freiräume, sich intensiver und über den konkreten Bezug hinaus mit
Problemen zu beschäftigen. „‚Learning by doing' mit unmittelbarem Feed-
back ist im Alltag so gut wie unmöglich geworden." (Blaes 1998: 26)

Voraussetzung dafür ist, daß die Redaktionsleitung bzw. Chefredaktion
Weiterbildung als unumgängliche Voraussetzung für langfristige redaktionelle Qualität akzeptiert. Mit Weiterbildungsangeboten kann man nicht
nur die Anpassungsprozesse an aktuelle Wissensstände und Kompetenzan-
forderungen leisten, sondern hält auch den geistigen Erneuerungsprozeß der
Redaktion in Gang. Denn auch Journalisten brauchen kreative Inputs aus
externen Quellen (vgl. Raulf 1994). Redaktionen müssen darüber hinaus so
zusammengesetzt sein, daß sich Nachwuchs und erfahrene Mitarbeiter die
Balance halten.

Die Konsequenzen fehlender Freiräume für Weiterbildung und damit
auch Selbstreflexion liegen gerade in Redaktionen offen zutage. „Das Burn-
out-Syndrom bei Journalisten ist ein bekanntes Phänomen: eingefahrener
Stil, die Unfähigkeit, sich Neuem zu öffnen sowie eine gegen Null tendie-
rende Motivation führen zur totalen Krise in einem Beruf, in dem ständig
neue Ideen gefragt sind und Veränderungen am Arbeitsplatz Normalität
sind. Mit Rückzug, Zynismus, Alkohol und Drogen wird versucht, Überfor-

derung und Resignation zu überspielen." (Blaes 1998: 26) Investitionen in die Weiterbildung der redaktionellen Mitarbeiter mögen daher zunächst in die Kosten-Rubrik fallen, langfristig gesehen sind sie ein qualitativer und sogar ein finanzieller Gewinn (vgl. Sahlender 1998).

So müssen diese Angebote allerdings auch von den Führungskräften kommuniziert werden. Besonders „geschickt" verhält sich ein Chefredakteur, der seinen Mitarbeitern als Begründung für die Möglichkeit zur Weiterbildung erst einmal ihre Defizite drastisch vor Augen führt. Der Satz „Es wird Zeit, daß Sie da mal was für sich tun!" sollte also tabu sein (vgl. Faltermeier 1997: 83). Fehlt auf seiten der Mitarbeiter völlig der Ansporn, Weiterbildungsangebote wahrzunehmen, so ist es Zeit für eine grundlegendere Problemanalyse der redaktionellen Personalführung. In der Regel bedeuten Bildungsangebote nämlich hoch akzeptierte Abwechslung vom Arbeitsalltag. Fehlendes Engagement kann in diesem Zusammenhang also ein Indikator für fehlende Ziele oder Konzeptlosigkeit der redaktionellen Führung sein. Wer nicht weiß, wofür oder auf welches Ziel hin er sich weiterbilden soll, der hat auch wenig Grund, dieses Anliegen voranzutreiben.

Im Redaktionsalltag heißt Weiterbildung nicht unbedingt immer, daß ein Redakteur ein mehrtägiges externes Seminar besuchen muß. Auch dies sollte möglich sein, und die Angebote für Journalisten sind in diesem Bereich zahlreich und vielfältig (vgl. Löffelholz/Kieppe 1990; Michel/Schenk 1994). Aber auch mit kleineren und redaktions- bzw. unternehmensinternen Angeboten lassen sich Bildungspotentiale erschließen.

♦   Ein ganzheitliches Managementkonzept setzt in seiner Umsetzung voraus, daß auch die redaktionellen Mitarbeiter den Prozeß der journalistischen Aussagenproduktion in all seinen Stufen kennen und die jeweils spezifischen Probleme möglichst schon einmal in eigener Erfahrung identifiziert haben. Für die Fernsehproduktion z. B. ist es sinnvoll, die redaktionellen Mitarbeiter auch mit den nicht-journalistischen Tätigkeiten in der Produktion, Post-Produktion und in der Ablaufregie vertraut zu machen. Wer weiß, warum bestimmte technische Abläufe so und nicht anders sein müssen, kann dieses Wissen in seine eigene Arbeit integrieren und damit viele kleine Probleme vor ihrer Entstehung verhindern. Auch das Bewußtsein für die Leistung des anderen, ohne die trotz aller journalistischer Kreativität in der Redaktion niemals eine Fernsehsendung auf den Schirm käme, ist eine gute Voraussetzung für ein kooperatives Arbeitsklima in einem Medienunternehmen.

◆ Gruppendiskussionen und Qualitätszirkel gehören zum Weiterbildungs-
angebot, das redaktionsintern realisiert werden kann (vgl. Kap.
2.2.2.3). Derartige Institutionen schaffen Zeit und Raum für die Rekom-
binationen redaktionsinternen Wissens, für das Extemporieren neuer
Ideen und die Reflexion des status quo.

◆ Eine kleine Redaktionsbibliothek kann die Mitarbeiter mit interessanten Büchern zu Fragen der Zeit versorgen, die auch im redaktionellen
Tagesgeschäft virulent sind.

Auch die systematische Aus- und Weiterbildung von Führungskräften gehört für ein im Bereich der Personalentwicklung verantwortlich und zukunftsorientiert denkendes und handelndes Medienunternehmen zur Pflicht
(vgl. Weber 1994: 104). Chefredakteure haben nämlich auch in dieser Hinsicht Vorbildfunktionen. Darüber hinaus verlangt es auch die Tatsache,
daß Managementkonzepte erst seit kurzer Zeit in Redaktionen eingesetzt
werden, daß journalistische Führungskräfte die in diesem Kontext vorhandenen Defizite durch Weiterbildungsangebote ausgleichen.
    Matti Otala, Professor an der University of Technology in Tampere,
Finnland, geht noch weiter. Er plädiert für ein *human recycling* (*qualifica-
tion recycling*), das jeden Hochschulabsolventen verpflichtet, sich eine bestimmte Zeit weiterzubilden, sonst verfällt der Abschluß (vgl. Süddeutsche Zeitung v. 24./25.01.1998: V1/1). So wird die Idee des lebenslangen
Lernens institutionalisiert und durch Sanktionsmöglichkeiten effektiviert.
    Auch Konzepte aus dem angloamerikanischen und skandinavischen
Raum warten mit innovativen Ideen auf, die für das redaktionelle Management gewinnbringend übertragen werden können. Dort läßt sich der Abschluß des PhD auch berufsbegleitend erwerben. Professoren gehen dazu in
die Unternehmen, um die Kandidaten konstruktiv zu begleiten. Im Sinne
der Weiterbildung im Redaktionsprozeß wäre das ein brauchbarer Ansatz:
Redaktionelle Mitarbeiter könnten für eine begrenzte Zeit an die Universität zurückgehen, Wissenschaftler könnten im Gegenzug die Redaktionen
beobachten und über Veränderungsmöglichkeiten beraten. So einsichtig ein
reflexives Verhältnis von Wissenschaft und Praxis für die Zukunft unter
Aspekten der gesellschaftlichen Weiterentwicklung und der daraus resultierenden Notwendigkeit lebenslangen Lernens sein mag, so starr und einge-
fahren stehen Strukturen und Denkprozesse auf beiden Seiten, dem Journalismus wie der Wissenschaft, zur Zeit dem noch entgegen.

Angesichts einer zukünftigen Wissensgesellschaft wird das Aufbrechen dieser Tabus und die Überwindung von Berührungsängsten oder Abneigungen zwischen diesen beiden Disziplinen sich allerdings zu einem Standortfaktor der Medienindustrie und der journalistischen Kultur in Deutschland entwickeln.

5   Kostenmanagement

5.1   Kommerzialisierung der Medienmärkte

„Über Geld spricht man nicht" – dieser Satz prägt nicht nur die zurückhaltende Freigiebigkeit vieler Menschen, wenn es um Informationen über die privaten Finanzverhältnisse geht, sondern ebensooft den Umgang mit Daten und Fakten zur wirtschaftlichen Entwicklung in Redaktionen. Zum einen meinen viele Redaktionsleiter und Chefredakteure, es gehe die Mitarbeiter nichts an, wie es um die finanzielle Lage des Unternehmens – oder im kleineren: der Redaktion – bestellt ist. Zum anderen gehört es im Journalismus durchaus zum guten Ton, Geld als quantité negligable weit hinter die gesellschaftlichen Anforderungen an den Journalismus (Information, Bildung, Unterhaltung etc.) zurücktreten zu lassen. Beide Formen der „Scheuklappen-Mentalität" gegenüber den ökonomischen Dimensionen journalistischer Arbeit liegen noch immer im Trend, erweisen sich aber im Kontext kommerzialisierter Medienmärkte als problematisch.

Seit Mitte der achtziger Jahre haben die Medien in Deutschland und in vielen anderen Ländern der Welt einen einschneidenden Wandlungsprozeß durchlaufen. Im Zuge gesellschaftlicher Differenzierungsprozesse haben sich auch die Medienangebote, angestoßen durch diverse Veränderungen in den sozialen Rahmenbedingungen, pluralisiert und differenziert. Drei Aspekte sind dabei von Bedeutung.

- Die Gesellschaften der (westlich-informatisierten) Welt haben sich von einem eher dem Sozialverantwortungsmodell verschriebenen Gesellschaftsentwurf ab- und zu einem eher dem Liberalismusmodell zugeneigten Gesellschaftsentwurf hingewandt – mit entsprechenden Konsequenzen für die Mediensysteme (vgl. Meckel 1994: 53 ff.). Staatliche Steuerungs- und Regulationsmodelle wurden durch die Bekenntnis zur Selbstregulierungsfähigkeit des Marktes ersetzt. Auch für die Medien – und damit für die journalistische Arbeit – sind ökonomische Rahmenbedingungen in den Vordergrund gerückt. „Medien handeln in der Logik von Wirtschaftlichkeit, Effizienz und Profitmaximierung. Ihre Produkte sind Waren, über deren Marktbedingungen Angebot und Nachfrage entscheiden." (Weischenberg/Altmeppen/Löffelholz 1994: 107)

◆ Der rasante Fortschritt in der Technik hat die Herstellungsmöglichkeiten und Verbreitungswege in der Medienproduktion enorm verändert, vor allem aber rationalisiert. So lassen sich Medienprodukte heute mit weniger Zeit- und Personalaufwand anfertigen (z. B. in der computerisierten Zeitungsredaktion). Die Verbreitungswege haben sich vor allem für die audiovisuellen Medien potenziert und beispielsweise beim Fernsehen die Zahl der in Deutschland angebotenen Programme in den vergangenen 15 Jahren von drei auf mehr als 30 anwachsen lassen. Aber auch für die bislang über die herkömmlichen Vertriebswege verbreitete Zeitung bringt z. B. das Internet neue Möglichkeiten mit sich, die den Postversand oder die Station über die Zwischenhändler schon bald in Teilen obsolet werden lassen könnten.

◆ Im Zuge dieser Entwicklungen hat auch der Rezipient eine andere Bedeutung erhalten. Er ist mit seiner Entscheidung über die Akzeptanz von Medienangeboten zu einem Indikator für Marktadäquanz oder Marktversagen geworden und nimmt damit eine Schlüsselposition in der Medienwirtschaft ein, die positive wie negative Seiten hat. Jedenfalls gilt der Leser, Hörer oder Zuschauer heute wohl in kaum einer Redaktion mehr als die unangenehme Begleiterscheinung journalistischer Selbstverwirklichung, sondern wird mit seinen Ansprüchen und Interessen ernst genommen. Andererseits wird mit einer „Umdefinition des Bürgers zum Konsumenten" (Hoffmann-Riem 1988: 59) der demokratisch-partizipatorische Anspruch an den Journalismus relativiert. Damit einhergehend beklagen zahlreiche Autoren die mangelnde Qualität von Massenprodukten der Medienwirtschaft und weisen auf eine generelle Trendwende vom Aufklärungs- zum Marketingjournalismus hin (vgl. Weischenberg 1995: 334 ff.) – ein Journalismuskonzept, das sich die Marktbedingungen und Akzeptanzchancen journalistischer Produkte zum obersten Maßstab macht.

Diese drei Faktoren – liberalisierte Deregulierung, technikgestützte Pluralisierung und Akzeptanzorientierung – charakterisieren Medienmärkte als Wettbewerbsmärkte. Unternehmen in diesen Märkten reagieren mit Konkurrenzorientierung (was macht der Mitstreiter?) und Rationalisierung (wie können wir Vergleichbares billiger machen?) auf die neue Wettbewerbssituation. In der Konsequenz ist auch die Medienproduktion durch einen Prozeß der Kommerzialisierung gekennzeichnet, nämlich durch das „Bestreben von Medienunternehmen, die produktive und allokative Effizienz ihrer Produktion zu steigern, also billiger zu produzieren und genauer das zu produzieren, was den Wünschen des Publikums entspricht" (Heinrich 1994: 171 f.). Kommerzialisierung als sozio-ökonomischer Prozeß umfaßt sogar noch mehr als diese strategischen Reaktionen von Medienunternehmen auf veränderte Wettbewerbsbedingungen; die Veränderungsmarge reicht von der Formation neuer Kooperationsmodelle im Medienmarkt bis hin zu einer Restrukturierung und Neuaufteilung einzelner Medienteilmärkte (vgl. Altmeppen 1996c: 257 f.).

Die Wissenschaft hat diese Entwicklungen lange Zeit kaum zur Kenntnis genommen. „Der Markt gehört nicht zum Repertoire publizistikwissenschaftlicher Schlüsselbegriffe", konstatierte Manfred Rühl (1993: 125) noch vor wenigen Jahren. Inzwischen liegen allerdings einige (wenige) Publikationen zu medienökonomischen Fragestellungen vor (vgl. z. B. Ludwig 1998; Altmeppen 1996a; Heinrich 1994), die sich um die Aufarbeitung einer zunehmenden Marktorientierung der Medienproduktion in Verbindung mit einer Analyse der potentiellen oder bereits sichtbaren Konsequenzen der Ökonomisierung bzw. Kommerzialisierung verdient gemacht haben.

In der Regel geht es dabei nicht mehr darum, allgemein Klage zu führen, daß der „Journalismus endgültig auf den *Zwischenhandel* mit der Ware Information reduziert zu sein scheint" (Herv. i. Orig.) (Baum 1996: 238). Denn das hieße, die Beziehungen zwischen Gesellschaftssystem und Journalismussystem zu leugnen. „Journalismus kommt in der jeweiligen Gesellschaft zustande." (Scholl/Weischenberg 1998: 205) Wenn diese Gesellschaft durch die Favorisierung ökonomischen Denkens geprägt ist, kann der Journalismus sich nicht einfach aus diesem Kontext „herauswinden". Die Maxime lautet: „We have to change as society changes and everybody has to recognize that." (Underwood 1988: 30) Eine durch Kommerzialisierung in allen Teilsystemen geprägte Gesellschaft hat soz. den Journalismus, den sie verdient, und muß sich folglich auch mit den dysfunktionalen Konsequenzen der Kommerzialisierung in einem normativ gebundenen System Journalismus „herumschlagen".

Dabei gilt es, die Besonderheiten des Mediensystems und des Journalismus zu berücksichtigen, auf die einzelne Autoren immer wieder berechtigt hinweisen (vgl. Heinrich 1994: 36 ff., 87 ff.; Weischenberg 1992: 237 ff.).

Medienmärkte zeichnen sich vor allem durch zwei Grundbedingungen aus, die sie von herkömmlichen Märkten der Güter- oder Dienstleistungswirtschaft unterscheiden.

◆ Medienunternehmen sind einem doppelten Dualismus im Markt ausgesetzt. Sie müssen mit ihren Produkten nicht nur in einem zweifachen Wettbewerb bestehen, dem publizistischen Wettbewerb (Qualitätswettbewerb) und dem ökonomischen Wettbewerb (Kostenwettbewerb) (vgl. Altmeppen 1996b: 13; Heinrich 1996, 1994: 94 ff.), sondern sie operieren zum Teil auch auf zwei Märkten. Einerseits setzen sie ihre Angebote (Information, Bildung, Unterhaltung) auf dem Rezipientenmarkt ab, andererseits verkaufen sie Werbeplätze an die werbetreibende Wirtschaft (vgl. Ludwig 1994: 164). Die aus diesem Doppelcharakter der Medien resultierenden Probleme haben sich durch die Veränderungen der Mediensysteme und Medienmärkte in den vergangenen Jahren verschärft (vgl. Kaase/Neidhardt/Pfetsch 1997: 12).

◆ Medienunternehmen produzieren öffentliche bzw. meritorische Güter. Sie firmieren unter dem Label „öffentlich", weil die Angebote durch eine beliebige Zahl von Nachfragern konsumiert werden können (Kriterium der Nicht-Rivalität) und weil niemand vom Konsum ausgeschlossen werden kann (Kriterium des Nicht-Ausschlusses). Als meritorische Güter gelten Medienprodukte darüber hinaus, weil ihre Nutzung in der Regel nicht in dem Ausmaß erfolgt, wie es unter normativen Gesichtspunkten (z. B. der demokratischen Funktion von Medienangeboten) wünschenswert wäre (vgl. Ludwig 1996: 81; Heinrich 1994: 36 ff.). Beide Klassifizierungen deuten darauf hin, daß Medienprodukte nicht generell und durchgängig den für Wirtschaftsgüter üblichen Bedingungen der Marktgesetzlichkeit unterliegen, also u. U. Regulierungsmaßnahmen (staatliche Regulierung, Strukturpolitik, Subventionen) notwendig sind.

Medienunternehmen haben es also schwer: Mit Gütern, die nicht ohne weiteres in die marktwirtschaftlichen Abläufe eingepaßt werden können, müssen sie gleich auf zwei Märkten und in einem doppelten Wettbewerb bestehen. Damit bedürfen Kommerzialisierungsprozesse im Medienmarkt besonderer Beobachtung und flankierender Maßnahmen. Dies bedeutet hingegen nicht, daß sich Medienprodukte aufgrund dieser Besonderheiten aus dem Markt „herausdefinieren" lassen.

5.2 Kosten als Qualitäts- und Wettbewerbsfaktor im Journalismus

Für das redaktionelle Management ist damit eine doppelte Erkenntnis verbunden: Medienprodukte unterliegen zwar besonderen Marktbedingungen, aber es sind auch Wirtschaftsgüter, deren Herstellung unter wirtschaftlich optimalen Bedingungen erfolgen sollte. Der Wettbewerb mit den Konkurrenten im Markt muß damit auf zwei Ebenen erfolgen – durch Maßnahmen der Qualitätssicherung (vgl. Kap. 2) und durch Maßnahmen zur Sicherung der wirtschaftlichen Wettbewerbsfähigkeit. Während bis in die achtziger Jahre – mehr beim Rundfunk als auf dem von Beginn an wettbewerbsorientierten Pressemarkt – die erste Dimension eindeutig Vorrang hatte, ist in den vergangenen Jahren auch die zweite Dimension immer wichtiger geworden, nicht gerade zur Freude der Journalisten. Sie haben den Einzug eines marktorientierten Denkens immer eher als Gefahr für ihre journalistische Freiheit gewertet. „Also ist die Zeitung ein Erwerbsunternehmen, das Annoncenraum als Ware erzeugt, die nur durch einen redaktionellen Teil verkäuflich wird. [...] Ich kann mir denken, daß die Redaktionen sich mit Händen und Füßen sträuben werden, das anzuerkennen." (Bücher 1926: 377)

Noch Mitte der achtziger Jahre konstatierte Denis McQuail eine „Spannung, die zwischen ,Commercialism' und ,Professionalität' des Kommunikators häufig besteht" (McQuail 1986: 634). Heute gehört die Auflösung eben dieser Spannung zum Kernbereich journalistischer Professionalität. Die Erkenntnis, daß Kosten sich zu einem Qualitäts- und Wettbewerbsfaktor im Mediengeschäft entwickelt haben, macht es auch im redaktionellen Alltag notwendig, sie in der journalistischen Arbeit zumindest mitzudenken.

Gerade bei der Kostenfrage lautete die gängige Interpretation in der Medienproduktion lange: Was nicht teuer ist, kann auch nicht gut sein. Daß Qualität Geld kostet, steht außer Frage. Daß aber ein hoher Etat für eine Medienproduktion automatisch hohe Qualität garantiert, ist dann doch ein bißchen zu einfach gedacht. Deshalb muß man heute anders argumentieren als in Wissenschaft und Praxis noch immer weitgehend üblich. Dort lautet die Argumentation: Kostenwettbewerb führt zu Qualitätsverlust (vgl. Heinrich 1996: 166). In unserem heutigen Medienmarkt gilt vielmehr die umgekehrte Interpretation: fehlender Kostenwettbewerb (in Verbindung mit fehlendem Kostenbewußtsein) führt zu Qualitätsverlust. Anders gesagt: ökonomisches Denken in der Redaktion ist auch Qualitätsdenken, und zwar aus folgenden Gründen:

Ökonomisches Denken heißt zunächst nichts anderes, als sich des sparsamen Umgangs mit Ressourcen bewußt zu werden – ganz im Sinne von „oikos", dem Haushalt der antiken Polis, die nur durch den richtigen Umgang mit den knappen Gütern Arbeitskraft und Boden erfolgreich geführt werden konnte (vgl. Rühl 1993: 127). Heute geht es zwar nicht mehr um antike Landgüter, sondern um Weltwirtschaftsgüter, doch das Knappheitsproblem ist geblieben. Das bedeutet: Alles was an einer Stelle produziert wird, kann nicht an anderer Stelle produziert werden („Man kann den Kuchen nicht gleichzeitig essen und behalten") – ein Sachverhalt, den die Ökonomie mit dem Begriff der „Opportunitätskosten" beschreibt (vgl. Bruhn 1998: 203). Das Kriterium der Nicht-Rivalität, das auf den Konsum von Medienprodukten zutrifft (vgl. Kap. 5.1), gilt für die Produktion derselben nämlich *nicht*.

Ein Beispiel: Wenn ein Fernsehanbieter eine Sendung produziert, dann kostet diese Produktion das Unternehmen einen bestimmten Betrag, der dann eben nicht mehr für die Produktion einer anderen Sendung zur Verfügung steht. Genau an dieser Stelle setzt das Kostenmanagement an. Wenn bei der Herstellung gängiger Programme (z. B. von Talksshows) Kosten eingespart werden können, dann stehen sie für andere aufwendigere Programmformen, wie z. B. Dokumentationen, zur Verfügung. Kostenbewußtsein heißt daher, in der Regel möglichst günstig zu produzieren, um im Ausnahmefall teuer produzieren zu können, und hat damit sehr viel mit der Schaffung von finanziellen Freiräumen und folglich mit Qualität zu tun. Ein Fernsehprogramm muß damit zwangsläufig eine Reihe von kostengünstigen Sendungen (wie z. B. Kaufserien und Wiederholungen) einsetzen, um an anderer Stelle kostenintensivere Programme anbieten zu können (vgl. Schwaderlapp 1995: 47 ff.).

Diese Strategie hat das privat-kommerzielle Fernsehen in Deutschland seit jeher verfolgt. Müßte sich dort jedes Format selbst finanzieren, dann wären einige Programmangebote, wie z. B. das RTL-*Nachtjournal*, alsbald vom Fernsehschirm verschwunden. Denn bei diesem Format übersteigen die Produktionskosten die Werbeeinnahmen. Deshalb greift eine Mischfinanzierung, die das *Nachtjournal* durch andere gewinnträchtige Formate (z. B. das Boulevardmagazin *Explosiv*) subventioniert. Ähnliche Strategien verfolgt – wenngleich weniger offensichtlich und explizit – inzwischen auch das öffentlich-rechtliche Fernsehen. So setzt das WDR Fernsehen beispielsweise besonders in weniger quotenträchtigen Zeitschienen gezielt Wiederholungen mit einem Null-Minutenpreis in der Produktion ein, um an anderer Stelle Magazine und Dokumentationen mit einem

Minutenpreis von deutlich mehr als 1.000 DM zu plazieren. Kostenmanagement im Fernsehen heißt also, mit einem ganzheitlichen Denkansatz an der einen Stelle zu sparen, um an der anderen Stelle Perlen ins Programm heben zu können, also herausragende Qualität möglich zu machen.

All dies bringt auch für die Journalisten und die Arbeit in der Redaktion einige Veränderungen mit sich. Dabei geht es weniger um das Extrem, als das die Entwicklungen im US-amerikanischen Journalismus zum Teil berechtigt kritisiert werden (vgl. Neumann 1997: 133 ff.). „When MBAs rule the newsroom" (Underwood 1988, 1993), kommt der Journalismus schnell zu kurz. Insofern muß auch heute kein Redakteur ein zusätzliches Betriebswirtschaftsstudium absolvieren und den Master of Business Administration erwerben. Aber es muß möglich sein, der Redaktion eine gewisse Kosten- und Ergebnisverantwortung zu übertragen (vgl. Mast 1995: 419; Kap. 5.3.3) und von den einzelnen Redakteuren einen verantwortungsvollen Umgang mit den Ressourcen des Unternehmens zu verlangen. Dazu bedarf es natürlich einer offenen Informationspolitik des Redaktionsleiters oder Chefredakteurs – auch in Kosten- und Etatfragen – (vgl. Kap. 4.4.4.1) und eines kooperativen Führungsstils. Wenn die Mitarbeiter nur das Gefühl haben, an allen Ecken und Enden in ihrer Arbeit „rationalisiert" zu werden, dann führt dies zu Problemen und in zweiter Linie auch zu Qualitätsverlusten. Unter derartigen Negativ-Bedingungen bestätigt sich dann auch die These, „the philosophy of market-orientated journalism has actually worked to the detriment of job satisfaction" (Stamm/Underwood 1993: 538).

Wird dagegen in einer kooperativen und informativ-offensiven Diskussion die Bedeutung des Kostenmanagements in der Redaktion kommuniziert, ist dies letztlich eine Garantie für die Zukunftssicherung. Wenn Stephan Ruß-Mohl (1994a: 25) also fordert, „Journalisten, die aufklären wollen, sollten auch rechnen können", so beschreibt er damit zutreffend die Notwendigkeit eines redaktionellen Kostenbewußtseins als Qualitäts- und Wettbewerbsfaktor und damit langfristig als Überlebensgarantie der Redaktion. Redaktionelles Kostenbewußtsein nutzt nämlich nicht nur den Medienunternehmern (vgl. Baum 1996: 244), sondern allen im Unternehmen Beschäftigten und nicht zuletzt den Journalisten, die auf diesem Wege selbst dazu beitragen können, ihre berufliche Existenz und ihre journalistischen Handlungsfreiräume zu sichern.

**5.3   Was kostet die Medienwelt? Grundlagen einer Redaktions-
        ökonomie**

5.3.1   Parameter der Kalkulation

Für das Finanzmanagement in Medienbetrieben gibt es eine Reihe von
Grundstrukturen und -daten, welche die Kostenplanung und -kalkulation
bestimmen und vor allem für die Frage nach Möglichkeiten der Kosteneinsparung von Bedeutung sind. Dabei geht es vor allem um das Verhältnis
unterschiedlicher Kostenarten in der Medienproduktion sowie um die Ko-
sten- und Erlösstruktur von Medienunternehmen.

Grundsätzlich muß sich das Kostenmanagement in Medienunternehmen
zwischen den beiden Polen des Minimal- und des Maximalprinzips bewegen
(vgl. Jonscher 1995: 505 ff.). Die verständliche und notwendige Überlegung,
wie und wo zugunsten einer ökonomischen Wettbewerbsfähigkeit Kosten im
redaktionellen Produktionsprozeß eingespart werden können, darf auf der
einen Seite also nur so weit gehen, wie publizistische und qualitative
Standards des Medienangebotes es zulassen. Sie darf also z. B. die Verschlankung einer Redaktion im Sinne von Lean Production nicht so weit
treiben, daß die Redaktion schließlich unterbesetzt ist (Minimalprinzip).
Auf der anderen Seite gilt auch für die Tätigkeiten in einer Redaktion das
Prinzip des abnehmenden Grenznutzens. Danach bedeutet z. B. die Perso-
nalaufstockung durch Erhöhung von Planstellen in einer Redaktion nicht
zwangsläufig einen höheren redaktionellen Output oder eine qualitative
Verbesserung. Redaktionen, die nur auf Etaterhöhung statt auf Umstrukturierung setzen, geraten damit zwangsläufig irgendwann an einen Punkt,
„von dem an zusätzlicher Aufwand immer mehr in ein Mißverhältnis gerät
zum damit erzielbaren zusätzlichen Ertrag" (Ruß-Mohl 1994a: 24) (Maxi-
malprinzip).

Wenn innerhalb dieser Grenzen nun die Kostenplanung eines Medienunternehmens verläuft, so muß dabei zwischen einzelnen Kostenarten unterschieden werden, die in ihrer Planung und ihren Variationsmöglichkeiten
mehr oder minder flexibel sind. Medienunternehmen müssen nämlich mit
direkten bzw. indirekten Kosten und fixen bzw. variablen Kosten rechnen.

Die Unterscheidung zwischen direkten und indirekten Kosten liegt für
ein Medienunternehmen darin, ob es sich bei den einzelnen Kosten um solche
handelt, die direkt im Rahmen eines der Redaktion zur Verfügung stehenden Etats für die Herstellung des Medienproduktes ausgegeben werden, oder
ob es sich um Kosten handelt, die zwar ebenso direkt anfallen, allerdings

nicht der Verfügung durch die Redaktion unterliegen. Im ersten Falle geht es also um Kosten, die beispielsweise für die externe Anmietung von Produktionsstätten (z. B. Schnittplätzen oder Studios für Fernsehproduktionen), für Auftragsproduktionen oder als Honorare für freie Mitarbeiter anfallen. Im zweiten Falle handelt es sich um die Kosten, die durch festangestellte Mitarbeiter und feste Produktionsbestände (z. B. hauseigene Schnittplätze, Druckereien etc.) regelmäßig und gleichbleibend entstehen.

Geht es um Kosteneinsparung, so sind die direkten Kosten allein durch ihre Variabilität entsprechenden Maßnahmen besser zugänglich als die indirekten Kosten. Zumindest gestaltet sich deren Reduzierung in der Regel schwieriger und bedarf einer längerfristigen Strategie. Kosteneinsparungen bei den indirekten Kosten erfolgen daher oft im Zuge von Umstrukturierungsmaßnahmen der redaktionellen Arbeit und der medienunternehmerischen Tätigkeit mit dem Ziel der Effizienzsteigerung. Zwei Beispiele aus der Fernsehproduktion sollen dies verdeutlichen:

♦ *Kosteneinsparung bei den direkten Kosten*: In der aktuellen Fernsehproduktion hat seit Beginn des Konkurrenzverhältnisses zwischen öffentlich-rechtlichen und privat-kommerziellen Anbietern die Auslagerung von Produktionsaktivitäten zugenommen (vgl. Kap. 5.4.2). Für die Herstellung eines journalistischen Fernsehbeitrages durch Auftragsproduktion muß man Kosten von etwa 1.500 bis 2.000 DM pro Minute rechnen. Greift eine Redaktion häufig auf Auftragsproduktionen zurück (was z. B. gerade in chronisch unterbesetzten Redaktionen der Fall ist), dann summiert sich dieser Posten der direkten Kosten schnell.

Sparmöglichkeiten liegen hier in der strategischen Planung von Auftragsproduktionen. Dafür muß die Redaktion für einen längeren Zeitraum kalkulieren, wie oft voraussichtlich die aushäusige Beitragsproduktion notwendig ist, um das Programm zu füllen. Dann geht es ins Verhandlungsstadium. Ein geeigneter Produzent wird kontaktiert. Statt mit ihm von Mal zu Mal über Zulieferungen zu verhandeln und ihn damit seinem eigenen kalkulatorischen Risiko zu überlassen, ob er im kommenden Monat genug produzieren und damit einnehmen wird, um seine Kosten zu begleichen, bietet die Redaktion einen Rahmenvertrag an. Ein solcher Vertrag sieht die Abnahme einer festgesetzten Zahl von Fernsehbeiträgen innerhalb eines konkreten Zeitraumes vor (unabhängig von einem möglicherweise variierenden Bedarf der Redaktion). Auf dieser Basis kann der Produzent sicher kalkulieren, wie schnell sich seine Ausrüstung (EB-Kamera etc.) amortisiert hat und wie teuer er den

einzelnen Beitrag verkaufen muß, um Gewinn zu erwirtschaften (vgl.
Lampe/Mewes 1998: 219).
In der Regel führt dies zu einer Preisreduktion. Der Produzent kann
wegen der so gegebenen Planungs-, Kalkulations- bzw. Auslastungssi-
cherheit (eine feste Zahl von Produktionen wird über einen langen Zeitraum sicher verkauft) seine Beiträge zu einem Minutenpreis von 1.100
DM anbieten. Für die Redaktion bedeutet dies bei einem Rahmenvertrag von z. B. 100 Beiträgen von jeweils drei Minuten Länge pro Jahr –
abhängig davon, ob der reguläre Minutenpreis mit 1.500 oder 2.000 DM
angesetzt wird – eine Einsparung von minimal 120.000 und maximal
270.000 Mark. Diese strategische Planung der Auftragsproduktion rentiert sich in diesem Falle selbst dann noch, wenn die Redaktion – wiederum abhängig von der Höhe des regulären Minutenpreises – bis zu 26
bzw. 45 Beiträge weniger gebraucht hätte, als die 100 im Rahmenvertrag in Auftrag gegebenen.

- *Kosteneinsparung bei den indirekten Kosten*: Fernsehanstalten verfügen
über eine bestimmte Zahl hauseigener Produktionsmittel wie Kamerateams, Schnittplätze und Studiokapazitäten. Werden neue Sendungen
geplant und umgesetzt, so muß eine kostenplanerische Entscheidung fallen, ob dafür neue Mittel zur Verfügung gestellt werden, oder ob das zusätzliche Angebot mit bestehenden Bordmitteln umgesetzt werden muß.
Das Management entscheidet sich inzwischen immer häufiger für die
letztgenannte Alternative. Das bedeutet, es muß Umstrukturierungen
geben, um mit gleichbleibender Ausstattung mehr Output möglich zu
machen.
Bei solchen Umstrukturierungen handelt es sich zumeist um Ratio-
nalisierungen. So werden Kamerateams, die früher einen „Dreh" pro
Tag absolviert haben, heute gezielter eingesetzt. Dabei kann z. B. ein
Kamerateam morgens die Dreharbeiten für das Mittagsmagazin und
nachmittags die für die Abendsendung vornehmen. Die Maßgabe „ein
Team = ein Tag" wird folglich durch die Maßgabe „ein Team = zwei
Einsätze" ersetzt. Gerade in den öffentlich-rechtlichen Fernsehanstalten stellen brachliegende hauseigene Produktionsmittel einen Kosten-
faktor dar, der seit einiger Zeit verstärkt beobachtet und überprüft
wird. So standen z. B. für aufwendige journalistische Produktionen, wie
das Magazin *Monitor*, drei Wochen vor dem eigentlichen Sendetermin
vier Kamerateams und drei Schnittplätze zur Verfügung, die u. U. über
längere Zeitstrecken nicht genutzt wurden, also in der Stand-by-

Funktion blieben. Den Einsatz dieser kostspieligen Produktionsressourcen planen viele Fernsehanbieter inzwischen stringenter. So können Stand-by-Mittel zwischenzeitlich für die Produktion anderer Beiträge eingesetzt (und bei Bedarf wieder abgezogen) werden, um so die zusätzliche Anmietung externer Produktionsmittel zu vermeiden und diese Kosten einzusparen.

Eine zweite ähnlich gelagerte Unterscheidung für die Kostenkalkulation in Medienbetrieben verläuft zwischen fixen und variablen Kosten (vgl. Althans 1996: 137; Ludwig 1996: 93; Heinrich 1994: 215 f.). Variable (auch: lineare) Kosten steigen bzw. fallen parallel zur Produktionsmenge. Papier- und Energieverbrauch in der Zeitungs- und Zeitschriftenproduktion gehören z. B. zu dieser Kostenart. Fixe Kosten sind solche, die erst einmal in unveränderlicher Höhe anfallen. Dazu gehören die Personalkosten, Post- und Fernmeldegebühren, Lizenzgebühren, Kosten für Produktionsinfrastruktur, wie Druckereien usf. Das Verhältnis dieser beiden Kostenarten ist aufgrund der Branchenspezifik bei Medienunternehmen meist zugunsten der fixen Kosten verschoben, d. h. der Fixkostenanteil fällt sehr hoch aus (vgl. Ludwig 1996: 93).

Diese „Belastung" des Medienunternehmens auf der Kostenseite läßt sich insofern indirekt steuern, als fixe Kosten sich mit wachsender Produktionsmenge reduzieren. Diese Gesetzmäßigkeit bezeichnet man als Fixkostendegression. Sie besagt, daß die fixen Kosten sich in der Printmedienherstellung proportional zur Höhe der verkauften Auflage auf die einzelnen Hefte oder Zeitungen verteilen, sich also mit jedem zusätzlich verkauften Exemplar verringern. In der Fernsehproduktion liegt ein vergleichbarer Zusammenhang vor. So reduzieren sich die Fixkosten, die durch dauerhaftes Produktionsequipment entstehen, proportional zur Anzahl der mit diesem Equipment produzierten Beiträge oder Sendungen. Wenn beispielsweise die Miete für ein Fernsehstudio 20.000 DM im Monat beträgt und in diesem Studio alle vier Wochen eine Sendung produziert wird, so muß diese eine Produktion die Gesamtkosten von 20.000 DM tragen. Wird in dem Studio dagegen eine Sendung pro Werktag produziert, so verringert sich der Fixkostenanteil der Studiomiete auf 1.000 DM pro Produktion.

Für die Marktzutritts- und entwicklungschancen bedeutet dies, daß jeder Anbieter bemüht sein muß, seine Angebotszahl möglichst kontinuierlich zu steigern, um die Fixkosten zu reduzieren. Im Ergebnis ist im Medienmarkt das Monopolangebot damit immer die kostengünstigste Anbieterkonstellation, da ein Monopolist die höchste Stückzahl absetzen und sein Produkt folglich am billigsten herstellen und anbieten kann.

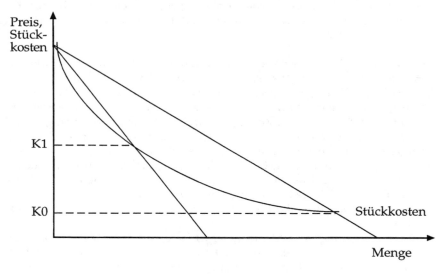

Abb. 17:   **Fixkostendegression in der Medienproduktion**
Quelle: Heinrich 1994: 119

Wie Abb. 17 zeigt, sind die Stückkosten am höchsten, wenn nur ein Exemplar der jeweiligen Produktion hergestellt wird, weil auf dieses Exemplar dann alle Produktionskosten fallen („first-copy-costs"). Je größer die produzierte Menge, desto stärker reduzieren sich die Stückkosten. Ist ein Alleinanbieter im Markt, so kann er aufgrund der hohen Produktionszahl mit niedrigen Stückkosten (K0) kalkulieren. Sind zwei Anbieter im Markt, so können sie in der Regel nicht jeweils die gleiche Produktionsmenge am Markt absetzen wie ein Alleinanbieter und müssen dann beide jeweils mit höheren Stückkosten (K1) rechnen. Das Management von Medienunternehmen hat inzwischen eine Reihe von Strategien entwickelt, um variable, vor allem aber fixe Kosten zu reduzieren (vgl. Kap. 5.4).[10]

---

[10] Eine dritte, aber für den Kontext des Redaktionsmanagements nur mittelbar relevante Unterscheidung ist die zwischen Einzelkosten und Gemeinkosten. Einzelkosten sind solche, die

Dieses Problemverhältnis von fixen und variablen Kosten in der Medienproduktion prägt auch die Kosten- und Erlösstruktur von Medienunternehmen. Bei Printmedien liegt der Fixkostenanteil meist zwischen 50 und 70 Prozent. Ein solcher Anteil läßt sich nicht allein durch den Verkaufserlös refinanzieren. Es bedarf einer Mischkalkulation oder Querfinanzierung (vgl. Ludwig 1998: 217 ff.).

	Alte Bundesländer[1]	Neue Bundesländer[2]
Kosten		
Technische Herstellung	29,6	24,2
Papier	9,7	10,7
Redaktion	21,0	23,0
Anzeigen	12,9	10,8
Vertrieb	19,1	21,8
Unternehmensleitung/Verwaltung	7,6	9,4
Gesamtkosten[3]	100,0	100,0
Erlöse		
Anzeigen	53,0	48,4
Beilagen	10,9	11,9
Werbeerlöse gesamt	63,9	60,3
Vertrieb	36,0	39,7
Gesamterlös[3]	100,0	100,0

[1] Durchschnittswerte aller Auflagenklassen
[2] Nur höchste Auflagenklasse (mehr als 200.000 Exemplare)
[3] Rundungsfehler

Tab. 1:   **Kosten- und Erlösstruktur von Abonnementzeitungen in Deutschland 1996 in Prozent**
Quelle: BDZV 1997: 86

Bei diesen Konstellationen in der Kosten- und Erlösstruktur würden die meisten Verlagsunternehmen mit ihren Produkten nämlich rote Zahlen schreiben, müßten sie ihre Kosten allein über den Vertrieb und Verkauf,

---

einem Medienprodukt (z. B. einem Zeitschriftentitel oder einer Fernsehproduktion) direkt zugeordnet werden können; Gemeinkosten dagegen sind Kosten, die zentral entstehen (z. B. durch eine Zentralredaktion, die mehreren Einzeltiteln zuarbeitet) und dann nach einem Schlüssel auf die verschiedenen Leistungsabnehmer aufgeteilt werden (vgl. Althans 1996: 137 f.).

also auf dem Rezipientenmarkt wieder ausgleichen. An Gewinne ist in diesem Kontext erst einmal gar nicht zu denken. Erst die ökonomische Performanz auf dem zweiten, dem Anzeigen- bzw. Werbemarkt, ermöglicht es
Medienunternehmen, den hohen und nicht auf dem Absatzmarkt zu refinan-
zierenden Fixkosten gegenzusteuern und Gewinne zu erwirtschaften. Diese
Finanzierung von Produktkosten über zwei oder mehrere Einnahmequellen
bezeichnet man als Mischkalkulation bzw. Querfinanzierung (vgl. Ludwig
1994: 163 f.).

Strategien der Mischkalkulation oder Querfinanzierung können auf verschiedene Weise greifen. Abgesehen von der erläuterten Finanzierung von
Produktionskosten über zwei Märkte (Rezipienten- und Werbemarkt) kann
auch ein erfolgreiches Medienprodukt ein (ökonomisch) weniger erfolgreiches Produkt aus dem selben Unternehmen querfinanzieren. So hat der *Axel
Springer Verlag* beispielsweise über Jahre hinweg seine defizitäre Tageszeitung DIE WELT durch die hohen Gewinne aus der BILD-ZEITUNG refi-
nanziert.[11] Eine dritte Möglichkeit liegt in einer divergierenden Preisge-
staltung für unterschiedliche Abnehmergruppen eines Medienproduktes
(Querfinanzierung auf seiten der Rezipienten). So bezahlen z. B. einkom-
mensstärkere Leser der TAGESZEITUNG (taz) höhere Abonnementgebüh-
ren als weniger einkommenstarke Leser bzw. Studierende, deren Abo-Preis
soz. durch den Abo-Preis der „Gutverdiener" subventioniert wird.

Auf dem Fernsehmarkt gestalten sich diese Beziehungsgeflechte etwas
komplizierter. Anders als auf dem Pressemarkt gibt es dort (abgesehen von
Pay-TV und Pay-per-view-Angeboten) nämlich keinen direkten Leistungs-
austausch zwischen Anbieter und Nachfrager. Dabei spielt der öffentlich-
rechtliche Rundfunk noch einmal eine besondere Rolle, weil er durch Ge-
bühren quasi staatlich subventioniert wird und nur einen Teil seiner Ein-
nahmen über den Werbemarkt bestreitet. Das privat-kommerzielle Fernsehen dagegen ist im wesentlichen auf die Refinanzierung der Produktionskosten über den Werbemarkt angewiesen, kann aber auf dem Wege des
Rechtehandels und der Lizenzierung zusätzliche Einnahmen verbuchen.

---

[11] Ein ähnliches Querfinanzierungsverhältnis haben auch der STERN und die ZEIT fast 30
Jahre lang „gepflegt" (vgl. Ludwig 1998: 267 ff.).

5.3.2 Etatplanung und Etatkontrolle

Auch wenn die ökonomischen Strukturen von Medienmärkten kompliziert sind und sich nicht mit denen herkömmlicher Produktionsgütermärkte vergleichen lassen, bedarf es dennoch einer kontinuierlichen Etatplanung und - kontrolle. Während diese Managementfunktion früher in der Verwaltung und Geschäftsführung angesiedelt war, haben in den vergangenen Jahren immer mehr leitende Redakteure Kompetenzen des Kostenmanagements übernommen. Diese Übertragung betriebswirtschaftlicher Verantwortlichkeiten auf die Redaktion wird von vielen Journalisten kritisch gesehen: „Redakteur und Controller bilden in der Regel traditionell nicht gerade ein Traumpaar der Harmonie mit wechselseitigem Verständnis und tiefgreifendem Interesse für die fachlichen Belange der jeweils anderen Berufsgruppe." (Marmor 1997: 221) Ein kompetentes Verständnis für Fragen des Kostenmanagements auf seiten der Redaktion hat aber im komplexen redaktionellen Handlungsfeld durchaus Vorteile: „Grundsätzlich sollte der planen, der auch nach der Planung führen, kontrollieren und beurteilen soll." (Althans 1996: 135) Und das ist nun mal in der Redaktion der Chefredakteur oder Redaktionsleiter. Er oder sie muß dafür nicht gleich zum Controller „mutieren", aber die Strategien und Planungswerte kennen und interpretieren können, die es möglich machen, die ökonomische Entwicklung einer Redaktion zu beurteilen, um böse Überraschungen frühzeitig zu erkennen bzw. zu verhindern. Je nach Art der Medienunternehmung läßt sich die ökonomische Bewertung von Medienprodukten anhand von zwei Rechnungsarten vollziehen.

♦ Die *Vollkostenrechnung* ist die einfachste Form der Überprüfung des ökonomischen Erfolgs. Sie zieht die Kosten für die Produktion und Verbreitung eines Medienangebots von den Erlösen des Produktes ab und errechnet so den entsprechenden Gewinn oder Verlust. Diese Rechnungsart macht allerdings nur bei sog. Ein-Produkt-Unternehmen Sinn. Auch berücksichtigt sie nicht die – gerade im Mediengeschäft so wichtige – Unterscheidung zwischen variablen und fixen Kosten. So kann ein Medienunternehmen sich auf alleiniger Basis der Vollkostenrechnung schnell aus dem Markt „herauskalkulieren" (vgl. Althans 1996: 138 ff.). Die Probleme der Vollkostenrechnung werden bei Unternehmen mit mehreren Produkten deutlich. Ein Beispiel: Fährt von drei Zeitschriftentiteln eines Verlages einer Verluste ein, so müßte seine Herstellung nach der Vollkostenrechnung eingestellt werden. Tatsächlich kann eine solche Entscheidung strategisch falsch sein, weil eben mit Einstellung der Zeitschrift für das Medienunternehmen nur die variablen Kosten wegfallen, die das Produkt verursacht; die fixen Kosten dagegen (z. B. für die hauseigene Druckerei) bleiben erhalten und müssen von nun an auf die beiden verbliebenen Titel verteilt werden. Im Gesamtergebnis könnte die Einstellung des verlustbringenden Produktes folglich den Gesamtgewinn des Unternehmens sogar schmälern.

◆ Eine differenziertere kalkulatorische Basis liefert die *Deckungsbeitragsrechnung.* „Unter einem Deckungsbeitrag versteht man gemeinhin den Überschuß der einem Produkt [eines Medienunternehmens, M.M.] unmittelbar zuzurechnenden Erlöse über die [...] unmittelbar verursachten Kosten." (Marmor 1997: 227) Da die Berechnung der Deckungsbeiträge zwischen fixen und variablen Kosten unterscheidet, kann man mit dieser Rechnungsart für Medienunternehmen, die mehrere Produkte gleichzeitig anbieten, ermitteln, wann ein Produkt ökonomisch „Sinn macht" und wann dies nicht mehr der Fall ist. Indem die Deckungsbeitragsrechnung in mehreren Schritten nach variablen und fixen Kosten unterscheidet, kann genau nachvollzogen werden, auf welcher Stufe, also durch welche Kosten, ein Produkt in die roten Zahlen rutscht. So kann es dann u. U. sinnvoll sein, das Produkt weiter anzubieten, um nicht den Gesamtgewinn des Unternehmens zu schmälern und dem „Kostenproblempunkt" mit Korrekturmaßnahmen zu Leibe zu rücken.

Wie aus Tabelle 2 ersichtlich bewegt sich beim SPIEGEL der erste Deckungsbeitrag noch knapp in den schwarzen Zahlen (beim STERN weist schon diese Position rote Zahlen auf, vgl. Ludwig 1996: 94). Der zweite Deckungsbeitrag dagegen ist kräftig ins Minus gerutscht. Nur durch die Anzeigeneinnahmen kann der SPIEGEL folglich einen Gewinn verbuchen. Dabei gilt: Übersteigt der Deckungsbeitrag des Anzeigenbereiches den des Vertriebs, muß die Redaktion mit Rationalisierungsmaßnahmen rechnen. Der umgekehrte (seltenere) Fall stärkt die Position der Redaktion auch in der betriebswirtschaftlichen Argumentation (vgl. Wolff 1998: 270). Während das aufgeführte Beispiel für den SPIEGEL nur zwischen zwei Arten des Deckungsbeitrages unterscheidet (erste Stufe: variable Kosten, zweite Stufe: fixe Kosten), läßt sich eine Gewinnermittlung per Deckungsbeitragsrechnung in beliebig viele unterschiedliche Stufen aufgliedern, so daß an jeder Kostenposition überprüft werden kann, welches wirtschaftliche Ergebnis das Produkt liefert (vgl. Althans 1996: 142 f.). Wichtig für das redaktionelle Kostenmanagement ist also die Erkenntnis, daß in einem Mehrproduktmedienunternehmen ein einzelnes Produkt sich möglicherweise rentieren kann, auch wenn es effektiv Verluste einfährt.

	Verkaufspreis	5,00
./.	7% Mehrwertsteuer	0,33
=	Netto-Copy-Preis	4,67
./.	anteilige Grosso-/Einzelhandelsrabatte	0,95
./.	anteilige Mindereinnahmen	
	(z. B. für sonstige Verkäufe)	0,82
=	durchschnittlicher Verlagserlös	2,90
./.	Heftkosten (technische Herstellung)	1,82
./.	Remissionsaufwand	0,35
./.	Versand/Vertrieb	0,52
=	**Deckungsbeitrag (BD) I**	**0,21**
./.	Werbung/Marketingkosten	0,28
./.	Redaktionskosten	
	(inkl. Dokumentation/Archiv)	2,22
./.	restliche Kosten	1,36
=	**Deckungsbeitrag (DB) II**	**- 3,65**
+	Anzeigeneinnahmen	5,30
=	**Gewinn vor Steuer pro Exemplar**	**1,65 DM**

Tab. 2:   **Der Spiegel: Kalkulation pro verkauftem Exemplar im Jahresdurchschnitt 1992**
Quelle: Ludwig 1996: 94

Erstes Beispiel: Der Betreiber eines Fernsehstudios verlangt regulär 2.000 DM pro Tag für die Vermietung seiner Studiokapazitäten an externe Fernsehproduzenten. Nur so kann er einen Gewinn erwirtschaften. Will nun ein lokaler Fernsehanbieter in diesem Studio produzieren, kann dafür aber nur 500 DM Miete pro Tag zahlen, so lohnt sich diese zusätzliche Produktion u. U. für den Studiobetreiber, wenn seine Kapazitäten nicht ausgelastet sind. Zwar fährt die Produktion der lokalen Sendung für sich genommen einen Verlust ein. Da das Studio aber sonst leer gestanden hätte, trägt die eigentlich unwirtschaftliche Produktion trotzdem einen kleinen Teil zur Deckung der sowieso anfallenden fixen Kosten des Studiobetriebs bei, sie leistet also einen Deckungsbeitrag. Ähnliche wirtschaftliche Überlegungen liegen auch dem Angebot von (echten!) Last-Minute-Reisen zugrunde. Zwar ist der Verkauf einer solchen Reise nicht kostendeckend, aber er trägt einen Teil bei zur Deckung der im entsprechenden nicht ausgebuchten Hotel sowieso entstehenden Kosten für Betrieb, Personal etc.

Zweites Beispiel: Entscheidet sich ein privater Fernsehveranstalter, mit einer Redaktion, die eine wirtschaftlich erfolgreiche und anspruchs-volle Talkshow produziert, noch eine weitere weniger aufwendige Talk-show herzustellen, so kann dies unter Aspekten der Deckungsbeitrags-rechnung folgenden Sinn ergeben: Schafft es die Redaktion, das zweite For-mat mit wenig Geld und wenig Aufwand zusätzlich zu produzieren, so ent-steht ein weniger attraktives Angebot, das folglich auch einen weniger at-traktiven Sendeplatz bekommt (z. B. in der Morgenschiene), der aber eben auch irgendwie mit Programm gefüllt werden muß. Das Format wird sich dann auch nicht durch die im Sendezeitraum erzielten Werbeeinnahmen tragen, ist also für sich gerechnet ein Verlustbringer. Es erzielt aber Ein-nahmen, die auf die fixen Kosten der Redaktion verrechnet werden, und kann somit den Gesamtgewinn der Redaktion sogar steigern.

Solche Berechnungen werden in einer einzelnen Redaktion in der Regel (und zum Glück!) selten angestellt. Schließlich geht es ja – vor allem im öffentlich-rechtlichen Rundfunk – um mehr als die Berechnung der Dek-kungsbeiträge einzelner quotenträchtiger Sendungen, die mit wenig finan-ziellem Aufwand hohe Aufmerksamkeit erringen können (vgl. Gläser 1987: 137). Derartige Beispielrechnungen sollen vielmehr die Komplexität der wirtschaftlichen Betrachtung redaktioneller Arbeit verdeutlichen. Die Fähigkeit von Redakteuren, wirtschaftliche Zusammenhänge ihrer Arbeit zu begreifen und mitzudenken, muß gar nicht so weit reichen. Es geht ledig-lich darum, ein grundsätzliches Verständnis dafür zu erwerben, daß ein Kosten- und Wirtschaftlichkeitsbewußtsein über Bestand und Zukunft re-daktioneller Produkte entscheiden kann, daß also gezieltes und kreatives Kostenmanagement Argumente für den Erhalt eines journalistischen Ange-bots, für den Ausbau einer Redaktion (in Zeiten redaktioneller Rationali-sierung) und schließlich auch für journalistische Qualität liefern kann. Anders formuliert: Mit einer Grundkenntnis der eigenen wirtschaftlichen Performanz nimmt die Redaktion die Zügel sogar stärker in die Hand und kann unbegründeten Rationalisierungsmaßnahmen von Geschäftsführungs- oder Verlagsseite besser gegensteuern.

Um diese Herausforderungen des Kostenmanagements effektiv zu bewältigen, bedarf es eines kontinuierlichen Controllings, das zwar nicht in der Redaktion, aber in unmittelbarer Anbindung an die Redaktion und unter Einbezug des Chefredakteurs oder Redaktionsleiters erfolgt. Der Controller ist dabei nicht der „Über-Manager", der allein anhand seiner Zahlen über die Zukunft eines Medienproduktes entscheidet, sondern eher Berater oder Navigator des Chefredakteurs. „Ziel des Controlling ist die Verbesserung der Planungs- und Entscheidungsprozesse durch Optimierung der Informationsversorgung." (Marmor 1997: 223) Das Controlling liefert also die nötigen Informationen, die für Kostentransparenz sorgen und Grundlage eines regelmäßigen Soll- und Ist-Vergleichs sind (vgl. Staehle 1992: 153). Verglichen werden dabei die Etatwerte (was war geplant?) mit den aktuellen Werten (wie sieht es derzeit aus?). Manchmal ist zusätzlich ein Vergleich aktueller Zahlen mit Vorjahreswerten sinnvoll, um das Erreichen langfristiger Zielsetzungen zu überprüfen (vgl. Althans 1996: 134 f.). Anhand solcher Leistungs- und Leistungsplanvergleiche können kurzfristige Fehlkalkulationen direkt behoben und langfristige Fehlentwicklungen vermieden werden.

Verschiedene Instrumente stehen für das Controlling in Medienunternehmen zur Verfügung. Dafür unterscheidet man zunächst einzelne Dimensionen des Controlling (vgl. Börnicke 1997: 241): die zeitliche Dimension (operatives und strategisches Controlling), die funktionale Dimension (bereichsspezifische Maßnahmen, z. B. für die Produktion oder die Redaktion), die prozessuale Dimension (Planung, Steuerung, Kontrolle und Kommunikation) sowie die instrumentale Dimension (Erfolgs-, Vermögens- und Finanzrechnung).

Die wichtigste Unterscheidung verläuft zwischen operativem und strategischem Controlling. Ersteres bezeichnet die Planung und Kontrolle der Finanzen im Tagesgeschäft (u. a. durch die Deckungsbeitragsrechnung). Interessant ist gerade für Medienunternehmen aber auch das strategische Controlling, das der langfristigen Kosten- und Finanzplanung unter Umsetzung bestimmter Zielvorgaben dient (vgl. Marmor 1997: 225 ff.).

♦ Bei der *Portfolio-Analyse* werden die einzelnen Produkte eines Medienunternehmens nach Attraktivität im Markt (Auflage bzw. Marktanteil) und Lebenszyklus (Verweildauer im Markt) in Kategorien eingeteilt. In einem weiteren Schritt muß dann die richtige Mischung aus hochattraktiven und weniger attraktiven, aus langlebigen und kurzlebigen Angeboten zusammengestellt werden, damit sich das Medienun-

ternehmen mit seiner gesamten Angebotspalette dauerhaften Erfolg im
Markt sichern kann.

◆ Mit der *Szenario-Technik* lassen sich langfristig Marktentwicklungen
(in Verbindung mit gesellschaftlichen und wirtschaftlichen Veränderungen) sondieren, auf die das Medienunternehmen mit neuen Angeboten
oder Produktvariationen (Relaunches) reagieren kann. Hier wird also
auf der Grundlage von Prognosedaten ein Zukunftsbild entworfen, das es
dem Medienunternehmen ermöglichen soll, prospektiv zu agieren.

Beide Instrumente verdeutlichen, daß das Controlling mehr ist als betriebswirtschaftliches „Erbsenzählen". Gerade in Medienunternehmen ist
der Erfolg eines Angebotes im Markt von vielen unterschiedlichen ökonomischen *und* qualitativen Faktoren abhängig, die nur zusammengenommen
eine sinnvolle operative und strategische Planung und Kontrolle möglich
machen. Eine Jugendzeitschrift muß sich z. B. nicht nur wirtschaftlich
rechnen, sondern eben auch mit dem adäquaten Journalismus-Konzept den
richtigen Ton der Jugend treffen. Insofern sprechen unter den Bedingungen
eines modernen wettbewerbsorientierten Medienmarktes auch in journali-
stisch-qualitativer Hinsicht viele Argumente dafür, journalistisches
Know-how und ökonomisches Denken nicht vollständig voneinander getrennt zu institutionalisieren, sondern – z. B. über das Controlling – Schnittstellen zu schaffen und auch in der Redaktion ein bewußtes Denken in beide
Richtungen zu etablieren.

5.3.3   Vorteile der Budgetierung

Eine Möglichkeit, das Bewußtsein von Kosten als Qualitäts- und Wettbewerbsfaktor in der Redaktion zu schärfen, liegt in einer veränderten Mit-
telvergabe. Viele Medienunternehmen haben in den vergangenen Jahren
Schritt für Schritt von der zentralen Finanzsteuerung durch Leistungs- und
Kostenpläne auf ein dezentralisiertes Verfahren der Budgetierung umge-
stellt. Danach erhalten einzelne Bereiche bzw. einzelne Redaktionen eine
finanzielle Ausstattung, die aus ihren zu erbringenden Leistungen und den
dafür (nach Marktpreisen) zu ermittelnden Kosten errechnet wird. Aus der
Summe der anteiligen Kosten an Zentralmitteln und den budgetierten direkten Kosten wird schließlich ein Bereichs- oder Redaktionsetat aufge-

stellt, der für das laufende Jahr zur Verfügung steht (vgl. Lampe/Mewes 1998: 220).

Diese Budgetierung ist sowohl für Verlage und ihre Bereiche bzw. Redaktionen (Lokalredaktion, Sportredaktion, Jugendseite etc.) umsetzbar als auch für Rundfunkanstalten. Nachdem die Schweizerische SRG vorgeprescht ist, ziehen nun viele andere öffentlich-rechtliche Anstalten nach. So hat das ZDF mit dem Haushalt 1998 das Ein-Budget-System (EBS) eingeführt, das zu verbesserter Ressourcensteuerung, Erhöhung der Wirtschaftlichkeit und mehr Kostentransparenz beitragen soll (vgl. Medienspiegel 1-2/1998: 6).

Das System der Budgetierung soll also auf der einen Seite zu einer Steigerung der internen Effizienz und Effektivität führen, indem einzelne Redaktionen und Serviceabteilungen in demselben Haus sich gegenseitig die erbrachten Leistungen in Rechnung stellen und sich so langsam an eine marktnähere Kalkulation annähern (vgl. Kap. 5.4). In zweiter Hinsicht führt die Budgetierung zu einem stärkeren Kostenbewußtsein und einem wirtschaftlicheren Umgang mit den Produktionsmitteln, weil der Vergleich zwischen innerbetrieblichen Leistungen und deren Kosten mit Marktangeboten Konkurrenz bedeutet und die Verschwendung von Mitteln an einer Stelle sich zwangsläufig an anderer Stelle rächen muß. Schließlich soll auf dem Wege der Budgetierung die Flexibilität der Redaktion erhöht werden, Mittel nach eigenem Ermessen gezielt und mit bewußten Akzenten einzusetzen. Nicht jeder Beitrag muß dann nach zentralen Vorgaben gleich honoriert werden, sondern die Redaktion kann eigenständig entscheiden, an einer (vielleicht weniger wesentlichen) Stelle eine günstigere Produktion zu plazieren, dafür aber für ein anderes Angebot an anderer (herausgehobenerer) Stelle mehr Geld als üblich auszugeben.

Das Prinzip der Budgetierung macht folgelogisch auch der früher gängigen Praxis, Etats einfach von einem Jahr auf das nächste fortzuschreiben, ein Ende (vgl. Ruß-Mohl 1995: 129 f.). Um allerdings den Anreiz zum kostenbewußten Umgang mit dem Redaktionsetat zu erhalten, dürfen Einsparerfolge natürlich nicht bestraft werden, indem der Redaktion das verbleibende Geld gestrichen wird. Vielmehr sollten damit Investitionen in die redaktionelle Fortentwicklung – konzeptionell-qualitativer oder auch personalwirtschaftlicher Art – getätigt werden. Auf diesem Wege würde ein effektives Kostenmanagement in der Redaktion langfristig sogar durch publizistischen Qualitätsgewinn belohnt.

Der Freiraum, den Redaktionen durch die Möglichkeit der eigenständigen Kostenplanung und -kontrolle erhalten, ermöglicht dem eigenen Konzept angepaßte Schwerpunktsetzungen und gehört damit also nicht nur unmittelbar zum Kosten-, sondern mittelbar auch zum Qualitätsmanagement.

5.4 Wettbewerbsfähigkeit und Kostenreduktion: Maßnahmen der Effizienz- und Effektivitätssteigerung

Der bewußtere Umgang mit Produktionsressourcen (Personal-, Geld- und technische Produktionsmittel) ist ein Resultat aus der veränderten Konkurrenzsituation im Medienmarkt. „So gesehen ist ökonomischer Druck auch bei Medienunternehmen das Salz in der Suppe. [...] Nur Konkurrenz vermag das publizistische wie betriebswirtschaftliche Gefüge von Medienunternehmen zu optimieren." (Ludwig 1996: 99) Für die Presseunternehmen ist diese Situation nicht neu, wenngleich sich auch in diesem Sektor der Konkurrenzdruck verschärft und Rationalisierungsmaßnahmen in Verbindung mit einem stärkeren Kostenbewußtsein mit sich gebracht hat.

Neu ist die Situation allerdings für die öffentlich-rechtlichen Rundfunkanstalten. Mit dem Markteintritt der privat-kommerziellen Anbieter hat sich eine radikale Veränderung von einer quasi-monopolistischen Anbieterposition des koordinierten Wettbewerbs mehrerer öffentlich-rechtlicher Sender zu einer marktorientierten Konkurrenzposition zwischen dem öffentlich-rechtlichen und dem privat-kommerziellen System, letztlich aber sogar einem „alle gegen alle" ergeben.

Während es bei den kommerziellen Anbietern „nur" um die Konsolidierung der jeweils eigenen wirtschaftlichen Position geht, sehen sich die öffentlich-rechtlichen Sender gleich einem doppelten Trommelfeuer ausgesetzt: auf der einen Seite müssen sie wirtschaftlich konkurrieren (z. B. um attraktive Spielfilm- und Sportrechte), um nicht publizistisch ins Hintertreffen zu geraten; zum anderen zwingt sie ihre finanzpolitisch in der Gebührenfinanzierung manifestierte gesellschaftliche Verantwortung zu einer gewissen Zurückhaltung im Marktwettbewerb.

Diese „Zwickmühle" läßt sich schwerlich auflösen. Zu wenig (Massen-) Markt reduziert für die Öffentlich-rechtlichen in Teilen die publizistische Akzeptanz und führt so zur Frage nach der Gebührenlegitimation. Zu viel Markt bringt unmittelbare Konkurrenz mit den kommerziellen Sendern (in

Verbindung mit Einschränkungen beim gesellschaftlichen Auftrag) und führt ebenfalls zur Frage nach der Gebührenlegitimation.

In den Bemühungen um Wettbewerbsfähigkeit geht es folglich darum, sensibel und dennoch effektiv gewachsene Strukturen (in der Regel verbunden mit Überbürokratisierung) aufzubrechen, Innovationen umzusetzen und dabei die eigene Position konkret im Auge zu behalten. Bei alledem verbleiben allerdings neben dem publizistischen Profil die Kosten als „Knackpunkt" einer zukünftigen Wettbewerbsfähigkeit im Zentrum der Aufmerksamkeit und Bemühungen des Managements. Zwei Strategien sind im Zuge einer Erhöhung der Wettbewerbsfähigkeit in Verbindung mit der Reduktion von Kosten untrennbar:

* Die Steigerung der *Effizienz* bezeichnet die Erhöhung der Wirtschaftlichkeit. Dieser Indikator besagt, daß Medienunternehmen (bzw. ihre Teile) das Verhältnis der eingesetzten Produktionsmittel (Arbeitskraft, Geld, Technik) zu dem damit erzeugten Output verbessern. Maßnahmen zur Steigerung der Effizienz sind also immer rein wirtschaftliche Maßnahmen, die letztlich darauf zielen, mehr Zeitungsseiten bzw. mehr Programmangebote für weniger Geld zu produzieren (zunächst einmal unabhängig von der damit verbundenen Qualität). Dieses Kriterium kann natürlich im Mediensektor kaum allein relevant sein.

* Wichtiger als das reine Effizienz-Denken ist daher die Verbesserung der wirtschaftlichen *Effektivität*. Der Begriff der Effektivität bezeichnet die Wirksamkeit der eingesetzten Mittel. Für Medienunternehmen bedeutet dies, daß der Einsatz von Produktionsmitteln gemessen an den unterschiedlichen produzierten Angeboten überprüft wird. Effektiv sind Medienangebote nicht nur dann, wenn das Verhältnis zwischen eingesetzten Mitteln und erzieltem Erfolg (Auflage, Einschaltquote bzw. Marktanteil) stimmt, sondern z. B. auch, wenn ein bestimmter gesellschaftlicher Auftrag optimal umgesetzt und erfüllt worden ist, wenn bestimmte Nutzergruppen durch das Angebot zielgenau angesprochen werden konnten usf. Neben den finanz- und leistungswirtschaftlichen Erfolgen des Medienunternehmens rücken also auch die gesellschaftsbezogenen Ziele und Erfolge in den Vordergrund (vgl. Gläser 1987: 137). Einzelne Programmangebote müssen nach dem Kriterium der Effektivität also nicht nur in ihrer finanzwirtschaftlichen Dimension überprüft, sondern darüber hinaus mit den sozialen Herausforderungen der publizistischen Tätigkeit abgeglichen werden. Dies trifft – wenngleich grund-

sätzlich auf alle Medien – auf öffentlich-rechtliche Rundfunkanstalten
natürlich stärker zu als auf privat-kommerzielle Anbieter.
Ein Beispiel: Strahlt ein Fernsehsender die Live-Übertragung einer
Opernaufführung aus, so erreicht diese Sendung vielleicht 300.000 Zuschauer (je nach Ausstrahlungszeitpunkt u. a. Kriterien). Gemessen an
einem Gesamtzuschauerpotential von beispielsweise zehn Millionen
Menschen zum Ausstrahlungszeitpunkt kommt diese Oper im Fernsehen
auf einen Marktanteil von drei Prozent. Das bedeutet, daß die Opern-
übertragung, die den erheblichen Produktionsaufwand einer Außenüber-
tragung mit sich bringt, kaum dem Gebot der Effizienz standhalten
kann. Anders sieht die Beurteilung nach dem Kriterium der Effektivität aus. Abgesehen von der Tatsache, daß die Oper mit 300.000 Zuschauern an einem Abend mehr Menschen erreicht, als in einem Monat in
einer größeren Stadt ins Opernhaus gehen (soziale und kulturelle Verantwortung), gehören nicht alle potentiellen zehn Millionen Zuschauer
zum Kreis der an Opern Interessierten, sondern von vornherein nur eine
knappe Million. Damit stiege die Effektivität dieses Programmange-
bots enorm, nämlich auf einen an der erreichbaren Zielgruppe gemessenen Marktanteil von ungefähr 30 Prozent.

Überlegungen und Maßnahmen zur Verbesserung der Wettbewerbsfähigkeit
von Medienunternehmen müssen also im Unterschied zu der von Produkti-
onsgüter- oder Dienstleistungsunternehmen die Kriterien Effizienz und Effektivität immer zusammen berücksichtigen und dabei verstärkt soziale
Rahmenbedingungen mit in Betracht ziehen, die aus der besonderen Situation von Medienunternehmen resultieren (vgl. Kap. 5.1). Diese Grundüber-
legung beeinflußt auch die bislang getroffenen Entscheidungen zur Erhöhung der Wettbewerbsfähigkeit.

5.4.1   Produktion und Produktionssteuerung

Die zentrale Frage ergibt sich aus dem Verhältnis, in dem Medienunternehmen angebotene Leistungen selbst erbringen – und dafür dann auch über
die notwendigen Infrastrukturen und Produktionsmittel verfügen – oder sie
durch Beauftragung externer Anbieter erbringen lassen, um das Produkti-
onsergebnis dann komplett anzukaufen und auf diesem Wege teure Infra-
struktur und Produktionsmittel in Fremdverantwortung auszulagern.

Ein Rückblick auf die Entwicklung des Fernsehens in Deutschland macht deutlich, daß sich über mehrere Jahrzehnte in fünf Schritten ein Prozeß von der vollständigen Eigenverantwortlichkeit für alle Produktionen hin zur Auslagerung ganzer Produktionsteile vollzogen hat (vgl. Meier-Beer 1995: 57 ff.; Schwaderlapp 1995). Während der öffentlich-rechtliche Rundfunk in den fünfziger Jahren noch vollständig eigenproduziert hat, begann in den sechziger Jahren der Aufbau eines Netzes unabhängiger Produzenten, die den durch den Ausbau des öffentlich-rechtlichen Systems gestiegenen Bedarf an Programmen abdecken sollten. Als die Anstalten in den siebziger Jahren erstmals unter wirtschaftlichen Druck gerieten, wurden diese externen Produzenten konsultiert, um Einsparungsmöglichkeiten zu nutzen – ein erster Schritt weg von der schwerfälligen umfassenden In-house-Produktion zur kostengünstigeren Aquise auf dem freien Markt. Diese konkurrenzorientierten und dadurch oft kostengünstigeren Auftragsproduzenten haben die privat-kommerziellen Anbieter nicht nur in der Aufbauphase wesentlich geprägt. Die Fernsehunternehmen kaufen ihre Programme im wesentlichen auf dem Markt an, bleiben dabei selbst flexibel (z. B. nicht durch langfristige Tarifverträge gebunden) und operieren fixkostengünstig. Inzwischen hat sich vor allem RTL einen regelrechten Zulieferermarkt aufgebaut und vergibt 1999 Auftragsproduktionen in Höhe von insgesamt 1,2 Milliarden Mark (vgl. Medienspiegel 37/1998: 3). In einem vorerst letzten Schritt zeichnet sich wiederum ein verstärkter Rückgriff der öffentlich-rechtlichen Anstalten auf freie Produzenten ab, um auf diesem Wege ihre Produktionseffizienz zu steigern und die marktwirtschaftliche Wettbewerbsfähigkeit zu sichern. Die Aktivitäten der Rundfunkanstalten haben sich also von der Produktion zur Produktionssteuerung verlagert, anders formuliert: die öffentlich-rechtlichen Anstalten (und die kommerziellen Anbieter sowieso) haben sich vom Producer-Broadcaster zum Publisher-Broadcaster entwickelt (vgl. Meckel 1994: 111).

Auch dabei stehen allerdings die durch Auslagerung von Produktionstätigkeiten getroffenen Maßnahmen zur Kostenreduktion in unmittelbarem Zusammenhang mit der publizistischen Qualität. Ausgelagert werden nämlich in der Regel nur solche Produktionen, die tatsächlich effizienter *und* effektiver – also schlicht billiger *und* besser – von freien Produzenten oder Produktionsgesellschaften im Markt hergestellt werden können. Dies trifft z. B. auf die Fernsehfilmproduktion zu. Viele Sender agieren in diesem Sektor als Auftraggeber und strahlen schließlich nach dem „Herausgeberprinzip" (Luyken 1991: 185) den außenproduzierten Film nur noch aus. Angebote dagegen, die von einer sehr engen Beziehung zwischen Redaktion

und Produktion geprägt sind und zu den Kernbereichen des Medienunternehmens gehören (z. B. die Nachrichtensendungen und Magazine im öffentlich-rechtlichen Fernsehen) können nicht nach außen vergeben werden
(vgl. Lampe/Meves 1998: 219; Meier-Beer 1995: 59). Anders sieht dies aus,
wenn, wie beispielweise beim Privatsender RTL2, die Nachrichten lediglich eine formale Legitimation des Vollprogrammstatus darstellen und
nicht zentraler Imageträger des Senders sind. Vor diesem Hintergrund erscheint die Entscheidung, die Nachrichten im Mutterhaus RTL Television
in Köln produzieren zu lassen, durchaus sinnvoll.

Um die Kostenvorteile der Außenproduktion, also ein Stück marktwirtschaftliche Konkurrenz, in den Sender zu „implantieren", haben einige
öffentlich-rechtliche Anstalten inzwischen intern einen „Markt" aufgebaut. Danach bieten die einzelnen Produktions- oder Serviceabteilungen
ihre Leistungen – mehr oder minder an den Marktpreisen orientiert – den
nachfragenden Einheiten an und „verkaufen" sie schließlich, um so „Erlöse" zu erzielen (vgl. Ehlers 1997: 290). Die stringenteste Umsetzung dieses
internen Marktmodells („Producer Choice") hat die BBC 1993 etabliert.
Danach können die Programmacher entscheiden, ob sie BBC-eigene Produktionsmittel („BBC Resources") für ihr Projekt nutzen oder lieber vergleichbare Dienstleistungen am Markt ankaufen (vgl. Ridder 1993: 157). Durch
dieses wettbewerbsorientierte interne Preissystem sind die BBC-eigenen
Abteilungen gezwungen, ihre Leistungen preislich am Markt zu orientieren
und somit konkurrenzfähig zu halten.

Ähnliche Überlegungen der Konkurrenzorientierung und Kostenreduktion liegen auch Umstrukturierungen im Verlagsgeschäft zugrunde. Werden
einzelne Abteilungen zu Profit Centern gemacht, die ihre Leistungen zu
einem marktgerechten Preis intern anbieten und so Erlöse erzielen müssen,
so sollen sich diese Profit-Center erstens selbst finanzieren, also als Unternehmen im Unternehmen Gewinn erwirtschaften, und zum zweiten ein zu
hohes Preisniveau am Markt abgleichen, um konkurrenzfähig zu werden
und möglicherweise ihre Leistungen langfristig sogar unternehmensextern
anbieten zu können.[12]

---

[12] Vgl. dazu das Interview mit Jürgen Althans, Kap. 8.1. Das ZDF unterscheidet in diesem Zusammenhang *Service-Center*, die den Redaktionen erforderliche Leistungen (z. B. Archiv, Grafik)
anbieten und die erbrachten Leistungen dann mit den Redaktionen abrechnen, sowie *Cost-
Center*, die Leistungen erbringen, welche am Markt nicht erhältlich sind (z. B. Zentraltechnik,
Sendeabwicklung) und für die die Redaktionen kostenorientierte Verrechnungspreise zahlen
müssen; vgl. Menschen Machen Medien 10/1997: 14 f.

Bei der Entscheidung zwischen Produktion und Produktionssteuerung geht es also nicht nur primär darum, Kosten zu reduzieren und die Herstellung der jeweiligen publizistischen Produkte effizienter zu gestalten, sondern ebenso darum, Kernbereiche zu definieren, die in unmittelbarer Verantwortung verbleiben sollen, um demgegenüber Teile auszulagern, die besser in Fremdleistung erbracht werden können. Jedes Medienunternehmen muß sich folglich das Ziel setzen, die optimale „Fertigungstiefe" zu erreichen, also „das Verhältnis von Eigen- und Fremdleistungen [...] daraufhin zu definieren, daß sowohl die Kostenvorteile wahrgenommen werden können, als auch die eigene Unabhängigkeit in der Leistungserbringung beibehalten wird" (ZDF 1993: 20).

5.4.2 Outsourcing

Die Auslagerung ganzer Produktionen oder Produktionsbereiche firmiert seit einigen Jahren unter dem Label Outsourcing. Daß dieser Begriff für die einen zum Allheilmittel von Finanzierungsnöten, für die anderen zum Horrorszenario der totalen Rationalisierung journalistischer Arbeit avanciert ist, liegt vor allem an seinem mißverständlichen Gebrauch und seinen problematischen Interpretationen. Zwei Formen von Outsourcing lassen sich gemessen an den bisherigen Ausführungen zur Produktion bzw. Produktionssteuerung unterscheiden.

◆ Das *Outsourcing von nicht-publizistischen Unternehmenseinheiten* wird inzwischen in vielen Medienunternehmen (auch den öffentlich-rechtlichen Rundfunkanstalten) diskutiert. So beauftragte der WDR die Unternehmensberatung *Kienbaum*, der MDR die Unternehmensberatung *Roland Berger*, um für einzelne Bereiche zu prüfen, welche Kosteneinsparung durch Auslagerung möglich sind (vgl. Menschen Machen Medien 6/1997). Während der MDR aufgrund der Beratungsergebnisse über die Auslagerung der gesamten Technik nachdenkt (vgl. Völker 1997: 8), ist beim WDR von sechs zu prüfenden Bereichen lediglich einer verblieben, bei dem eine Auslagerung wirtschaftlich sinnvoll scheint, und zwar das Gebäudemanagement, das in ein WDR-eigenes Tochterunternehmen verwandelt werden soll (vgl. WDR-print 2/1998: 1). Weitergehende Pläne, die immer wieder ängstlich diskutiert wurden (vgl. Kaden 1997; Völker 1997: 9), wie die Auslagerung der gesamten Produktion einer Fernsehanstalt, sind inzwischen schon wieder Gedankenexperimente

der Vergangenheit. Der Grundgedanke bei den öffentlich-rechtlichen
Anstalten, sich bei aller Erhöhung der Wirtschaftlichkeit nicht völlig
vom Markt abhängig zu machen und eine gewisse Eigenproduktionskraft
zu erhalten, hat sich damit weitgehend durchgesetzt.

• Interessanter ist heute daher das *externe und interne Outsourcing publizistischer Produktionsleistungen*, das seit einigen Jahren in allen Mediensektoren deutlich zugenommen hat. Um externes Outsourcing handelt es sich, wenn freie Anbieter (produzierende Journalisten) für konkrete Leistungen beauftragt werden (z. B. für die Herstellung einer Fernsehsendung oder einer ganzen Themenseite der Zeitung), die bisher
  durch eine hauseigene Redaktion erbracht wurden. Internes Outsourcing
  liegt vor, wenn ein vormals festangestellter Mitarbeiter der Redaktion
  sich selbständig macht und von nun an als freier journalistischer Anbieter für seine frühere Redaktion Leistungen erbringt (vgl. Metzler 1996:
  48). Dieser Fall liegt z. B. bei der Auslagerung der gesamten On-Air-
  Promotion des Fernsehsenders RTL vor, die von einem früheren Mitarbeiter verantwortet wird, ebenso wie bei diversen Talk-Formaten im
  kommerziellen (Bärbel Schäfer, Hans Meiser usf.) und öffentlich-
  rechtlichen Fernsehen (Sabine Christiansen, Bettina Böttinger).

Die Vor- und Nachteile dieser Form des Outsourcings liegen klar auf der
Hand. Warnende Stimmen weisen darauf hin, daß Journalisten als eigenständige Redaktions-Unternehmer mehr auf ihre ökonomische als auf die
publizistische Performanz achten und Medienunternehmen bzw. Redaktionen mit ihrer Beauftragung einen wesentlichen Teil der publizistischen
Qualitätskontrolle aus der Hand geben. Befürworter dagegen argumentieren für mehr Eigenständigkeit und Verantwortungsbewußtsein im Hinblick
auf Qualität und Kosten bei freien Produzenten. Beide Argumentationen
lassen sich nicht leicht widerlegen, und für beide gibt es positive wie negative Beispiele.

Journalisten auf dem Weg zur selbständigen Unternehmertätigkeit müssen Chancen und Risiken in der Regel gut abwägen. Nur die wenigsten kommen nämlich in den Genuß eines doppelten Vorteils, wie ihn einige Moderatoren des öffentlich-rechtlichen Fernsehens genießen. Ob Reinhold
Beckmann, Friedrich Küppersbusch oder Sabine Christiansen – sie alle sind
nach öffentlich-rechtlicher Karriere von der sozialen und beruflichen Sicherheit in die berufliche Selbständigkeit gewechselt, um mit eigener Produktion und eigener Firma mehr zu verdienen (vgl. Der Spiegel 13/1998: 118

ff.; Die Woche 13/1998: 20). Diese Form des Outsourcings hat allerdings aus Unternehmenssicht einen Haken: Die Stars dürfen bei Mißerfolg nämlich garantiert ins Haus zurückkehren, genießen also volle finanzielle *und* soziale Vorteile. „Privatisierung der Gewinne, Sozialisierung des Risikos" (Kammann 1998: 47) – so lautet die Bilanz einer Form des Outsourcings, die von den ursprünglichen Zielsetzungen ausgelagerter Produktionen auch im publizistischen Sektor ziemlich weit wegführt. Bei den kommerziellen Sendern wird das Outsourcing betriebswirtschaftlich konsequenter umgesetzt: „Wer doppelt kassieren will, muß als sein eigener Unternehmer auch ins Risiko gehen, eine Dauerbeschäftigung wie bei Festangestellten ist nicht gewährleistet." (Ott 1998: 23)

Den Schritt zur doppelten Risikostreuung hat der Fernsehsender PRO7 inzwischen vollzogen. Bei der Herstellung von Fernsehproduktionen tritt nicht mehr der Sender selbst, sondern eine zwischengeschaltete Investmentgesellschaft (*Nova Media*) als Produzent auf, die Filme und Serien mit über das Bankhaus *Sal. Oppenheim* verwalteten Privatgeldern finanziert und an PRO7 weiterverkauft. Der Sender muß die Filme so nicht mehr selbst vorfinanzieren, sondern erst nach ihrer Fertigstellung bezahlen. Die eigentlichen Hersteller dagegen, die Film- und TV-Produktionsfirmen, treten nur noch als „ausführende Produzenten" in Erscheinung (vgl. Süddeutsche Zeitung v. 03.07.1998: 19). Damit hat sich PRO7 nicht nur der Produktion, sondern auch noch der Finanzierung (und des entsprechenden Risikos) durch Outsourcing entledigt.

Eine Sonderform stellt schließlich das konzerninterne Outsourcing dar, wie es beispielsweise bei der HAMBURGER MORGENPOST (*Gruner + Jahr*) praktiziert wird. So erstellt der BERLINER KURIER (ebenfalls *Gruner + Jahr*) seit dem 1. August 1998 die Seiten „Vermischtes", „Auto" und „Reise" für die MOPO mit (vgl. Süddeutsche Zeitung v. 02.07.1998: 19; Menschen Machen Medien 8-9/1998: 18 f.). Bei der Hamburger Boulevardzeitung werden durch die Zulieferung ganzer, fertig produzierter Seiten Stellen eingespart, die durch Kapazitäten bei einer fremden, aber zum Gesamtkonzern gehörigen Zeitung ausgeglichen werden. Aus Sicht der HAMBURGER MORGENPOST stellt diese Maßnahme Outsourcing dar, aus Sicht des *Gruner + Jahr*-Verlagshauses handelt es sich lediglich um die Ausnutzung von Synergieeffekten (vgl. Kap. 5.4.3).

In welcher Form und Ausprägung Outsourcing auch betrieben wird, letztlich macht es nur Sinn, wenn für das auslagernde Unternehmen Kostenvorteile bei gleichbleibender publizistischer Qualität damit verbunden sind. Das bedeutet, kein Medienunternehmen wird die Produktion publizisti-

scher Kernbereiche an Fremdanbieter vergeben; die Auslagerung von Ser-
vicebereichen, die nicht unmittelbar mit der publizistischen Leistung des
Medienunternehmens verbunden sind, oder von Main-Stream-Angeboten
kann dagegen durchaus wirtschaftliche Vorteile bringen.

Um Widerstände gegen Auslagerungen ernst zu nehmen und womöglich
auszuräumen, sollten die Mitarbeiter über die Entscheidungsgründe und -
schritte informiert und einbezogen werden. Für die Journalisten muß die
Entscheidungsfindung für oder gegen Outsourcing bzw. Selbständigkeit
(Journalistenbüros und Produktionsfirmen) immer sorgfältig und langfristig
entlang der Demarkationslinie zwischen „Marktwirtschaft" und „Selbst-
ausbeutung" verlaufen.

5.4.3   Synergien: Verwertungsketten und Kooperationen

Abgesehen von Maßnahmen zur Verschlankung der Produktionsstrukturen
und zur Verringerung der Fixkosten durch Stellenstreichungen und Auslagerung ganzer Produktionen bieten sich im Zuge des langfristigen strategischen Kostenmanagements noch weitere Möglichkeiten zur Effektivierung
und Effizienzsteigerung an. So können Produktionsinfrastrukturen bzw. produzierte Medienangebote in ihrer Mehrfach- oder Weiterverwertung in
mehreren Stufen ihre Kosten wieder einbringen.

Mit solchen Maßnahmen können Medienunternehmen Synergieeffekte
erzielen, also die durch eine Austauschbeziehung motivierte Verbesserung
der Wettbewerbsposition oder Schaffung von Wettbewerbsvorteilen in qualitativer und finanzieller Hinsicht (vgl. Fontanari 1996: 137). Langfristig
führen synergetische Maßnahmen – im Gelingensfalle – dazu, daß nicht nur
Kostenvorteile erzielt, Produktionszeiten verkürzt und finanzielle Risiken
gestreut werden können (quantitative Wettbewerbsvorteile), sondern daß
darüber hinaus Marktpositionen gestärkt, neue Märkte erschlossen und Innovationspotentiale freigesetzt werden können (qualitative Wettbewerbsvorteile).

Solche Synergieeffekte lassen sich im publizistischen Sektor vornehmlich durch den Aufbau von Verwertungsketten und das Eingehen von Kooperationen erzielen. Zwei Beispiele sollen dies verdeutlichen:

◆ Ein in eine „Senderfamilie" eingebundener kommerzieller TV-Sender (z.
B. RTL) kauft kostspielige Spielfilmpakete an. Die Top-Filme wird
das Unternehmen in der Prime Time des Hauptprogramms plazieren.

Weniger zugkräftige Filme, die im Paket enthalten sind, können an die kleineren Sender (RTL2, SUPER RTL) weiterverkauft werden. Das gleiche gilt für Eigenproduktionen des Senders (z. B. die Spielshow *Alles Nichts Oder?*). Sind sie zunächst im Hauptprogramm ausgestrahlt worden, können sie in den „Ablegersendern" zu einem späteren Zeitpunkt wiederholt werden. Die Produktionskosten müssen sich so nicht in einem Schritt, sondern erst in zwei oder mehr Schritten amortisieren; womöglich lassen sich auf diesem Wege für das Mutterhaus sogar zusätzliche Gewinne erzielen. Ähnlich sieht es bei derartigen Verwertungsketten mit dem Einsatz der Produktionsinfrastruktur aus. Wenn RTL die Produktionsmittel für den Informationssektor nicht nur für die eigenen Nachrichten- und Infotainmentsendungen einsetzt, sondern damit auch die Nachrichten für RTL2 und das RTL-Landesmagazin für NRW produzieren kann, so liefert diese indirekte Verwertungskette weitere Deckungsbeiträge zu (vgl. Kap. 5.3.2). Ähnliche Verwertungsketten in Verbindung mit Kooperationen existieren auch bei den öffentlich-rechtlichen Rundfunkanstalten (vgl. Schwaderlapp 1995: 51 f.; ZDF 1993: 20 f., 1994: 14), z. B. in Form der Kulturprogramme 3SAT und ARTE oder bei der Weiterverwertung von Programmproduktionen der ARD in den verschiedenen dritten Programmen (vgl. Medienspiegel 42/1998: 1).

♦ Bei den Kooperationen verdeutlicht die Zusammenarbeit zwischen Fernsehanbietern und Zeitschriftenverlagen die Vorteile und möglichen Synergieeffekte (vgl. Roßner 1998; Gangloff 1997). Regulär ist die Entwicklung eines neuen TV-Formates eine langfristige und kostspielige Unternehmung. Beim Format-Transfer eines Zeitschriftentitels ins Fernsehen (SPIEGEL TV, STERN TV, BRIGITTE TV, CINEMA TV, MAX TV usf.) lassen sich – wiederum im Gelingensfalle – Konzeptions- und Entwicklungszeiten reduzieren, Kosten einsparen und Imagetransfers vom Zeitschriftentitel auf das neue Fernsehformat nutzen. Derartige Kooperationsformen erzielen also Synergieeffekte auf Ebene des Kosten- und des Marketingmanagements (vgl. Kap. 6).

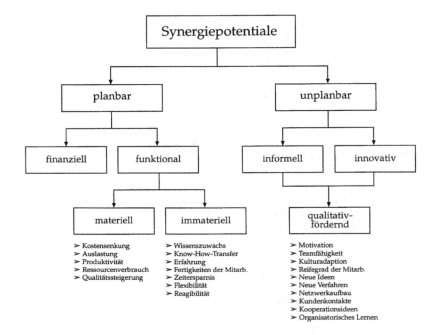

Abb. 18: **Typologien von Synergien**
Quelle: erstellt in Anlehnung an Fontanari 1996: 129

5.4.4 *Externe Evalution*

Viele der bisher dargestellten Management-Maßnahmen, die zur Effizienzsteigerung und Effektivierung der herstellungstechnischen, aber auch
der redaktionellen Arbeitsprozesse in Medienunternehmen dienen sollen,
sind oft auch das Ergebnis externer Evaluation durch Unternehmensberatungen. Das macht sie in ihrer Akzeptanz durch die Mitarbeiter in der Regel nicht gerade populärer. Denn die Damen und Herren der Beratungsbran-
che werden, ähnlich wie in vielen kulturorientierten Leistungsbereichen,
auch in Medienbetrieben oft als „Agenten eines feindlichen Denksystems"
betrachtet (Die Zeit v. 08.04.1998: 45).
    Tatsächlich sind die Ergebnisse der Evaluations- und Beratungsprozesse
zum Teil recht schmerzhaft, sollen liebgewonnene Gewohnheiten doch

verändert und geschätzte Freiräume reduziert werden. Dennoch erfordert es eine veränderte Konkurrenz- und Wettbewerbssituation auf dem Medien-markt, die Augen vor den Konsequenzen nicht zu verschließen, sondern vielmehr vorausschauend zu planen und Strategien zu entwickeln.

Ein Beispiel: Im Zuge eines sich auch für die regionalen Abonnementzei-tungen verschärfenden Wettbewerbs entschied sich die RHEINISCHE POST 1995, mit Hilfe der Saarbrücker Unternehmensberatung SIPA das Konzept „BLZ – Die bessere Lokalzeitung" auszuarbeiten. In der Umsetzung wurden einheitliche inhaltliche und formale Kriterien für die Berichter-stattung entwickelt und regelmäßige Leser-Aktionen eingeplant, um auf diesem Wege die Leser-Blatt-Bindung zu stärken. So manch ein Redakteur erlebte daraufhin – z. B. während der morgendlichen telephonischen An-frage bei einem ausgewählten Leser zur Qualität des Blattes – eine unange-nehme Überraschung (vgl. MediumMagazin 10/1997: 32). Auch wenn die von den Lesern (also: Kunden) der Zeitung angemahnten Mängel nicht un-mittelbar zu Auflagenverlusten führen müssen, so rückt eine solche Aktion wieder einmal die Wünsche des Publikums in den Focus der redaktionellen Aufmerksamkeit und ist auf diesem Wege prospektiv eine Maßnahme des akzeptanzorientierten Qualitätsmanagements.

Eine ähnliche Einschätzung gilt für Strategien des Kostenmanagements. Kein Medienunternehmen kann es sich leisten zu warten, bis es tief in die roten Zahlen gerutscht ist, sondern muß Frühwarnsysteme einrichten und rechtzeitig auf entsprechende Indikatoren reagieren. Diese herauszufiltern und bei der Einrichtung der Frühwarnsysteme zu helfen ist eine Aufgabe von Unternehmensberatungen.

Sie haben es dennoch oft schwer, weil die Mitarbeiter die Notwendig-keit von Veränderungs- und Umstrukturierungsprozessen nicht unbedingt frühzeitig erkennen können. Dies liegt nur zum Teil an der Komplexität des medienunternehmerischen Handlungsfeldes; zum Teil basiert dieses Manko auch auf einer defizitären Informationspolitik im Hause (vgl. Kap. 4.4.4.1). Der Einsatz von Unternehmensberatungen in Medienunternehmen ist oft nämlich nicht mehr als eine Maßnahme zur externen Legitimation intern längst getroffener Umstrukturierungs- oder Rationalisierungsent-scheidungen. In diesem Falle kann sich der Medienbetrieb die Kosten für die Beratungsleistungen eigentlich sparen. Er sollte seine Bemühungen lie-ber auf die Umstrukturierung und Verbesserung der hausinternen Kommuni-kations- und Informationspolitik richten.

Agieren Unternehmensberatungen allerdings als echte Partner des Ma-nagements und der Mitarbeiter auf der Suche nach neuen kreativen Wegen

zu mehr Erfolg, so kann sich ihr Einsatz langfristig um ein Vielfaches auszahlen. Derartige positive Erfahrungen hat z. B. die Stuttgarter Staatsga-
lerie als eine Institution gemacht, die kaum flexibler sein dürfte, als so
manch ein tradiertes Medienhaus (vgl. Süddeutsche Zeitung v. 12.08.1998:
3). „Einer der Dreh- und Angelpunkte des Konzepts ist die Stärkung des
Leistungswillens und des Verantwortungsbewußtseins [...] der Mitarbeiter.
Die besten Strukturen [und Ideen, M.M.] bleiben ohne ihre Umsetzung durch
die Mitarbeiter wirkungslos." (ZDF 1993: 23) Externe Evaluation und Beratung kann daher sinnvoll und erfolgreich sein, wenn die spezifischen Kontexte der Herstellung eines publizistischen Produktes im unternehmensinternen Reformprozeß berücksichtigt werden und die Beratung als Hilfe zur
Selbsthilfe – nicht aber als aufgezwungene Reform zu mehr Wirtschaftlichkeit – angeboten, vermittelt und wahrgenommen wird.

Eine weitere Form der externen Evaluation ist das Benchmarking, das
im Mediensektor noch nicht sehr weit verbreitet ist (vgl. Schwertzel 1997).
Benchmarking bezeichnet einen kontinuierlichen Prozeß, mit dem Produkte, Dienstleistungen und betriebliche Funktionen (mit den entsprechenden
Strukturen und Abläufen) anhand von mehreren Unternehmen verglichen
werden (vgl. Camp 1989: 10). Der Vergleich stützt sich auf sog. Kennzahlen
(vgl. Meyer 1994) – in der Regel Produktivität, Rentabilität, Wirtschaftlichkeit usf. Die Wirtschaftlichkeit eines Unternehmens erschließt sich z.
B. konkret aus dem Verhältnis von Kosten und Leistungen, in der Medienbranche also aus den Kosten pro Artikel oder Sendung. Vergleicht man nun
die Kennzahlen von mehreren Medienunternehmen, so lassen sich beste und
schlechteste Werte ermitteln. Zielvorgabe ist es im weiteren, kontinuierliche Umstrukturierungs- und Verbesserungsprozesse zu initiieren, um sich
langfristig an das Feld der besten (also z. B. wirtschaftlichsten) Anbieter
anzunähern und die eigene Konkurrenzfähigkeit zu erhöhen.

Medienunternehmen stellt dieses Evaluationsinstrument allerdings vor
einige Schwierigkeiten. So kann auch beim Benchmarking natürlich nur
Vergleichbares verglichen werden – eine Vorgabe, die aufgrund der unterschiedlichen Ausrichtung von Medienunternehmen problematisch ist. Außerdem müssen auch hier wieder ökonomische Eckdaten (Wirtschaftsziele)
mit sozialen Bindungen des publizistischen bzw. Programmauftrags (Sach-
ziele) zusammengebracht werden.

Ein Versuch, das Benchmarking-Konzept auf die Medienbranche zu
übertragen, findet sich im Zehnten Bericht der Kommission zur Ermittlung
des Finanzbedarfs (KEF), in dem die Kommission eine benchmarkingorien-
tierte Vergleichskonzeption anwendet, um die Wirtschaftlichkeit in der

Ressourcenverwendung der öffentlich-rechtlichen Rundfunkanstalten zu prüfen (vgl. KEF 1995: Tz. 554). Letztlich beschränkt sich dieses Instrument allerdings auf den Bereich des vergleichenden Kostenmanagements. Als umfassende Evaluationsstrategie fehlt es beim Benchmarking an einer operationalisierbaren Vergleichsebene, die auch die publizistischen Leistungen in meßbaren Größen fassen kann – ein Unterfangen, das ja (wie aus der Qualitätsdiskussion ersichtlich wird (vgl. Kap. 2), überaus schwierig wenn nicht gar unmöglich ist.

6 Redaktionelles Marketing

6.1 Vom mißachteten zum beachteten Leser oder vom beachteten zum mißachteten Journalisten

Eine der schwierigsten Beziehungen im journalistischen Berufsalltag ist (neben einer oft zugunsten der Arbeit vernachlässigten Partnerschaft) die zwischen Journalist und Rezipient. Bis Ende der sechziger Jahre ließ sich diese Beziehung als autoritäres Verhältnis mit Aufklärungsanspruch charakterisieren. Journalisten wußten – intuitiv und höchstens selbst- nicht fremdreflexiv – was ihre Leser, Hörer und Zuschauer erfahren und wissen wollten, mehr noch: sollten. Diese Form eines ungleichen Verhältnisses ließ sich in einer auf dem Pressesektor weniger als heute und auf dem Rundfunksektor noch gar nicht konkurrenzorientierten Situation auch leicht in die Praxis umsetzen. Wo es wenige konkurrierende Angebote gibt, haben die Anbieter einen starken Einfluß auf die Steuerung der Nachfrage – das ist nicht nur im Gütermarkt der Fall, sondern auch im Markt der Informationen.

Inzwischen hat sich die Medienbranche in einen Konkurrenz- und Wettbewerbsmarkt verwandelt. In dieser Situation ist die Entscheidung der Rezipienten, ein bestimmtes Medienangebot zu nutzen, immer hochgradig kontingent und von vielen Einflußgrößen abhängig. Wer als Journalist möchte, daß seine „Botschaft" gehört wird, der muß folglich Kontingenz reduzieren, und dies gelingt in der Regel nicht über den Ausschluß, sondern über die Abgrenzung der Konkurrenz, vor allem aber durch die Ermittlung von Akzeptanz.

Peter Glotz und Wolfgang R. Langenbucher haben früh kritisiert, daß „Der mißachtete Leser" (1969) im Grunde ein Indikator für „pseudodemokratische, bürgerlich-liberal-elitäre, anti-aufklärerische Elemente" (Glotz/Langenbucher 1969: 11) im journalistischen Denken ist, die dringend der Veränderung bedürfen. Journalisten müssen sich in der Folge von ihren „Plausibilitätsannahmen" (ebd.: 148) über die Leser verabschieden und einer Forderung nachkommen, die Otto Groth bereits Anfang der sechziger Jahre aufgestellt hat: „Die Redaktion hat sich über die gegenwärtigen Welten ihrer Leser, die nach Beruf, Bildung, Religion, politischer Anschauung meist mannigfach differenziert und ständig den oft wechselnden Einflüssen der natürlichen, politischen, wirtschaftlichen, gesellschaftlichen, geistigen Zustände, Ereignisse und Ideen unterworfen sind, zu informieren, sich über ihre Interessen und Bedürfnisse, Erlebnisse und Auffassungen auf dem laufenden zu halten." (Groth 1960: 572)

Der Schritt vom mißachteten zum beachteten Leser wurde in den folgenden Jahren dann auch vollzogen, ganz im Sinne einer „Demokratisierung" der medialen Angebote auf beiden Seiten, der Journalisten und der Rezipienten. Während in einem im Vergleich zu heute noch immer schwächer konkurrenzorientierten Medienmarkt bis etwa Mitte der achtziger Jahre mit den Instrumenten der angewandten Medienforschung schrittweise der Versuch unternommen wurde, mehr über die eigene Zielgruppe zu erfahren, um nicht am Leser, Hörer oder Zuschauer vorbei zu produzieren, hat sich diese Ermittlung von Rezipienteninteressen und -wünschen seit den achtziger Jahren in ein hochprofessionelles System der Marktbeobachtung und -adaption verwandelt, das wiederum eigene Probleme mit sich gebracht hat.

Zwar kann man in Zeiten der permanenten innerredaktionellen Reflexion von Auflagenhöhen und Einschaltquoten, der regelmäßigen Leser- Hörer- und Zuschauerbefragungen, der Copy-Tests und Image-Studien nicht mehr vom mißachteten Leser sprechen. Dafür klagen nun andere über fehlende (Be-)Achtung ihrer Wünsche und Ziele, und das sind wiederum die Journalisten.

Die Professionalisierung der Marktbeobachtung und -analyse hat nämlich nicht nur die (erfreuliche) Konsequenz gezeigt, daß Redaktionen mehr über ihre Rezipienten wissen und dementsprechend deren Wünsche und Bedürfnisse besser berücksichtigen können. Sie hat auch bewirkt, daß fehlende Nachfrage bei den Rezipienten auf seiten der Journalisten zu Legitimationsschwierigkeiten geführt hat. Warum etwas produzieren und anbieten, was nur von wenigen gewünscht und genutzt wird? Einige Nutzungstrends haben damit letztlich ironischerweise genau das Bild vom Rezipienten bestätigt, das Glotz und Langenbucher den Journalisten als Ausprägung einer borniert-elitären Haltung zum Vorwurf gemacht haben: den Massengeschmack, der oft das Seichte vor dem Tiefergehenden, das Spektakuläre vor dem Komplexen bevorzugt. Die Orientierung an den Prioritäten der Rezipienten hat dann auch für manch einen Kritiker nicht zur Demokratisierung, sondern zur Banalisierung geführt: „Journalismus als Massagesalon oder als Wunschkonzert" (Lindlau 1990: 430).

Vorbild für diese Form des „Marketing-Journalismus" auch in Deutschland waren wiederum Kommerzialisierungsprozesse in den USA. Mangels eines starken öffentlich-rechtlichen Rundfunks vergleichbar dem in Deutschland konnten diese Trends im audiovisuellen Mediensektor kaum vergleichbar greifen. Dafür hat es in den USA die Zeitungen stärker getroffen. „The McPaper Revolution" (Gladney 1992; vgl. auch Ruß-Mohl 1992b) hat bei vielen Zeitungen zu größeren Umstrukturierungen geführt, die ökonomisch motiviert waren und langfristig eine Markadaption in Verbindung mit (primär quantitativer) Akzeptanzerhöhung zum Ziel haben. Zuvorderst genanntes Beispiel ist die Zeitung USA TODAY, die mit vielen Fotos und Grafiken die visuelle Orientierung des Fernsehens auf das gedruckte Medium übertragen hat, klare Formatvorgaben befolgt und kürzere Texte anbietet (vgl. Meier/Schanne/Trappel 1993: 245 ff.) – ein Konzept, das inzwischen von vielen Printmedien auch außerhalb der USA adaptiert worden ist (zum Beispiel vom Wochenmagazin FOCUS).

Journalisten finden sich in diesem Konzept zum Teil nicht mehr wieder. Ihre Arbeit wird als „McJournalismus" geschmäht, der nichts als „gedrucktes Fast food" hervorbringt (Schnibben 1995: 49). Vor allem über zwei Trends beklagen sich Redakteure und Kritiker. Zum einen beschränkt die strenge und marktgerechte Formatierung von Medienprodukten (z. B. Zeilenbegrenzungen bei Zeitungsartikeln oder enge Strukturvorgaben für Hörfunk- und Fernsehsendungen) die journalistische Kreativität und den Freiraum, Themen unterschiedlich zu gewichten und dementsprechend zu präsentieren (vgl. Meckel 1997: 483). Zum anderen bringt die Marktorientierung auch redaktionsintern Umstrukturierungen und Veränderungen in der Gewichtung einzelner Arbeitsprozesse mit sich.

So ist z. B. der Redaktion der LOS ANGELES TIMES im Herbst 1997 im Zuge einer größerangelegten Reform ein General Manager zugeteilt worden, der gemeinsam mit dem Chefredakteur die inhaltliche Ausrichtung bestimmt und in einem Wirtschaftsplan festlegt, wieviel die Redaktion durch Werbung einnehmen und wieviele Leser (Abonnenten) sie dazugewinnen wird. Die Umsetzung dieser Ziele kontrollieren die Ressortchefs jeweils gemeisam mit einem ihnen zugeteilten Mitarbeiter der Anzeigenabteilung. Zusätzlich befragt die LA TIMES nun als erste Zeitung der Welt jeden Tag ihre Leser über die Nutzung der Zeitung, um die Ergebnisse aus dieser Marktforschung dann wieder unmittelbar ins journalistische Tagesgeschäft einfließen zu lassen (vgl. Schuler 1998: VII; Stadler 1997: 19). Auch wenn daraus nicht unbedingt ein Einfluß der Marketingstrategien auf einzelne Themen oder Artikel abgeleitet werden kann, so werden langfristig Ausbau- und Rationalisierungspläne für Teile der Zeitung sich nicht dem Diktum der Marktforschungsergebnisse entziehen können.

Wie schwierig es dabei allerdings – gerade im Qualitätsjournalismus – ist, auf seiten der Rezipienten und der Experten Mehrheiten für Kurskorrekturen zu finden, zeigt das Beispiel des NEW YORKER. Als Tina Brown, etwa sechs Jahre Chefredakteurin des Blattes, 1998 die Zeitschrift verließ, wurde sie angehimmelt und angefeindet, nur eines nicht: mehrheitlich akzeptiert. Ihre Kritiker warfen ihr vor, eine Institution zerstört zu haben, ihre Bewunderer glaubten, sie habe den NEW YORKER gerettet (vgl. Die Zeit v. 16.07.1998: 37; Süddeutsche Zeitung v. 10.07.1998: 11).

Akzeptanz ist also ein wichtiger Indikator für die redaktionelle Arbeit, kann aber – selbst in Zeiten eines stärker marketingorientierten Journalismus – nicht die einzige Bezugsgröße sein, nach der redaktionelle Entscheidungen gefällt werden. Journalismus muß gerade heute eine Doppelrolle wahrnehmen. Diese Doppelrolle funktioniert nur als Mittelweg zwischen den Extrempunkten des Journalisten als Magier der Massen und als elitärem Einzelkämpfer. Journalisten können und müssen die Interessen und Wünsche des Publikums berücksichtigen – und dies ist sicherlich der einfachere Teil einer komplexen Aufgabe – aber sie können und müssen sich auch wieter der schwierigeren Aufgabe stellen, Themen zu setzen, Angebote zu machen und Anregungen zu geben. Tun sie dies nicht mehr, so handelt es nicht um Journalismus, sondern lediglich um ein professionelles Realisieren dominierender Zielgruppenwünsche. Der Journalist würde damit vom aktiven Informationslieferanten und Inspirator der Rezipienten in einer Informationsgesellschaft zum reinen Werbekontakter zwischen Ereignis und Publikum. Statt dessen muß das redaktionelle Marketing eine doppelte Orientierung zugrundelegen: „Richtig verstandenes redaktionelles Marketing ist ein Instrument, redaktionellen Anspruch und Marktnotwendigkeiten zu vereinbaren" (Rager 1994b: 7).

6.2   Marketing als modernes Managementinstrument

Der Begriff Marketing – mehr als der des Managements – verzeichnet in der Medienbranche seit einigen Jahren eine erstaunliche Konjunktur. Das heißt nicht, daß Kommunikationswissenschaftler und Journalisten in Deutschland erst kürzlich begonnen haben, über die Beziehungen zwischen Medienangebot und Markt nachzudenken. Aber mit dem Schlagwort Marketing läßt sich dieses Nachdenken offenbar besser, öffentlichkeitswirksamer und damit auch bereitwilliger dokumentieren.

Der Begriff spiegelt einen Entwicklungstrend wider, der sich letztlich mit dem Wandel von der Sozial- zur Leistungsorientierung in der Wirtschaft und damit verbunden in vielen anderen gesellschaftlichen Teilsystemen skizzieren läßt. Auch dies ist nicht erst eine Erkenntnis der neunziger Jahre. „Von der Presse und den in ihr tätigen Verlegern, Redakteuren und Journalisten muß eine konsequente Umorientierung gefordert werden, die in anderen Bereichen der modernen Industriegesellschaft längst stattgefunden hat. Sie vollzog sich im Zeichen des Schlagwortes ‚Marketing'. Man sollte endlich begreifen, daß auch der Journalismus von diesem Marketing-Denken lernen kann. Die Zukunft der Zeitung liegt in einem systematisch geplanten Kommunikations-Marketing." (Glotz/Langenbucher 1969: 151 f.)

Von den grundsätzlichen Überlegungen über eine defizitäre angewandte Rezipientenforschung und den daraus ableitbaren Forderungen nach Marktorientierung, wie sie Glotz und Langenbucher angestellt haben, „ist es nur ein kleiner Schritt zu dem, was ein bißchen neumodisch und hochtrabend *redaktionelles Marketing* genannt wird: die simple, aber unter Journalisten keineswegs selbstverständliche Auffassung, daß es eine Dienstleistung zu erbringen gibt, und daß letztlich die Kundenwünsche, sprich die Interessen der Zuschauer, Hörer und Leser den Ausschlag geben sollten" (Herv. i. Orig.) (Ruß-Mohl 1994a: 22).

Die verstärkte Thematisierung des Marketing hat natürlich die Skeptiker auf den Plan gerufen. „Seit es Marketing gibt, teilt sich die Warenwelt in Produkte, die man bei Tschibo oder Eduscho kauft [was inzwischen aufgrund der Verschmelzung beider Unternehmen auch keinen Unterschied mehr macht, M.M.] (Dampfbügeleisen) und solchen, die man für das Auffinden neuer Abonnenten von Zeitungen bekommt (Küchenmaschine)." (Küpper 1997: 29) Diese Kritik am Marketing als Modeerscheinung im Mediensektor geht allerdings am Kern der Sache vorbei.

Erstens ist Marketing in der Medienbranche keine Neuerscheinung der neunziger Jahre, sondern hat auch schon früher das Denken von Verlegern und Redaktionsleitern mitbestimmt. Die Markteinführung von Wochenmagazinen als Beilagen zu Tages- und Wochenzeitungen entsprang z. B. Anfang der siebziger Jahre nicht in erster Linie einem journalistischen Interesse, sondern der Überlegung, daß der Verlag nicht auf lukrative Vierfarb-Anzeigen verzichten wollte, die auf Zeitungspapier noch nicht in zufriedenstellender Qualität möglich waren (vgl. Die Woche v. 28.08.98: 24). Zweitens sind es vor allem die rasanten Wortschöpfungen und Anglizismen, die das Marketing so allgegenwärtig erscheinen lassen (Marketing-Mix, Cross-Promotion usf.). Denkt man an den Kern der Bemühungen zurück, so stößt man auch bei den Inhalten des Marketing schnell auf das, was man früher einfach und umfassend im Begriff *Absatzpolitik* zusammengefaßt hat (vgl. Meffert 1986: 27). Erst die Modernisierung dieses Begriffs unter Zugabe einiger Philosophie- und Lifestylelemente hat schließlich das Marketing geboren. Grundsätzlich bezeichnet Marketing zunächst „die bewußt marktorientierte Führung des gesamten Unternehmens oder marktorientiertes Entscheidungsverhalten in der Unternehmung" (Meffert 1986: 29) – allerdings im Einklang mit gesellschaftlichen Erfordernissen (vgl. Raffée 1979: 3). Es umfaßt die „Planung, Koordination und Kontrolle aller auf die aktuellen und potentiellen Märkte ausgerichteten Unternehmensaktivitäten [...] durch eine dauerhafte Befriedigung der Kundenbedürfnisse" (Meffert 1986: 31). Marketing versteht sich insofern nicht als Instrument zur Erreichung eines bestimmten wirtschaftlichen Zieles, sondern als integriertes Konzept der Unternehmensführung, weshalb in neueren Publikationen auch verstärkt vom Marketing-Management die Rede ist (vgl. Kotler/Bliemel 1992). Besonders beliebt ist auch der Strategie-Begriff in Verbindung mit Marketing (vgl. Streng 1996: 45 ff.), der letztlich nicht mehr besagt, als daß Marketing als langfristiges Vorgehen in einem Unternehmen gedacht wird und nicht als kurzfristige taktische Maßnahme.

6.3   Ziele des redaktionellen Marketings

Für die Übertragung des Marketing-Konzeptes auf die Medienbranche ergeben sich wiederum einige Schwierigkeiten aus der besonderen Beschaffenheit von Medienprodukten, die sich – anders als Produktionsgüter- oder Dienstleistungen – nicht klar in die wirtschaftswissenschaftliche Beschreibung von Marktfunktionen und -strukturen einpassen lassen – ein Problem, das sich ansatzweise durch die Klassifikation von Medienangeboten als meritorische Güter lösen läßt (vgl. Kap. 5.1). Das Marketing von Medienprodukten stellt also eine Misch- und damit Sonderform des Konsum- und Dienstleistungsmarketings dar (vgl. Meffert 1986: 40 ff.), das zusätzlich sozialen Ansprüchen und Bindungen unterliegt. Es geht eben bei Medienangeboten nicht nur um die strategische Marktpositionierung und –erschließung, sondern gleichermaßen um die Entwicklung von Qualitätspositionen, die die marktbezogenen Aktivitäten eines Medienunternehmens in einem qualitativen Raster orientieren. Insofern lehnt sich das redaktionelle Marketing zum Teil auch an das Social Marketing an, mit dem sich öffentliche und soziale Institutionen seit einigen Jahren verstärkt um öffentliche Aufmerksamkeit und Akzeptanz ihrer Ziele und Arbeit bemühen (vgl. Krzeminski/Ludes 1996: 278 f.; Fünfgeld 1990: 56 ff.). In der heutigen Zeit besteht nämlich kaum noch ein Zweifel daran, daß das Überleben auch (oder sogar vor allem!) von nicht rein marktwirtschaftlich operierenden Institutionen und Organisationen davon abhängt, inwieweit sie Zustimmung und Unterstützung aus ihrer Umwelt gewinnen können (vgl. Stauss 1987: 74). Während das Marketing-Management von kommerziellen Medienunternehmen also grundsätzlich und primär die Verbesserung der ökonomischen Position zum Ziel haben kann, müssen z. B. die öffentlich-rechtlichen Rundfunkanstalten ihre Marketingstrategien stärker auf die „Optimierung gesellschaftlichen Nutzens" ausrichten (Fünfgeld 1989: 42) – wenngleich auch dies kaum mehr ohne Rücksicht auf ökonomische Rahmenbedingungen denkbar ist.[13]

Marketing-Management in Medienunternehmen verfolgt drei langfristige Zielsetzungen (vgl. Gafron 1997: 196).

◆ *Marktorientierung*: Durch Beobachtung und Abgrenzung von der Konkurrenz soll den Angeboten des Unternehmens im Markt eine feste Position gesichert werden, die sich auf die Bedürfnisse und Prioritäten der Rezipienten (Zielgruppe) stützt und diese kontinuierlich in die redaktionelle Arbeit einbezieht.

◆ *Wachstumsorientierung*: Mit Hilfe von Marketing-Maßnahmen soll die Marktposition der Angebote eines Medienunternehmens auf Dauer qualitativ und quantitativ ausgebaut werden, sollen neue Zielgruppen erschlossen und bestehende erweitert werden.

◆ *Zukunftsorientierung*: Durch den Einsatz der Instrumente des Marketings werden die Unternehmensangebote regelmäßig an den gesellschaftlichen und ökonomischen Veränderungen gemessen und mit ihnen abgeglichen, so daß jeder Medienbetrieb „am Puls der Zeit" bleibt und nicht an

---

13 Einen interessanten Ansatz vertritt in diesem Zusammenhang auch Möllmann (1998: 256 ff.), der Marketing systemtheoretisch einordnet und im Zuge dessen als Zweckprogrammierung des Systems Journalismus identifiziert. Strategien des Redaktionsmarketings dienen danach einerseits der Selbstbeobachtung des Systems und sind andererseits darauf angelegt, „das Publikum besser situativ zu inkludieren" (ebd.: 256). Auf diesem theoretisch-argumentativen Wege lassen sich folglich auch die Bedenken gegenüber dem Marketing als systemfremder Codierung im Journalismus ausräumen.

veränderten Bedingungen des Marktes in Verbindung mit gewandelten Präferenzen der Rezipienten vorbeiproduziert.

6.3.1   Der Kunde: Akzeptanz und Bindung

Weder die Philosophie einer Mißachtung des Lesers (Publikums), noch die einer Mißachtung der professionellen Interessen und Zielsetzungen der Journalisten kann langfristig zum Ziel einer stärkeren Bindung zwischen Medienangebot und Rezipienten (Zielgruppen) führen. Eine differenzierte Ermittlung unterschiedlicher Rezipientenwünsche zeigt, daß es für einzelne Medienangebote unterschiedliche Akzeptanz gibt. Dabei erstaunt kaum, daß Top-Filme und Boulevardeskes eine quantitativ höhere Akzeptanz finden als anspruchsvolle Kultursendungen oder literarische Zeitschriften. Es hat in der Geschichte der Medienentwicklung immer die Unterscheidung zwischen eher generalisierbaren und eher differenzorientierten Angeboten gegeben (vgl. Kap. 2.1.2). Für Medienunternehmen bedeutete diese Unterscheidung, daß sie sich bei ihren Bemühungen zunächst über die Zielsetzungen und ihre Zielgruppen klar werden und damit die erzielbaren Erfolge eingrenzen müssen. Eine Nachmittags-Talkshow mit Allerweltsproblemthemen kann folglich eine größere und breiter gestreute Zuschauerschaft anvisieren als ein Kulturmagazin am späten Sonntag abend. Die eigenen Zielgruppen und Potentiale realistisch und marktorientiert einzuschätzen, ist also der erste Schritt zu einem wesentlichen Ziel des Marketings im Mediensektor: der Steigerung von Akzeptanz und Bindung.

In einem zweiten Schritt werden die Zielgruppen mit ihren Rezeptionsmodi und -präferenzen auf dem Wege der angewandten Medienforschung überprüft. Kein Medienunternehmen kann es sich heute noch leisten, auf diese zu verzichten. So geben alle größeren Tageszeitungen z. B. regelmäßige Leserumfragen in Auftrag, um die Nutzung der Zeitung detailliert zu ermitteln und Defizite in der Berichterstattung zu lokalisieren.

Gerade die regionalen Abonnementzeitungen stehen seit einiger Zeit vor der Herausforderung einer größeren Umstrukturierung und Kurskorrektur als Reaktion auf veränderte Kommunikationsstrukturen und -bedürfnisse in der Medienüberflußgesellschaft. Dabei reicht es nicht, auf zahlreichen Kongressen die Zukunft der Zeitung zu diskutieren (vgl. Menschen Machen Medien 7/1998: 20 f.), sondern es gilt, die Wandlungsfähigkeit des Mediums durch konkrete leserorientierte Maßnahmen zu beweisen. Auch zu diesem Zweck haben die deutschen Zeitungen ihre Marketingaktivitäten seit Mitte

1997 in der *Zeitungs Marketing Gesellschaft mbH & Co KG* (ZMG) gebündelt (vgl. Gärtner 1997).

Mehr als um die eher wirtschaftlich orientierten Marketing-Maßnahmen geht es allerdings um die konzeptionell angelegten Strategien des redaktionellen Marketings. Zahlreiche regionale Abonnementzeitungen haben ihre Lokal- und Regionalberichterstattung in den vergangenen Jahren umstrukturiert und setzen nun schwerpunktmäßig auf das, was die Zeitung den Lesern im Vergleich zu anderen Medien besonders gut bieten kann: Lokales, Heimatgefühl, emotionale Bindung, Service und Orientierung (vgl. Möllmann 1998: 125 ff.; Gaßdorf 1997: 124 f.; Milz 1997; Mathes 1995). Auch die stärkere Berücksichtigung von Jugendlichen und ihrer Lesebedürfnisse durch Jugendseiten und -beilagen gehört zum redaktionellen Marketing (vgl. Medienspiegel 28/1998: 6). Dies alles stellt eine Rückbesinnung auf die Kernkompetenzen der Regionalzeitung dar, die gleichzeitig Zukunftsorientierung bedeutet. Denn die Leser werden sich der Zeitung stärker mit Rezeptionsbedürfnissen zuwenden, die durch andere Medienangebote eben nicht oder nicht ausreichend befriedigt werden können.

Auch die überregionalen Tageszeitungen müssen über eine regelmäßige Erforschung des Lesermarktes ihre Position ausloten und sich gegenüber den Konkurrenten abgrenzen, um die eigene Zielgruppe möglichst optimal zu bedienen. So hat die SÜDDEUTSCHE ZEITUNG z. B. in ihrem Projekt „SZ 2000" 1991 eine Projektgruppe eingesetzt, welche die Stärken und Schwächen der Zeitung im Vergleich zu den Mitbewerbern ermitteln und die Potentiale des Blattes im überregionalen und im regionalen (Großraum München) Verbreitungsgebiet analysieren sollte (vgl. Zakrzewski 1995).

Auch die TAZ, die seit ihrem Markteintritt eine Sonderrolle in der deutschen Zeitungslandschaft einnimmt und dabei stets mit den ökonomischen Konsequenzen dieser Sonderrolle zu kämpfen hatte, läßt ihre Leser erforschen, um Entwicklungspotentiale und profil- bzw. profitträchtige Marktlücken auszuloten. Eine Leserbefragung im Jahr 1993 hat z. B. das interessante Ergebnis erbracht, daß die TAZ-Leser dem gängigen Trend zu kürzeren Texten und mehr Illustration in der Zeitung gerade *nicht* zugetan sind. Ihre Prioritäten liegen eher auf der ausführlichen und hintergründigen Berichterstattung sowie auf der Herstellung von Gegenöffentlichkeit (vgl. Blöbaum/Werner 1996: 342 f.). An diesem Beispiel zeigt sich, daß Innovationen und Veränderungen nicht immer für die Akzeptanz und Bindung auf seiten der Rezipienten arbeiten, sondern daß dieses Ziel nur auf dem Wege einer differenzierten Ermittlung und Berücksichtigung verschiedener Faktoren erreicht werden kann, und zwar durch ein Zusammenspiel aus Marktpositionierung, Akzeptanzwerten, Kontinuität und Innovation.

Für die angewandte Medienforschung spielen abgesehen von den regelmäßigen großen Studien (*Media-Analyse*, MA; *Allensbacher Werbeträger-Analyse*, AWA; *Verbraucher-Analyse*, VA) (vgl. Schaefer-Dieterle 1994b: 60 ff.), vor allem drei Methoden eine wichtige Rolle.

◆ Mit dem *Copy-Test* werden Erinnerungswerte für Zeitungen und Zeitschriften ermittelt. Im einfachen Verfahren wird lediglich gefragt, ob die Befragten einzelne Artikel gelesen haben. Beim aufwendigeren Verfahren wird darüber hinaus untersucht, wie Vorspanntexte und Leads genutzt werden, wo die Lektüre abgebrochen wird und was Zwischentitel bewirken können (vgl. Mathes 1995).

◆ Die *Leser-, Hörer- und Zuschauerbefragung* liefert in einem größeren Maße qualitative Erkenntnisse über die Nutzung eines Medienangebotes. Hier werden nicht nur Erinnerungswerte abgerufen, sondern ein Medienprodukt, also eine Zeitung, eine Hörfunk- oder Fernsehsendung wird anhand eines Fragebogens mit den Befragten Schritt für Schritt durchgesprochen. Dabei kann weiterhin die Nutzung von Konkurrenzangeboten, die persönliche Bindung zum Medium, die Einschätzung der politischen Richtung u. v. m. erfragt werden.

◆ In *Gruppendiskussionen* lassen sich Einschätzungen und Bewertungen von Medienangeboten freier ermitteln. Wenngleich auch hier in der Regel mit einem Frageleitfaden gearbeitet wird, können sich die Teilnehmer frei und weniger gesteuert zu dem Gelesenen, Gehörten und/oder Gesehenen äußern. Dabei ist u. U. auch der Diskussionsverlauf interessant, der zeigt, mit welchen Argumenten oder in welchem Prozeß die Einstellung eines Teilnehmers zum Medienangebot variieren kann.

6.3.2   Das Produktimage: Medien als Marken

Qualität spricht für sich – nach diesem Motto haben viele Medienunternehmen es früher nicht für nötig befunden, ihre Angebote auch durch entsprechende öffentlichkeitswirksame Maßnahmen zu unterstützen. Journalismus brauchte nicht beworben zu werden, er stand für Qualität und mußte sich nicht erst ein qualitätsorientiertes Image aufbauen. Dies sieht heute ganz anders aus.

Medienunternehmen setzen inzwischen auf eine offensive Vermarktung ihrer Angebote, und zwar vor allem bei der Neueinführung von Titeln und Sendungen. In diesem Zusammenhang gehörte das Magazin FOCUS beispielsweise bereits nach seinem ersten Erscheinungsjahr zu den meistbeworbenen Marken Deutschlands („Fakten, Fakten, Fakten – und immer an die Leser denken!"). Für die Markteinführung der Frauenzeitschrift ALLEGRA investierte der *Springer-Verlag* zehn Millionen DM, die Markteinführung der Programmzeitschrift TV TODAY kostete *Gruner + Jahr* sogar mehr als 15 Millionen Mark (vgl. Santen 1995: 34). Auch die Ausgaben der Medien für die Bewerbung ihrer Produkte in den Medien steigen kontinuierlich an (vgl. Rager 1994: 10 ff.).

Ziel dieser Maßnahmen ist es, das Medium bzw. das einzelne Medienangebot als Marke aufzubauen und die jeweilige Unique Selling Proposition (USP) zu vermitteln, das einzigartige Verkaufsargument, das nur dieses eine und nicht andere Medien gegenüber den Rezipienten für sich in Anspruch nehmen können (vgl. Schaefer-Dieterle 1994b: 44). Ein USP der öffentlich-rechtlichen Rundfunkanstalten ist für die Zielgruppe der intensiven Informationsnutzer z. B. die Auslandsberichterstattung, die von den Öffentlich-rechtlichen im Gegensatz zu anderen Fernsehanbietern unter Rückgriff auf ein weltweites Korrespondentennetz angeboten wird. Da immer mehr Medienunternehmen immer mehr Angebote auf den Markt bringen, ohne dabei jedesmal den Journalismus neu erfinden zu können, wird es zwangsläufig zunehmend notwendig und gleichzeitig schwierig, einen geeigneten USP zu finden und zu entwickeln.

Viele Medienunternehmen verfolgen im Zuge des Imageaufbaus daher eine sog. Dachmarkenstrategie. Mitte 1994 hat die ARD ein zentrales Programm-Marketing in München geschaffen. Für ca. zehn Millionen Mark wurde in einer großangelegten Imagekampagne über Programmwerbung, Präsentationen, Großveranstaltungen und Merchandising die Dachmarke *Das Erste* positioniert und aufpoliert (vgl. Müller 1994; epd/Kirche und Rundfunk 55/1994: 17 ff.). Eine Dachmarkenstrategie verfolgt auch der STERN mit seinen zahlreichen Ablegern im Zeitschriften- und Fernsehmarkt (vgl. Gangloff 1997).

Die Vorteile dieser Dachmarkenstrategie im Marketing liegen auf der Hand: Mit großem finanziellen und organisatorischen Aufwand kann ein Angebot als Zentralmarke positioniert werden, die in den Köpfen der Rezipienten mit Präsenz, Erfolg und Qualität verbunden werden soll. Dieses positive Image läßt sich dann auf andere Medienangebote eines Unternehmens übertragen (Imagetransfer), die wiederum selbst nicht mit einem derartigen Aufwand aufgebaut und im Markt etabliert werden können. Die Dachmarke stellt damit auch den Dreh- und Angelpunkt für das Gesamtbild (Corporate Design) des Medienunternehmens dar (vgl. Kap. 6.4.2). Sie kann außerdem im Zuge der unternehmensintern vernetzten Vermarktung der einzelnen unterschiedlichen Angebote des Hauses (Crosspromotion) als Zugpferd eingesetzt werden.

6.4   Strategien des redaktionellen Marketings

6.4.1   Stufen und Komponenten des Marketing-Mix

Redaktionelles Marketing versteht sich – ebenso wie die redaktionelle Qualitätssicherung – als langfristiger Prozeß. Angelehnt an die wirtschaftswissenschaftlichen Grundüberlegungen zum Marketing lassen sich innerhalb dieses Prozesses drei Grundstufen mit ihren jeweiligen Einzelstrategien unterscheiden.

In einem ersten Schritt erfolgt eine marktorientierte Strategieplanung, die auf aktuellen Marktanalysen basiert. Danach entscheidet sich, welche Form von Marktzugang das Medienunternehmen bei Neuangeboten wählt, bzw. wie die derzeitige Marktposition ausgebaut oder verändert werden soll (z. B. durch Diversifikation, also durch das Angebot eines neuen Zeitschriftentitels für eine bestimmte Zielgruppe; vgl. Streng 1996: 91 ff.). Diese Marketingziele werden in einem zweiten Schritt in einen Marketingplan umgesetzt, der einen auf die Zielsetzungen abgestimmten Marketing-Mix enthält, d. h. die vier zentralen Formen der markbezogenen Unternehmenspolitik in das richtige Verhältnis bringt (vgl. Meffert 1986: 508 ff.).

◆   Für den Kontext des redaktionellen Marketings steht die *Produktpolitik* im Vordergrund (vgl. Streng 1996: 267). Sie bezeichnet die grundsätzliche Ausrichtung des Medienangebotes nach den Vorgaben des redaktionellen Konzeptes (Qualitätsdimension) und den Möglichkeiten im Markt (ökonomische Dimension). Die Leistungsanforderungen, die Redaktion und Rezipienten an das Medienangebot stellen, müssen in der Produktpolitik Berücksichtigung finden.

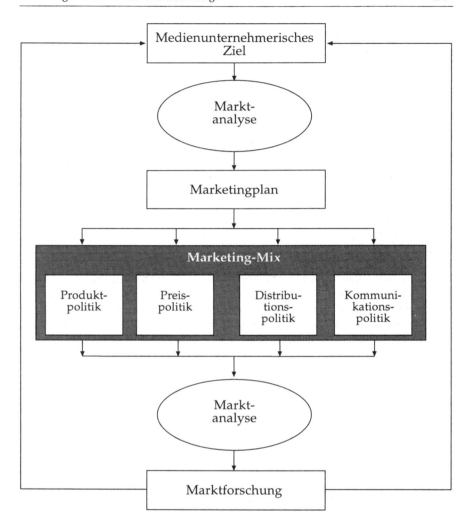

Abb. 19: **Stufenprozeß des redaktionellen Marketings**
Quelle: eigene Darstellung

◆ Größere Schwierigkeiten bereitet die *Preispolitik*, als ein im traditionellen Marketing-Mix wesentliches Element. Denn nicht bei allen Medienprodukten wird überhaupt über den Preis eine – direkte – Beziehung zwischen Anbieter und Abnehmer bzw. Nutzer etabliert (bei den kommerziellen Fernsehsendern besteht eine deratige Beziehung nur mittelbar über die Preise für Ver- und Gebrauchsgüter oder Dienstleistungen, die u. a. durch die Höhe der für die in den Programmen geschalteten Werbespots zu entrichtenden Preise beeinflußt werden können). Nur zum Teil kann die Preispolitik eine direkte Rolle spielen, wie z. B. bei der Markteinführung und -erschließung der 14täglichen TV-Programmzeitschriften TV SPIELFILM, TV MOVIE und TV TODAY, die 1996 einem Preiskampf um die beste Marktposition gefochten haben.

◆ Die *Distributionspolitik* beschäftigt sich mit dem Weg des Medienangebotes zum Kunden, sprich Rezipienten. Auch hier ist der Einsatz des Marketinginstrumentes für Verlage einfacher als für die audiovisuellen Medien. Der Vertrieb einer Zeitung oder Zeitschrift über die Wahl der Verbreitungsgebiete, den Einsatz von Hilfsmitteln und die Schnelligkeit der Verbreitung (Aktualität) hat Einfluß auf die Position des jeweiligen Mediums im Markt. Ein Beispiel: Erfolgt der Vertrieb einer Tageszeitung nicht früh morgens über den Zeitungsboten, sondern per Post, so hat der Leser sein Exemplar womöglich erst gegen Mittag auf dem Tisch. Gerade bei der Zeitung, die bei vielen Abonnenten druckfrisch zum Frühstück den Tag einläutet, kann dies ein Argument sein, sich für eine andere Zeitung zu entscheiden. Noch schwieriger war die Gestaltung der Distributionspolitik lange für die kommerziellen Fernsehsender, denen die terrestrischen Frequenzen und die Kabelplätze über die Landesmedienanstalten zugewiesen werden. Mit dem dritten Vertriebsweg über Satellit (insbesondere *Astra*) hat sich dieses Problem weitgehend gelöst, wenngleich für die Transpondermiete hohe Kosten auf den Sender zukommen.

◆ Zur *Kommunikationspolitik* gehören alle Maßnahmen, die das Unternehmen ergreift, um Informationen und Images über sich selbst und die Produkte öffentlich zu vermitteln, also Werbung, Öffentlichkeitsarbeit (Public Relations) und auch die interne Unternehmenskommunikation. Zeitgemäße Kommunikationspolitik verbindet diese unterschiedlichen Instrumente zu einem Gesamtkonzept der integrierten Unternehmenskommunikation (vgl. Kirchner 1997: 237; Derieth 1995).

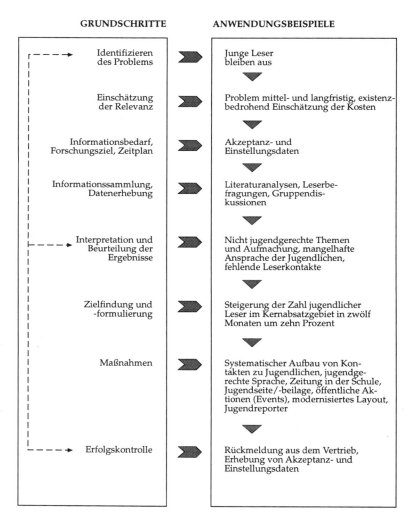

GRUNDSCHRITTE **ANWENDUNGSBEISPIELE**

Identifizieren des Problems — Junge Leser bleiben aus

Einschätzung der Relevanz — Problem mittel- und langfristig, existenzbedrohend Einschätzung der Kosten

Informationsbedarf, Forschungsziel, Zeitplan — Akzeptanz- und Einstellungsdaten

Informationssammlung, Datenerhebung — Literaturanalysen, Leserbefragungen, Gruppendiskussionen

Interpretation und Beurteilung der Ergebnisse — Nicht jugendgerechte Themen und Aufmachung, mangelhafte Ansprache der Jugendlichen, fehlende Leserkontakte

Zielfindung und -formulierung — Steigerung der Zahl jugendlicher Leser im Kernabsatzgebiet in zwölf Monaten um zehn Prozent

Maßnahmen — Systematischer Aufbau von Kontakten zu Jugendlichen, jugendgerechte Sprache, Zeitung in der Schule, Jugendseite/-beilage, öffentliche Aktionen (Events), modernisiertes Layout, Jugendreporter

Erfolgskontrolle — Rückmeldung aus dem Vertrieb, Erhebung von Akzeptanz- und Einstellungsdaten

Abb. 20: Stufenplan des redaktionellen Marketings am Beispiel Zeitung
Quelle: Weber 1994: 102

Der Erfolg des umgesetzten Marketing-Mix wird in einem dritten Schritt durch Marktforschung kontrolliert und evaluiert (vgl. Kap. 6.3.1) und dem Ergebnis entsprechend modifiziert. Natürlich verläuft die Marketing-Strategie je nach Problemstellung gerade für die durch soziale Kontexte und Bindungen geprägten Medienbetriebe selten derart schematisch. Der Transfer dieses Stufenprozesses auf eine praktische Herausforderung des redaktionellen Marketings, wie z. B. die Reaktivierung junger Leser einer Tageszeitung, läßt immer Spielraum für Schwerpunktsetzungen (vgl. Abb. 20).

6.4.2 Sein und Schein: inhaltliche und formale Kurskorrekturen

Die veränderten Bedingungen eines konkurrenzorientierten Medienmarktes haben in den vergangenen Jahren eine wahre Welle von „Verjüngungskuren" und „Renovierungsmaßnahmen" bei diversen Medien mit sich gebracht – in der Fachsprache Relaunch genannt. Medien unterziehen sich dabei – meist unter Zuhilfenahme von und Beratung durch externe Experten – einer Neupositionierung und Neuorientierung im Markt, die inhaltliche und formale Komponenten einbezieht.

In inhaltlich-qualitativer Hinsicht sind viele Medienhäuser äußerst vorsichtig mit ihren Reformen, denn Innovationen bergen immer eine Gefahr und eine Chance zugleich. Die Chance liegt darin, über neue und veränderte Inhalte weitere Zielgruppen zu erschließen und für die Rezipienten zu dokumentieren, daß das Medium – wo notwendig – mit der Zeit geht. Die Gefahr liegt dagegen in einem potentiellen Verlust von Stamm-Lesern, -Hörern und -Zuschauern, die sich durch die Veränderungen vor den Kopf gestoßen fühlen und ihre Zeitung oder Sendung nicht mehr wiederzuerkennen glauben.

Drei wesentliche Zielsetzungen inhaltlich orientierter Relaunches lassen sich unterscheiden. Zum einen besinnen sich viele Medienunternehmen im Dschungel der Konkurrenzangebote wieder verstärkt auf ihre Kernkompetenzen. Dazu gehört die Stärkung der Lokal- und Serviceberichterstattung in der Abonnementzeitung, die Forcierung einer informationsorientierten Programmphilosophie bei den öffentlich-rechtlichen Fernsehanstalten (vor allem der ARD), die Rückbesinnung der dritten Fernsehprogramme auf ihre journalistischen Kompetenzen und Leistungen in der regionalen Berichterstattung u. v. m.

Zum zweiten versuchen einzelne Anbieter, journalistisches Profil zu gewinnen und eigene inhaltliche Akzente zu setzen – sei es, daß die BERLI-

NER ZEITUNG für ihre Imagekampagne als Hauptstadtzeitung hervorragende Journalisten aus der ganzen Republik ankauft (vgl. Süddeutsche Zeitung v. 05.03.1998: 23), oder daß die renommierte französische Tageszeitung LE MONDE gesellschaftliche Themen in allen Ressorts intensiver berücksichtigt und die journalistischen Darstellungsformen (Nachricht, Kommentar, Reportage etc.) wieder schärfer voneinander abgrenzt (vgl. Süddeutsche Zeitung v. 04.11.1997: 15).

Drittens unterziehen sich anspruchsvollere Medien einer gewissen Modernisierung, indem sie neue Seiten oder Programme für Jugendliche konzipieren oder auch spezielle Angebote zu Themen integrieren, die im gesellschaftlichen Diskurs zunehmend an Bedeutung gewonnen haben (z. B. Computer und Technik, Wissenschaft). Als Beispiel ist hier – neben vielen Zeitungen – der Kultursender ARTE zu nennen, der im Zuge seiner Programmreform im September 1998 ein Wissenschaftsmagazin und eine Docu-Soap ins Programm gehoben hat (vgl. Medienspiegel 28/1998: 3).

Viel radikalere Änderungen als bei den Inhalten hat es bei den Präsentationsformen vieler Medienangebote gegeben. So ließen Fernsehsender ihr Programmdesign durch US-Spezialisten auffrischen oder vollständig neu gestalten und Zeitungen ihr Layout einer typographischen und gestalterischen „Frischzellenkur" unterziehen. Selbst mit formalen Innovationen muß ein Medienunternehmen allerdings vorsichtig sein. Ein gutes Beispiel für die Schwierigkeiten von Relaunches in formaler Hinsicht ist das Hamburger Traditions-Wochenblatt DIE ZEIT. Unter dem Motto „Schöner lesen" sollte Stardesigner Mario García die Zeit von einer Bleiwüste in eine Lesefreude verwandeln (vgl. García 1998), um so die „Lücke zwischen fabelhafter Reputation und erhabener Langeweile" zu schließen (Küpper 1998: 19). Dies ist auch überzeugend gelungen, ohne daß DIE ZEIT sich gleich zu weit nach vorne gewagt hätte. Die heftigen und konträren Reaktionen der Leser in zahlreichen Briefen an die Redaktion haben dennoch gezeigt, daß es auch bei formalen Neuerungen problematisch ist, den richtigen Ton zu treffen und die gewohnheitsorientierten Leser nicht allzusehr zu erschrecken.

Auch für die formale Neugestaltung von Medienangeboten lassen sich drei wesentliche Zielsetzungen formulieren. Oberstes Ziel ist es, vor allem bei Medienunternehmen mit mehreren Produkten, über das Corporate Design aller Einzelangebote die Unternehmens-CI (Corporate Identity) zu gewährleisten und zu stärken (vgl. Gafron 1997: 197 f.; Hünnekens 1997: 203; Schunk 1997: 208 f.; Raffée 1990: 27 ff.). Alle Angebote eines Medienhauses sollen zur CI beitragen und damit unmittelbar als zum Haus gehörig identifiziert werden können.

Abb. 21: **Modernes Design: Relaunch der ZEIT**
Mit neuer Schrift, mehr Durchschuß und einem ausführlichen Inhaltsverzeichnis soll sich der Leser über das Layout besser orientieren können.

Eigentlich jedes Medienangebot muß darum bemüht sein, im differenzierten Medienmarkt über ein einheitliches und möglichst unverwechselbares Design die Aufmerksamkeit der Leser, Hörer oder Zuschauer auf sich zu ziehen und in der Folge regelmäßig wiederzugewinnen. Den Wiedererkennungswert des jeweiligen Medienangebots über formale Strukturierung und spezielles Design zu erhöhen, ist folglich ein zweites wichtiges Ziel formaler Neukonzeptionierung.

Diese Strategie spielt besonders bei den Fernsehanbietern eine große Rolle, die sich erhoffen, über eine durchformatierte und vereinheitlichte Senderkennung (Station ID) auch beim Zuschauer hohe Wiedererkennungswerte zu erzielen, und zwar möglichst so einschlägig, daß der erste Augenblick genügt, um den Sender zu identifizieren. Programmtrailer und Promotionspots haben daher in den vergangenen Jahren bei fast allen Sendern erheblich zugenommen (vgl. Becker 1997).

Das dritte Ziel liegt in der Orientierungsfunktion des Layouts oder Designs. Auch in diesem Bereich hat sich in den vergangenen Jahren einiges getan, um dem Leser die Lektüre oder dem Zuschauer das Zusehen zu erleichtern – wenngleich die Bemühungen in diese Richtung durchaus unterschiedlich zu bewerten sind. „Die Gestaltung einer Tageszeitung [oder eines anderen Medienangebots, M.M.] ist kein Selbstzweck, sondern dient dazu, die Inhalte richtig zu betonen. Denn was nutzen die besten Texte, wenn sich die Leser in ihrer Zeitung nicht zurechtfinden?" (García 1994: 8) In diesem Sinne haben sich vor allem neuere Produkte, wie z. B. DIE WOCHE, einer Serviceorientierung im Layout bzw. Design verschrieben, um dem Leser den Weg durch den Informationsdschungel wenigstens mit (farbigen) Leitplanken und Wegweisern zu vereinfachen.

Die Bilder- und Grafikflut, mit der manche Zeitungen und Zeitschriften in Anlehnung an das US-Vorbild USA TODAY heute aufwarten, erwecken allerdings den Eindruck, daß zuweilen das Design über das Sein dominiert und ein Häppchen-Journalismus nur noch die Kästchen und Freiflächen füllt, die zwischen Grafik- und Fotostrecken übriggeblieben sind.

Abb. 22:   **Formale Orientierung im Informationsdschungel**
FOCUS setzt auf Kästchen- und Häppchenjournalismus

Inhaltliche und formale Neukonzeptionierungen sind von Zeit zu Zeit notwendig, um Modernisierungsprozesse und Weiterentwicklungen in die redaktionellen Angebote zu integrieren. Medienunternehmen, die sich weigern, mit der Zeit zu gehen, werden vor allem junge Kunden verlieren. Alle Formen von Repositionierung eines Mediums im Markt müssen dabei aber sehr behutsam eingeführt und umgesetzt werden, so daß bestehende Traditionen und Stärken mit neuen Ideen und Verbesserungen verbunden werden können. Schließlich kann eine rein formale Veränderungen selten mehr sein als die Korrektur kleiner Schönheitsfehler. Nur die genaue und konsequente Abstimmung von inhaltlicher Ausrichtung und formaler Präsentation eines Medienangebots verspricht – auch bei Innovationsschüben – ein Gesamtbild oder eine Corporate Identity, die auch von den Rezipienten als durchdacht und geschlossen wahrgenommen wird. Dies gilt im übrigen für das gesamte redaktionelle Marketing. „Isolierte Marketingmaßnahmen greifen längerfristig zu kurz, wenn sie nicht in innovative journalistische Konzepte integriert sind." (Meier/Schanne/Trappel 1994: 279)

7 Redaktionsmanagement zwischen Rationalisierung und Reaktivierung von Qualität: ein Ausblick

„Can any business also be a profession [...]? Can a profession also be a business?" – so lautete in Rückgriff auf Curtis D. MacDougall (1947: 1) die eingangs gestellte Frage. Und die Antwort auf diese Frage heißt zweifellos: ja. Der Journalismus hat diese Frage in zwei Schritten beantwortet. Zunächst identifizierte er sich nach längeren Auseinandersetzungen um das Verberuflichungskonzept als Profession – mit der u. a. positiven Konsequenz einer professionalisierten Journalistenausbildung. In einem zweiten Schritt, der noch nicht lange zurückliegt, von einigen Redaktionen noch nicht konsequent getan worden ist und von manchen Journalisten noch immer als Schritt ins Verderben verdammt wird, läßt sich die Entwicklung des Journalismus zu einem „Business" erkennen, also zu einem weitgehend standardisierten, professionalisierten und marktorientierten Berufsfeld – natürlich auch mit Konsequenzen, positiven ebenso wie negativen.

So gerne manche Berufsvertreter dies auch heute noch für sich reklamieren – Journalismus ist nicht mehr nur die kreative Selbstverwirklichung von Individuen mit gesamtgesellschaftlichem Auftrag. Journalismus ist auch ein Geschäft, in dem viel Geld verdient wird und in dem manch eine Entscheidung zuungunsten der publizistischen Qualität oder des redaktionellen Auftrags und zugunsten ökonomischer Resultate gefällt wird.

Ist daran der Einzug des Managements in den Redaktionen schuld? Hat das Redaktionsmanagement die Journalisten aus der heilen Welt der Kreativzonen entführt und in eine neue Welt verbannt, „the world of the modern, corporate newspaper editor, a person who, as likely as not, is going to be found in an office away from the newsroom bustle, immersed in marketing surveys, organizational charts, budget plans, and memos on management training" (Underwood 1988: 23)?

Dies wird wohl kein Journalist bejahen können, der mit offenen Augen durch seine (Berufs-)Welt geht. Das redaktionelle Management bezieht veränderte Bedingungen der Umwelt ein, um mit strategischen Maßnahmen auf sie zu reagieren und die redaktionelle Arbeit auf das gesetzte Erfolgsziel hinzuleiten. Dieses Erfolgsziel muß für einen zeitgemäßen Journalismus lauten: Anspruch *und* Akzeptanz, Moral *und* Markt, Qualität *und* Quote. Redaktionelles Management kann sich über die Steuerungsinstrumente der konzeptionellen, organisatorischen, personalpolitischen und ökonomischen Maßnahmen darum bemühen, diese schwierige Polarität aufzulösen, nicht aber, sie zu negieren.

In einer Gesellschaft, die durch erhebliche und einschneidende Umstrukturierungsprozesse geprägt ist, die man auch mit den verschiedenen Labels der Modernisierung etikettieren kann, darf der Journalismus sich der Auseinandersetzung nicht verweigern, selbst dann nicht, wenn diese Auseinandersetzung zuweilen hart und unangenehm werden kann. Wenn eine ganze Gesellschaft „Das Ende der Arbeit" (Rifkin 1997) erlebt und mit Modernisierung und Umstrukturierung gegensteuern muß, dann würde es verwundern, wenn der Journalismus von diesen Entwicklungen ausgenommen wäre. Er ist es nicht. Nicht nur die Arbeitsmärkte, sondern auch die Medienmärkte und ihre Ideenkonkurrenz haben sich gewandelt. Man mag beklagen, daß in unserer heutigen Zeit viele gesellschaftliche Teilsysteme durch Ökonomisierung oder Kommerzialisierung geprägt sind, daß womöglich gar die Wirtschaft als Supersystem über allem thront, besser aber ist es, nicht zu klagen, sondern zu gestalten. Der Ideenmarkt im Journalismus läßt sich heute treffend als „Ökonomie der Aufmerksamkeit" (Franck 1998) konzeptualisieren. Das bedeutet allerdings, daß wesentliche Entscheidungen im Wettbewerb um Aufmerksamkeit auch nach ökonomischen Spielregeln getroffen werden.

Eine solche Entscheidung kann z. B. die der Rationalisierung redaktioneller Arbeit sein. Wenngleich diese Entscheidung auf den ersten Blick rein ökonomisch motiviert scheint, offenbart der zweite Blick weitere Qualitäten. Wenn redaktionelle Arbeit aufgrund kontextueller Zwänge rationalisiert wird, dann kann dies gleichzeitig eine Entscheidung für Qualität sein. Letztlich hat der Journalismus nämlich nur eine Wahl: sich nach den Spielregeln geänderter gesellschaftlicher Rahmenbedingungen Freiräume für journalistische Qualität zu schaffen und zu erhalten, und zwar durch redaktionelles Management, oder diese Spielregeln zu ignorieren und den eigenen Freiraum bis zur Existenzfrage zu reduzieren. In einer Medienleistungsgesellschaft werden die totalen Anpasser ebenso wie die totalen Verweigerer im Journalismus auf Dauer keine Chance haben. Anders formuliert: Wer „Journalismus" nur nach ökonomischen Erwägungen betreibt (und damit eigentlich kein Journalist sondern Kommunikationsvermarkter ist) wird langfristig ebenso scheitern wie der, der ökonomische Überlegungen strikt aus seinem Gedankenfeld ausgrenzt.

Moderner Journalismus steht also vor einer großen Herausforderung, die u. a. das Redaktionsmanagement bewältigen soll. Der journalistische oder redaktionelle Weg zwischen Rationalisierung und Reaktivierung von Qualität ist zweifellos eine Gratwanderung – und damit, richtig verstanden, eine der spannendsten Aufgaben, die konzeptionell und berufspolitisch denkende Journalisten übernehmen können.

Dazu bedarf es allerdings einer intensiveren Auseinandersetzung mit den Entwicklungen im Journalismus und im Medienmarkt, ebenso wie mit den Grundfragen des redaktionellen Managements. Ein abschließendes Plädoyer lautet daher darauf, Hintergründe, Zusammenhänge und Chancen des Redaktionsmanagements stärker in die Journalistenausbildung einzubeziehen, und zwar in die praktische (Volontariate und Journalistenschulen) *und* in die wissenschaftliche Ausbildung (Universitäten). Eine solche Entscheidung bedeutet nicht nur die Anpassung von Ausbildungskonzepten an Markterfordernisse, sondern zielt auf eine Bewußtmachung und Reflexionsfähigkeit der sozialen Reorientierung journalistischer Arbeit mit ihren Gefahren und Chancen.

Mehr Wissen über die Steuerbarkeit von Redaktionen in einer veränderten gesellschaftlichen Umwelt bringt nämlich zweierlei mit sich – zum einen das Bewußtsein, daß journalistische Leistung an *aktuellen* gesellschaftlichen Erfordernissen gemessen wird und darauf Bezug nehmen sollte; zum anderen gibt dieses Wissen den Journalisten nicht nur das Instrumentarium in die Hand, Journalismus als „Profession" und „Business" zu beherrschen, sondern vor allem auch die Grenzen des „Business" zu kennen und den eigenen Kernbereich, die journalistischen Kernkompetenzen, gegenüber den Marktadepten zu verteidigen. Das heißt, Redaktionsmanagement liefert nicht nur die nötigen Strategien, um redaktionelles Arbeiten effizienter und effektiver zu gestalten. Es stattet die Journalisten auch mit etwas viel Wichtigerem aus – mit den Strategien und Argumenten für ein lückenloses und widerspruchsbeständiges Plädoyer zugunsten redaktioneller Qualität.

8 Praxis des Redaktionsmanagements

8.1 Redaktionen sind keine wirtschaftsfreien Räume
Interview mit Jürgen Althans, Verlagsgeschäftsführer GEO,
Gruner + Jahr, Hamburg

Frage:

Was steckt hinter dem Organisationskonzept des Verlagsgeschäftsführers?

Althans:

Der Verlagsgeschäftsführer ist eine Figur, die die früher und auch heute immer noch häufig anzutreffende Radikaltrennung zwischen Redaktionsbereich und Verlagsabteilungen aufhebt. Er hat die Gesamtverantwortung. Er ist sowohl für den inhaltlichen Bereich verantwortlich als auch für den kaufmännischen. Unterhalb eines Vorstandes, einer Geschäftsführung, sitzt der Verlagsgeschäftsführer. Er hat unter sich einen Chefredakteur und einen Verlagsleiter, der die Verlagsgeschäfte führt, also Vertrieb, Anzeigen, Herstellung koordiniert.

Bei uns im Hause *Gruner + Jahr* ist diese Organisationsform dadurch realisiert worden, daß bei unseren sechs inländischen Verlagsgruppen in drei Fällen der Chefredakteur zugleich zum Verlagsgeschäftsführer ernannt wurde. Das ist der Fall beim STERN, bei der Verlagsgruppe BRIGITTE und bei der Verlagsgruppe SCHÖNER WOHNEN. In drei Fällen sind also Chefredakteur und Verlagsgeschäftsführer Personalunion. In drei anderen Fällen besteht die Personalunion zwischen Verlagsleiter und Verlagsgeschäftsführer. Das ist der Fall bei der GEO-Gruppe, bei der Münchner Gruppe (ELTERN, P.M., MARIE CLAIRE, YPS etc.) und bei der Wirtschaftspresse in Köln mit BÖRSE ONLINE, CAPITAL und IMPULSE.

Das hat folgenden Grund: Wenn Sie duale Führungssysteme haben, das heißt wenn Sie sagen, beide Seiten sind gleich verantwortlich, dann kann man darauf bauen, daß die beiden Führungspersonen sich gut verstehen, sich fachlich auseinandersetzen und in diesem Sinne für ein gutes Ergebnis sorgen. Aber das hat seine Grenzen. An der Stelle muß dann einer sagen, wo es langgeht, und das ist entweder der Chefredakteur oder der Verlagsleiter. Der zweite Grund ist: Die Leitungsspanne, so nennt man die Anzahl von direkt zugeordneten Mitarbeitern, sollte eine bestimmte Zahl nicht übersteigen. Sonst wird es unmöglich, mit allen Gespräche zu führen und richtige Führungsarbeit zu leisten. Von daher empfiehlt es sich, die Leitungsspanne zu verkürzen. Wenn ich also von zwei Personen eine zum „primus inter pares" ernenne, dann halbiert sich die Leitungsspanne und das tut der Information, der Kommunikation und der Geschwindigkeit von Entscheidungen äußerst gut. Der dritte Grund ist, daß es heute keinen vernünftigen Grund mehr gibt, warum man Verlage anders organisieren sollte als Industrieunternehmen. Das hören zwar Redaktionen und Chefredakteure nicht so gerne, aber die Märkte sind heute so wie sie sind, da ist schnelles Handeln erforderlich.

Diese Hierarchisierung durch den Verlagsgeschäftsführer hat überhaupt nichts daran geändert, daß der Dialog zwischen dem Verlagsleiter und dem Chefredakteur natürlich ein intensiver sein muß. Sonst führt diese Trennung zu merkwürdigen Verselbständigungen. Es gibt viele, insbesondere ältere Redakteure, die werden Ihnen sagen: Diese Trennung zwischen Redaktion und Verlag, die ist ganz, ganz wichtig weil ..., und dann kommen 27 Gründe. Es gibt aber nur einen Grund. Und das ist auch der Grund, weswegen man diese Trennung irgendwann einmal eingeführt hat und heute noch pflegt: das ist die Trennung zwischen Redaktionsinteressen und Anzeigeninteressen. Diese Trennung ist wichtig für die Unabhängigkeit und Qualität eines Blattes. Natürlich gibt es Verlagsleiter, die sagen: „Macht doch mal was Nettes über diese Firma, ich brauche von denen ein paar Anzeigen." Und natürlich gibt es auch Chefredakteure, die dieser Versuchung erliegen. Aber das ist letztlich die Katastrophe, denn der Leser merkt es. Er wendet sich ab, und dann wendet sich auch der Anzeigenkunde ab und sagt: „uninteressantes Blatt". Im Markt interessiert es nicht, wie wir uns intern organisieren. Da geht es um ein Produkt, ein Angebot, das in jeder Facette markt-, leser- und kundenorientiert gemacht, geführt und angeboten wird.

Frage:

Wie sieht die Kooperation zwischen Verlagsgeschäftführer und Chefredakteur aus?

Althans:

Ich habe die Gesamtverantwortung eines klassischen Geschäftsführers, der für alles letztlich aufs Rad geflochten wird. Abgesehen davon, daß wir die Trennung zwischen Redaktion und Anzeigen weiter pflegen, dürfen wir keine Einzelanweisungen an Chefredakteure geben. Sie sind zwar dem Verlagsgeschäftsführer unterstellt, aber der darf nicht hingehen und sagen: „Du, Chefredakteur, machst jetzt dieses Titelbild, schreibst jetzt diese Geschichte oder stellst jetzt den ein." Wenn man anfängt, so mit einem Chefredakteur zu reden, das ist sicherlich der Anfang vom Ende. Nach wie vor gilt es, durch fachliche und persönliche Überzeugungskraft den Chefredakteur von bestimmten Dingen zu überzeugen. Wenn man allerdings permanent diskutiert und es passiert nichts, außer daß die Auflage runtergeht, dann spätestens wird gehandelt.

Frage:

Welche Aufgabenbereiche sind dem Verlagsgeschäftsführer zugeordnet?

Althans:

Als Verlagsgeschäftsführer bin ich verantwortlich für Personalführung, die Organisation meiner Gruppe und habe die Ergebnisverantwortung. Der frühere Verlagsleiter hatte noch viele Parallelen zum Productmanager der Markenartikelindustrie. Der ist für alles verantwortlich, für alles zuständig, egal ob Lieschen Müller in Hamburg Pech hatte mit ihrer Packung Haarshampoo und sich deswegen beschwert, ob es um die Produktion verschiedener Verpackungsgrößen oder um den Marketingeinsatz für diesen Markenartikel geht. Das ist der klassische Productmanager. Aber er hatte nichts zu sagen. Er war nur eine Koordinationsstelle. Der mußte also sehen, daß er durch fachliche, durch persönliche Überzeugungskraft alle dazu brachte, das zu tun, was er im Sinne des Produktes für vernünftig hielt. Und so ähnlich war der Verlagsleiter alter Prägung auch gestrickt. Denn die meisten Fachabteilungen waren ihm *nicht* unterstellt.

Inzwischen ist es so, daß dem Verlagsleiter abgesehen vom Vertrieb alles unterstellt ist, also die Herstellung, die Anzeigenabteilung usw. Dazu gibt es noch eigenständige Bereiche, zum Beispiel die Betriebswirtschaft, das Rechnungswesen, das Buchhaltung und Honorarabwicklung übernimmt, die Personalabteilung, die alle Personalia, die in meiner Gruppe stattfinden, managt. Auch die Marktforschung und die Bild- und Textrechtevermarktung sind kleine Dienstleistungseinheiten. Das heißt, wir haben den Verlagsgeschäftsführungen inzwischen eine Reihe von Abteilungen verantwortlich zugeordnet, aber nach wie vor werden große Teile aus eigenen Profitcentern hier im Hause eingekauft. Mit denen machen wir richtige Verträge und messen sie auch mit ihren Leistungen am Markt, damit wir auf allen Ebenen wettbewerbsfähig bleiben.

Frage:

Welche positiven Entwicklungen oder Konsequenzen hat die Einführung des Verlagsgeschäftsführer-Prinzips gebracht?

Althans:

Es geht alles sehr viel schneller, es ist alles sehr viel klarer – auch für die Mannschaft. Die weiß genau, wer Gesprächspartner und wer „Anführer" ist. Wir müssen mit der Einführung der neuen Struktur in Verbindung mit der Profitcenter-Organisation auch Wirtschaftlichkeitserfolge erzielen. Jetzt wird wirklich mit Bewußtsein auf Dinge geguckt, auf die früher nie geguckt wurde, weil keiner so richtig zuständig war. Also: Geschwindigkeit, Klarheit, Wirtschaftlichkeit – das ist das, was erreicht worden ist.

Wenn man negative Aspekte aufzeigen will, dann muß man sagen: Natürlich gibt es viele, die nicht immer mit diesem Instrument des Profitcenters und dieser Eigenständigkeit richtig umgehen und die Dinge auch mal übertreiben. Wenn man anfängt, im Hause monatelang mit einem Profitcenter zu verhandeln und am Ende noch den Justitiar mitbringen muß, dann wird es albern. So macht man nämlich die Vorteile, die das System bietet, durch Bürokratie wieder kaputt.

Frage:

Welche einzelnen Managementaufgaben haben Sie im Tagesgeschäft zu bewältigen?

Althans:

Ich gebe Ihnen einige Beispiele. Zum Teil ergibt sich das Tagesgeschäft schon aus unserer Produktpalette. Außer unseren Kernprodukten, den Zeitschriften, vertreiben wir noch eine Reihe anderer Produkte. So machen wir zum Beispiel auch GEO-Bücher. Diese Bücher vertreiben wir nicht selber, sondern bedienen uns eines Dienstleisters, nämlich der Verlagsgruppe *Bertelsmann*, die ja auch zum Konzern gehört. Auch CD-ROMs produzieren wir teilweise nicht selber, sondern labeln sie nur, geben dafür also unseren Namen her. Aus dieser Produktpalette ergibt sich einiges an Koordinationsbedarf.

Wir werden außerdem von der zentralen Personalentwicklung einbezogen in Gespräche und sollen da jeweils unsere Beurteilungen liefern. Dazu kommen strategische Aufgaben. Das Print-Anzeigengeschäft muß sich wirklich in härtestem Wettbewerb bewähren. Nicht nur die Konkurrenz zum Fernsehen, sondern auch die intramediale Konkurrenz, also innerhalb des Printbereiches, ist grausam hart geworden. Wir haben uns eine ganze Reihe von Instrumenten und Ideen bereitgelegt, mit denen wir in der nächsten Zeit offensiv in den Markt gehen wollen. Diese einzelnen Arbeitsabschnitte sind auf einzelne Projektgruppen verteilt worden. Ich leite eine dieser Gruppen.

Wir haben zur Zeit ein Marktforschungsprojekt von GEO SPECIAL und GEO SAISON, unseren beiden Reisezeitschriften, in der Pipeline. Wir müssen diese Titel von der Produktaussage, also von der Positionierung im Markt, in den Köpfen der Verbraucher überarbeiten. Wir sind da nicht mehr ganz trennscharf und das ist ein bißchen gefährlich. Denn wenn der Kunde nicht mehr so richtig weiß, warum er eigentlich GEO SPECIAL kaufen soll, dann müssen wir sehen: Woran liegt das? An welchen Stellen muß gearbeitet werden?

Und schließlich haben wir regelmäßig alle zwei Wochen unseren jour fixe: Vertriebsleiter, Anzeigenleiter, Marketingleiter und Verlagsgeschäftsführer. Das ist sozusagen eine allgemeine Börse, jeder lädt dort ab, was er an Informationen und Fragen hat.

Frage:

Welche Qualifikationen braucht man, um all diese unterschiedlichen Aufgabenbereiche integrieren zu können?

Althans:

Von den Persönlichkeitsmerkmalen her muß man sicher ein Mensch sein, der integrative Kompetenz hat, der moderieren kann, der koordinieren kann, der aber auch führen kann. Bei den fachlichen Kompetenzen glaube ich, daß sie in Relation zu den persönlichen Kompetenzen untergeordnete Bedeutung haben. Für Nachwuchskräfte bedeutet das: Es ist wichtig, daß sie ein Studium absolviert haben, weil wir dann davon ausgehen, daß sie analytisches Denken drauf haben. Das, was sie vom Marketing wissen müssen, von der Deckungsbeitragsrechnung, dem Controlling, das bringen wir ihnen schon bei. Und natürlich spielt persönliche Erfahrung eine große Rolle. Ich war acht Jahre lang Verlagsleiter vom STERN, und ich merke jetzt bei diesen kleineren Titeln, für die ich verantwortlich bin, daß es gut ist, wenn man ein paar Erfahrungen gemacht hat. Denn bestimmte Dinge, die weiß man dann. Man muß dann sozusagen nur in seiner eigenen Erfahrungskiste graben, und kann sagen: Also, den Quatsch, den brauchst Du nicht noch mal auszuprobieren, weil Du weißt, was dann passiert. Insofern meine ich, eine 75 : 25-Relation zwischen Persönlichkeitsmerkmalen und Fachkompetenz, die ist wohl ungefähr richtig.

Frage:

Was heißt für Sie redaktionelles Management?

Althans:

Redaktionelles Management setzt erstens eindeutige Führung, Zuständigkeiten und klare Linien voraus. Zweitens bedeutet es wirtschaftliches Arbeiten. Redaktionen sind keine wirtschaftsfreien Räume. Auch eine Redaktion hat ein Budget, muß sich an den Ist-Zahlen messen lassen, muß seine Etats verteidigen etc. Damit unterscheidet sie sich auch in nichts von einer Anzeigenabteilung. Und das muß eben auch Grundannahme für redaktionelle Management-Funktionen sein. Management heißt drittens, daß man termingerecht arbeitet, damit ein Angebot rechtzeitig beim Kunden ist. Auch eine Redaktion muß ihre Produkte pünktlich abliefern. Zum redaktionellen Management gehört schließlich, daß man die Strukturen und Abläufe permanent kontrolliert und bei Bedarf neu organisiert.

Frage:

Auf welchen Hierarchieebenen sollte redaktionelles Management ansetzen?

Althans:

Jeder ist durch sein Tun für den wirtschaftlichen Erfolg verantwortlich, ob er nun Vorstandsvorsitzender oder eben Sachbearbeiter auf der niedrigsten Ebene ist. Jeder hat eine Verantwortung, weil er mit Mitteln der Firma umgeht. Ein Beispiel: Ein Redakteur, ein Ressortleiter, telefoniert mit einem Informanten, der ein Informationshonorar verlangt. Dann geht er nicht erst zum Chefredakteur und fragt: Darf ich das? Sondern er hat innerhalb bestimmter Spielregeln eigene Entscheidungskompetenzen. Das heißt aber nicht, jedesmal bis ans Limit zu gehen, sondern zu verhandeln: „Hör mal zu, was Du mir da anbietest, das ist 500 Mark wert und keinen Cent mehr." Diese Verantwortung, die er für das wirtschaftliche Ergebnis hat, muß er spüren. Auch das gehört zum redaktionellen Management. Ich verlange von einem Chefredakteur, daß er das seinen Leuten beibringt.

Das heißt aber nicht, daß Sparen zum Selbstzweck wird. Wir hatten im letzten Jahr 20jähriges Bestehen von GEO, da haben wir mächtig auf die Pauke gehauen. Das hat mehr gekostet, als es uns eingebracht hat. Das wußten wir aber vorher und haben es trotzdem gemacht. Ähnlich sieht es aus bei GEO SAISON, unserer Reisezeitschrift. Eigentlich spart die Redaktion eisern, und trotzdem ermuntere ich sie manchmal: Das ist ein tolles Thema, wollen wir nicht zusätzlich eine Karte ins Heft integrieren, damit der Leser noch ein bißchen mehr Nutzwert hat. Das kostet gleich einen Berg Geld. Aber man sollte es machen. Der Leser fühlt sich gut, er zahlt ja auch acht Mark für ein Heft. Und dann kommt er schneller noch mal wieder oder wird gar zum Abonnenten. Dieses Gefühl für Wirtschaftlichkeit und besondere redaktionelle Entscheidungen muß es in der ganzen Redaktion geben.

Frage:

Glauben Sie, daß redaktionelles Management im Zeitschriftenbereich im Vergleich zu anderen Mediensektoren besonders wichtig geworden ist?

Althans:

Das ist überall gleich. Die Fernsehleute haben es leichter, weil sie von Anfang an gleich einem sehr intensiven Wettbewerb ausgesetzt waren. Bei denen ist per se der Druck viel größer, vernünftig zu wirtschaften und zu arbeiten. Deswegen werden sie sich den Luxus, den „Speck", wie wir ihn heute, gerade bei älteren Titeln, immer noch haben, gar nicht erst zulegen.

Frage:

Das Thema redaktionelles Management hat in den letzten Jahren enorm an Aufmerksamkeit und Bedeutung gewonnen. Woran liegt das?

Althans:

Das hat mit der gesamtwirtschaftlichen Entwicklung zu tun. Die Unternehmen haben bei der letzten Rezession gemerkt, daß es auch dann irgendwie weiter geht, wenn man den Gürtel enger schnallen muß, daß man sogar trotzdem noch wachsen kann. Und da haben sich eben auch viele Branchen, die bis jetzt nicht so richtig darüber nachdenken mußten, dieses Thema zu eigen gemacht. Die haben Dinge probiert, die sie vorher nie gemacht haben. Und sie haben gesehen, es geht. Anfang der neunziger Jahre haben viele Firmen erst richtig kapiert, daß sie stärker auf wirtschaftliches Management achten müssen, und das gilt auch für die Verlage.

Frage:

Führt redaktionelles Management zu Zentralisierung oder zu Dezentralisierung?

Althans:

Ich sehe das wirklich ganz formal hierarchisch. Da gibt es eine Redaktion, die einen Chefredakteur hat, den nenne ich jetzt mal ganz simpel Abteilungsleiter. Der ist Chef dieser Abteilung. Und der sagt: „Ich bin auch für die kaufmännischen Dingen zuständig, denn ich muß meinen Etat einhalten, und wenn das nicht funktioniert, dann muß ich auch meinen Kopf dafür hinhalten. Aber ich habe eigentlich nicht genug Zeit dafür. Also hole ich mir einen, der das für mich übernimmt, und den nenne ich Redaktionsmanager." Der muß in der Redaktion ständig die Wirtschaftlichkeit überprüfen.

Beim STERN wurde bei einer solchen Überprüfung zum Beispiel festgestellt, daß Texte, bevor sie endgültig zum Druck freigegeben werden, siebenmal gelesen werden. Dann haben sie gefragt: Muß ein solcher Text wirklich siebenmal gelesen werden? Das hat erstens Einfluß auf die Wirtschaftlichkeit und zweitens natürlich auch Einfluß auf die Aktualität, denn das braucht Zeit. Zum redaktionellen Management gehört, daß der Chefredakteur dann sagt: Diese Lesestufe ist überflüssig und ich schaffe sie hiermit ab. Jeder Bereich muß seine Aufgaben für sich selbst organisieren. Er kann sie nicht bereichsfremd weggeben, denn die Verantwortung bleibt in dieser Abteilung, in diesem Fall beim Chefredakteur. Man kann also nicht alles dezentralisieren. Wesentliche Entscheidungen müssen an einer zentralen Stelle getroffen werden, in der Abteilung oder Redaktion, für die sie schließlich gelten sollen.

Frage:

Wie schafft man es, Impulse zu geben und die Leute zum eigenständigen Nachdenken, zur Eigenverantwortung anzuleiten?

Althans:

Ich habe mal mit dem Art-Director des STERN einen Riesenkrach gehabt, da ging es um eine Riesenspesenabrechnung von einer Reise im Persischen Golf. Der Artdirektor hatte die abgezeichnet, offenbar ohne sich wirklich damit zu befassen. Und weil das richtig viel Geld war, habe ich sie ihm zurückgeschickt mit der Frage: „Ist das alles in Ordnung, ist das so, wie Du das als vorgesetzter Redakteur angewiesen hast?" Er hat sie wieder zurückgeschickt und gesagt: „Das kann ich doch nicht beantworten, das muß doch die Spesenprüfung wissen." Daraufhin habe ich gesagt: „Mein lieber Herr! Die Spesenprüfung prüft nur, ob das, was da drin steht, auch abgerechnet werden kann. Die Spesenprüfung muß formalen Richtlinien entsprechen. Ob der Redakteur dort drei Wochen sein durfte, in dem und dem Hotel wohnen und die und die Auslagen geltend machen durfte, das kannst nur Du beantworten."

Genauso kann ein Redakteur sagen: „Hier dieser Informant, der ist nicht so richtig gesprächig und ich gebe ihm jetzt fünf Whiskys aus, dann wird er nämlich richtig gesprächig." Wenn der Chefredakteur unter diese Spesenrechnung von fünf Whiskys seine Unterschrift setzt, dann ist das für mich auch in Ordnung. Denn der Chefredakteur muß dafür gradestehen, daß der Redakteur die fünf Whiskys nicht alleine getrunken hat, weil ihm gerade so danach war. Aber das muß der Redakteur eigentlich selber wissen. Wenn der Chefredakteur in diesen Dingen Maßstäbe setzt, dann achtet jeder darauf, daß er ein Bewußtsein entwickelt für die Dinge, die gehen, und die Dinge, die nicht gehen. Das nennt man dann den Hygienefaktor einer Abteilung, einer Redaktion oder eines Unternehmens.

Jürgen Althans, geb. 1950, studierte Betriebswirtschaft in Münster und promovierte 1981 zum Dr. rer. pol. 1982 bis 1984 war er Assistent des Vorstandsvorsitzenden, Druck- und Verlagshaus *Gruner + Jahr* in Hamburg und arbeitet von 1984 bis 1985 in verschiedenen Redaktionen des Hauses. 1985 übernahm er die Verlagsleitung des STERN, war von 1990 bis 1994 Geschäftsführer von STERN-TV in Köln. Seit 1994 ist Jürgen Althans als Verlagsgeschäftsführer für die Verlagsgruppe GEO verantwortlich. Er ist außerdem Lehrbeauftragter für Marketing an der Universität Rostock.

8.2 Diskussionskultur mit konstruktiven Feedbacks
Interview mit Gerald Baars, Wellenchef EINS LIVE, WDR, Köln

Frage:

Was ist ein „Wellenchef"?

Baars:

Der Wellenchef ist als Programmchef verantwortlich für ein gesamtes Hörfunkprogramm – in diesem Fall die Welle EINS LIVE mit allen Programmelementen. Gleichzeitig hat er die Personal- und die Mittelhoheit im Rahmen vorgegebener und mit der Geschäftsleitung vereinbarter Vorgaben.

Frage:

Sind Sie also eine personale Schnittstelle zwischen Redaktion und Management/Unternehmensführung?

Baars:

Ich bin sozusagen von der Geschäftsleitung, in diesem Fall also vom Hörfunkdirektor, beauftragt, eine Welle nach den Vorgaben der Geschäftsleitung sowohl inhaltlich wie in den Rahmenbedingungen, personell, mittelbezogen, aber auch im Marketingbereich und in der Kundenbetreuung zu verantworten.

Frage:

Warum ist so eine Schnittstelle heute nötiger als vor einigen Jahren?

Baars:

Die Vorgeschichte ist, daß es früher eine andere Organisationsstruktur im öffentlich-rechtlichen Rundfunk, eigentlich in allen Funkhäusern gab. Dort gab es nämlich Programmbereiche, die in unterschiedlicher Weise eigenverantwortlich für verschiedene Programme tätig waren. In den Programmdirektionen gab es jeweils eine Hauptabteilung Politik, Musik, Kultur, die jeweils Sendeplätze in allen Wellen hatte. Dann gab es noch Abteilungen

und Redaktionen, die ebenfalls nach unterschiedlichem eigenen Verständnis
Angebote plaziert haben. Eine Kooperation zwischen den Musikredakteuren
und den Wortredakteuren einer Welle fand überhaupt nicht statt. Das war
kein Team, das war jeweils eine Zulieferung eigenständig arbeitender und
für sich jeweils selbst die Programmziele definierender Einheiten. Und dazu
gab es dann auch noch eine Hauptabteilung Öffentlichkeitsarbeit, eine Pressestelle und eine eigene Mittelbewirtschaftung, die wieder jeweils nach eigenen Gesetzmäßigkeiten entschieden haben. Das Ganze paßte einfach nicht
zusammen. Es war ein hörbares Problem: Die Welle WDR 1 hatte zu der Zeit
etwa vier Prozent Hörer, jetzt hat sie 18,3 Prozent Hörer, mehr als viermal
soviel in nur zwei Jahren. Das hat zweifelsohne auch mit der Organisation
zu tun.

Frage:

Was sind die Vorteile dieser neuen Organisationsstruktur?

Baars:

Unter einem Verantwortlichen kann ein Team gebildet werden, das für ein
Produkt mit Namen EINS LIVE ganzheitlich denkt und plant. Es kann auch
gemeinsam definieren, was EINS LIVE ist, was EINS LIVE will, also konsequent und regelmäßig an dem Produkt arbeiten im Sinne von ständigen
Feedbacks und gemeinsamer Weiterentwicklung. Und wenn dieses Team etwas entscheidet, ist es eigentlich nur Aufgabe des Wellenchefs, darauf zu
achten, daß die einmal im Team vereinbarten Prinzipien dann auch von
allen Mitgliedern des Teams eingehalten werden, daß sozusagen nicht jeder
Redakteur macht, was er will, sondern daß man ständig im Dialog bleibt
und sich auf einen gemeinsamen Nenner verständigt. Natürlich gibt es auch
Kreativität, Einzelleistungen und einen gewissen Spielraum, aber der liegt
zwischen zwei Leitplanken. Und die Leitplanken werden im Team diskutiert und müssen eingehalten werden. Wer zu nah an die Leitplanke kommt,
fährt sich schon mal eine Beule.

Frage:

Welche Tätigkeitsprofile umfaßt Ihre Funktion als Wellenchef?

Baars:

Wenn man ein Radioprogramm macht, ist das wichtigste die Entwicklung des Programmkonzeptes und die Programmqualität. Das ist das Kernprodukt. Es muß stimmen und hat höchste Priorität. Dazu gehören flankierend die programmnahen Zusatzinformationen: der EINS LIVE-Videotext, das EINS LIVE-Internet-Angebot, RDS- und DAB-Zusatzinformationen, die EINS LIVE-Presse- und Öffentlichkeitsarbeit aus einem Guß. On-air- und off-air-Aktivitäten müssen Hand in Hand gehen. Das ist Nummer zwei.

Drittens muß in dieser Welle ein gutes Teamgefühl da sein. Das ist fast schon wieder Nummer eins. Ich kann ein Programmkonzept nur mit einem guten Team entwickeln, das in sich stimmt. Mein wesentliches Ziel ist, daß EINS LIVE eine „arschlochfreie Zone" ist, daß also wirklich das Klima, die vertrauensvolle Zusammenarbeit miteinander klappt. Insofern ist Personalführung, aber auch Personalentwicklung überaus wichtig.

Und viertens ist da etwas, was das Team möglichst gar nicht mitkriegen soll und der Hörer erst recht nicht: die Tatsache, daß wir natürlich auch kostenbewußt arbeiten müssen. Das heißt ich habe einen vorgegebenen Etat, der nach Maßgabe der Geschäftsleitung definiert ist. Ich mag zwar darum pokern können, ob ich vielleicht noch mal ein paar tausend Mark mehr bekomme im Jahr. Aber im Prinzip muß ich diese Vorgaben akzeptieren. Man muß mit den vorhandenen Mitteln klarkommen, und deshalb ist das Controlling auch sehr wichtig.

Ich habe das bislang immer mit einer Punktlandung hingekriegt. Dafür muß ich eine vernünftige Planung haben und auch im vorhinein bei der Diskussion im Team sagen: Laßt uns noch mal ein bißchen weiterspinnen, wie wir diese Ideen auch so umsetzen können, daß sie noch bezahlbar bleiben. Denn vieles ist nicht eine Frage des Geldes, sondern der Kreativität. Bei den laufenden Kosten, die jeden Tag anfallen, 365 Tage im Jahr, da muß das richtige Kostenbewußtsein da sein, dann können wir es uns auch erlauben, gelegentlich aus dem Vollen zu schöpfen und „Perlen" zu setzen.

Das fängt an bei Honoraren für einen freien Mitarbeiter. Ich sage: Gebt doch nicht wie in vielen anderen Radiostationen jedem immer ein Standardhonorar von Summe X, sondern staffelt dies doch bewußt nach dem tatsächlichen Arbeitsaufwand. Wenn jemand einen Schnellschuß produziert, dann kann man auch weniger zahlen, damit man um so mehr bezahlen kann, wenn jemand eine richtig tolle Leistung mit viel Mühe und Aufwand bringt.

Frage:

Welche positiven Konsequenzen hat die Umstrukturierung nach dem Konzept des Wellenchefs bisher gebracht?

Baars:

Erstens mehr als eine Vervierfachung der Hörerschaft, zweitens Gutachten von anerkannten Medienwissenschaftlern, und darauf bin ich besonders stolz, daß EINS LIVE ein anspruchsvolles Programm ist, wie es andere vergleichbare junge Radiowellen in Deutschland nicht so sind. Drittens die Tatsache, daß das Modell vom Start weg so erfolgreich war, weil es ja eigentlich außerhalb der gängigen WDR-Strukturen umgesetzt worden ist, als eine task force für junge Leute, neben den bestehenden Hauptabteilungsstrukturen. Dieses Modell ist so gut angelaufen, daß nach zwei Jahren die gesamte Hörfunkdirektion nach diesem Modell umorganisiert worden ist. Wir haben nun keine Hauptabteilungen mehr, sondern fünf WellenchefInnenmodelle. Die verbleibenden Hauptabteilungen übernehmen nur noch zentrale Aufgaben (z. B. die zentrale Nachrichtenredaktion plus Studios im In- und Ausland). Und nach diesem Modell ist ja jetzt auch das WDR Fernsehen mit einem Programmchef versehen worden, wenngleich noch nicht in dieser Stringenz. Man denkt mehr einheitlich, aus einem Guß. Und man bemüht sich um den audience flow, also um Orientierungen im Programm, auch über den Tellerrand einer einzelnen Sendung hinaus.

Frage:

Gibt es trotz dieser positiven Entwicklungen noch ungelöste oder auch neue Probleme?

Baars:

Das größte Problem an diesem Wellenchef-Modell ist die Bündelung an Zuständigkeiten und Arbeit in einer Person. Als ich anfing, hatte ich noch kein graues Haar, jetzt gibt es einige. Die Lehre, die wir daraus ziehen müssen, heißt: Der Wellenchef ist nicht eine Person, sondern muß eine Institution sein. Neben dem Wellenchef muß es einen Unterbau von fähigen Mitarbeitern geben, sonst ist eine Person auf Dauer überfordert.

Frage:

Auf welchen Ebenen muß für Sie das Redaktionsmanagement ansetzen?

Baars:

Das Wellenchef-Modell hat ja zunächst erstmal eine viel flachere Hierarchie. Wenn ich vorher Hauptabteilungsleiter hatte, gab es darunter wieder Abteilungsleiter, darunter Redaktionsleiter. Hier gibt es einen Wellenchef, der einen Stellvertreter und vielleicht einen Referenten hat, und dann gibt es das Team. Ich glaube, es macht Sinn, wenn ein Redakteur jederzeit zu seinem Chef gehen und mit ihm Probleme diskutieren kann, wenn das Team also unmittelbar mit seinem letztlich Verantwortlichen reden kann. So können wir auch viel schneller, aktueller und effektiver reagieren. Bei einer guten Idee kann ich innerhalb von einer Minute das Programm ändern. Da gibt es keine Abstimmungsprozesse mit anderen Hauptabteilungsleitern.

Aber es gehört auch viel Vertrauen dazu. Bei uns heißt z. B. der Redakteur vom Dienst „Entscheider vom Dienst". Hier sollen die Mitarbeiter eigenständig entscheiden. Nur bei Fragen, die über den eigenen Entscheidungsbereich hinausgehen, muß man kurz im Team darüber reden. Und wenn dann Interessen gegeneinander laufen, dann muß der Chef eben die Prioritäten setzen.

Frage:

Welcher Verbesserungen bedarf das Wellenchef-Konzept in Sachen Redaktionsmanagement?

Baars:

Es gibt im Detail vieles zu verbessern. Wir arbeiten gerade an der digitalisierten Vernetzung – von der Sendeplanung bis zur Honorierung. Es kann nicht angehen, daß die Abteilung EDV und Organisation beim Verwaltungsdirektor angesiedelt ist, die Kommunikationstechnik, also auch das Nachrichtenverteilsystem, dagegen beim Technischen Direktor. Und dazu kommen dann noch verschiedene EDV-Systeme in der Audio-System-Technik und der Studiotechnik. Das soll nun ganzheitlich geplant werden, so daß der Redakteur, der einen Sendelaufplan macht, den gleich in die Sendesteuerung hineingibt, ein Sendeprotokoll erstellt und die Honorare automatisch zur Honorarvorbereitung ausweist. Das ist ein sinnvoller Ablauf.

Ein größeres Problem ist, die zahlreichen verschiedenen Serviceabteilung in Technik und Verwaltung dazu zu bringen, auch an einem gemeinsamen Projekt ganzheitlicher, das heißt prozeßorientiert, zu arbeiten. Zur Optimierung muß die Programmreform, die wir jetzt durchgezogen haben, und die dazugehörige Organisationsreform in der Programmdirektion durch eine entsprechend analoge Zuordnung und Anpassung der anderen Direktionen in der Geschäftsleitung des WDR aufgegriffen werden.

Ein Beispiel: Bei jedem privaten landesweiten Hörfunksender hat der Programmchef auch einen kaufmännischen oder administrativen Chef an seiner Seite, beide arbeiten Hand in Hand. Es kann nämlich nicht Aufgabe des Programmchefs sein, in einem Wust von administrativen Vorgängen zu ersticken, vom Antrag auf Genehmigung einer Dienstreise über die Reisekostenabrechnung bis zur Einzelhonorierung und der Frage der Sozialversicherungsfreiheit. Wenn er all das selbst zu machen hat, dann hat er den Kopf nicht mehr für die wesentliche Aufgabe frei – das Programm. Das sind Aufgaben eines adäquaten und multifunktional denkenden Verwaltungsmitarbeiters.

Analog dazu hat EINS LIVE im technischen Bereich ein eigenes Producer-Team. Das heißt, die arbeitstechnische Zuständigkeit des Technischen Direktors für die sogenannten Hörfunktechniker ist in der Praxis schon übertragen worden. Das sind Leute, die ein neues Berufsbild auch mit redaktionellen Kompetenzen bekommen haben. Die einfachen technischen Aufgaben machen hier die Redakteure, die Reporter und Moderatoren selbst. Es muß insgesamt eine andere Art von Denkweise entstehen, die möglicherweise bis in die Geschäftsleitung, bis in die Direktion hinein langfristig zu einer neuen Organisationsform führt. Dabei wollen wir spezielles Know-how natürlich nicht über Bord werfen. Aber wir wollen in Pilotschritten, so wie bei EINS LIVE im Programmbereich, anfangen zu überlegen, wie man das weiter anpassen kann.

Frage:

Worin unterscheiden sich Managementaufgaben für ein journalistisches Produkt wie EINS LIVE vom Management anderer Produkte?

Baars:

Es gibt sicherlich viele Bereiche, die sind ähnlich. Das betrifft Menschenführung und Motivation. Gutes Klima gehört in jedes Unternehmen. Aber wir müssen in einem ganz besonderem Maße auch Verantwortung wahrnehmen. Wenn es in anderen Unternehmen um Kundenbetreuung geht, dann sind das Kunden, die ein Produkt kaufen oder eben nicht. Wir haben eine gesellschaftliche Verantwortung. Wenn ich weiß, daß EINS LIVE täglich 50 Prozent aller 14- bis 19jährigen in Nordrhein-Westfalen als Hörer erreicht, dann habe ich eine große Verantwortung im Hinblick auf die Frage: Wie präge ich eigentlich mit meinem Angebot eine ganze Generation? Das ist eine viel größere Verantwortung als Bonbons zu verkaufen oder T-Shirts.

Frage:

Haben Sie ein praktisches Beispiel für Ihr redaktionelles Management?

Baars:

Ich bin täglich im redaktionellen Management tätig. Wir machen jede Redaktionsbesprechung als Teambesprechung mit einer Rückschau auf die letzten 24 Stunden. Wir nehmen immer eine Stunde aus dem Programm heraus, hören die gemeinsam an und diskutieren darüber. Nur so kann man im Team einen gemeinsamen Qualitätsnenner, eine Diskussionskultur mit konstruktiven Feedbacks entwickeln.

Und wir reden natürlich jeden Tag auch darüber, was an Events oder größeren Veranstaltungen ansteht, die langfristig geplant werden müssen. Allein schon die Tatsache, daß wir jedes Jahr den EINS LIVE-Kalender rausbringen, zwingt uns dazu, bis zum Sommer die große Eventplanung für das nächste Jahr fertig zu haben. Für unsere Hörer ist das ein Service. Aber es zwingt auch das Team, ein bißchen über den Tellerrand hinaus zu denken und nicht immer von der Hand in den Mund zu leben, wie es bei Journalisten oft üblich ist. Wir haben auch einen eigenen „Perlenplaner". Der tut nichts anderes als sich zu überlegen, wie wir einen Parteitag in adäquater Weise auch für junge Leute umsetzen oder auch mal mit einer Comedy auf ein Ereignis reagieren können.

Frage:

Wenn Sie den Versuch einer Definition wagen: Was bedeutet redaktionelles Management bei EINS LIVE?

Baars:

Redaktionsmanagement heißt, Motivieren, für Kommunikation sorgen, Transparenz schaffen und eine vernünftige Planung, die es ermöglicht, Perlen ins Programm zu heben. Wenn eine Redaktion nur von der Hand in den Mund lebt, dann kommt schon aus Zeitgründen meist nur Durchschnittsware dabei heraus.

Gerald Baars, geb. 1953, Dipl.-Ingenieur der Raumplanung, volontierte beim WDR. Ab 1978 arbeitet er als Redakteur und Reporter im Landesstudio Dortmund, übernahm 1984 die Fernsehleitung im Kabelpilotprojekt Dortmund und ab 1988 die Leitung von WDR-Radio Dortmund. Seit 1994 ist Gerald Baars als Wellenchef für EINS LIVE verantwortlich.

8.3 Qualitätsinsel auf dem Fernsehboulevard
Interview mit Heiner Bremer, Redaktionsleiter RTL *Nacht-journal*, Köln

Frage:

Was gehört zum Redaktionsmanagement?

Bremer:

Das Redaktionsmanagement ist grundsätzlich nicht anders als jede Form von Management. Sie müssen Entscheidungsprozesse inspirieren, Sie müssen Entscheidungen treffen, motivieren und Menschen führen können. Es geht also auch beim Redaktionsmanagement in erster Linie darum, die Motivation von Menschen auf ein Höchstmaß zu bringen, sie zu großen Ideen und zu hohen Leistungen zu verführen, und dabei trotzdem zu zeigen, daß Sie selbst daran aktiv beteiligt sind. Es geht also um Teamwork im eigentlichen Sinne. Umgekehrt gilt natürlich: In jeder Redaktion hört jede Diskussion auch irgendwann einmal auf. Dann muß man entscheiden. Und das kann nur der – entweder Chefredakteur oder Redaktionsleiter -, der letztlich die Verantwortung hat.

Frage:

Wenn Sie auf Ihre langjährige Erfahrung in journalistischen Führungspositionen zurückblicken: Haben sich die Anforderungen an das Management von Redaktionen im Laufe der Zeit geändert?

Bremer:

Ich glaube nicht, daß sie sich geändert haben. Ich glaube, daß die Anforderungen jeweils davon abhängig sind, auf welchen Erfahrungsstand Sie in einer Redaktion aufbauen können. Je jünger eine Redaktion ist, desto straffer müssen Sie sie führen. Das ist keine Absage an die Jugendlichkeit, sondern eigentlich eher eine Umsetzung der Erkenntnis, daß Jungsein ja auch viel damit zu tun hat, daß die Erfahrung und das Wissen noch nicht so groß sind. Das wirkt sich dahingehend aus, daß häufig die Idee entsteht: So, wir erfinden die Welt `mal ganz neu – obwohl jeder weiß, daß das nicht geht und der Zuschauer oder der Leser das auch nicht annimmt. Also müssen Sie in so einem Fall stärker vorgeben, was Sie eigentlich wollen.

Mit erfahreneren Redaktionen ist der Gedanke des konstruktiven Teamworks, bei dem die Ideen hin und her „fliegen" und der Chef nicht immer nur alles weiß, während die anderen eigentlich Deppen sind, sehr viel einfacher umzusetzen.

Grundsätzlich gilt aber in jeder Phase: In einer Redaktion ist eine Managementauffassung sicher falsch, die glaubt: Ich weiß alles, und der mir untergebene Kollege weiß gar nichts. Trotzdem ist genau diese Auffassung ungemein verbreitet. Der Chef weiß alles und hat immer recht. Das ist ein Führungsstil, der meines Erachtens nicht motivierend ist, weil er im Grunde jedem anderen das Gefühl gibt: Eigentlich bin ich ja ein Idiot. Und wenn ich das nun schon bin, dann muß ich mich auch nicht sonderlich anstrengen.

Frage:

Heißt das, Personalführung ist der echte „Knackpunkt" beim redaktionellen Management?

Bremer:

Personalführung ist generell ein „Knackpunkt" in Unternehmen. Aber in Redaktionen, in denen es wirklich darauf ankommt, daß der Kollege oder die Kollegin hochmotiviert ist, daß er oder sie selbst Ideen einbringt und nicht wartet, bis der Chef sagt: Du machst heute die Geschichte A und morgen die Geschichte B, in Redaktionen, in denen er oder sie sagt: Ich möchte die Geschichte C machen, denn die habe ich schon recherchiert – in solchen Redaktionen ist Personalführung das „A und O". Wenn Sie da diese Gratwanderung zwischen Führung und gleichberechtigtem Ernstnehmen des anderen nicht schaffen, dann wird es schwierig.

Frage:

Wie geht das praktisch?

Bremer:

Ich versuche das zu tun, was ich beim STERN und auch in meinen Jahren als Manager beim *Springer*-Verlag auch gemacht habe: Ich versuche, nicht so sehr durch die hierarchische Position zu führen – also durch die Formalie: „Ich bin Redaktionsleiter" – ich versuche es überwiegend durch Sachargumentation. Denn ich bin überzeugt, daß im entscheidenden Moment meine Argumente überzeugender sind als die der anderen.

Ob das immer gelingt, weiß ich nicht. Es führt sicher auch dazu, daß man manches durchgehen läßt. Man kann dieser Auffassung entgegenhalten, daß eine straffe Führung, bei der immer einer klar sagt, wo es langgeht, vielleicht die Arbeit erleichtert, aber sie verbessert nicht unbedingt die Stimmung. Deshalb gehe ich lieber den schwierigeren Weg. Er ist zwar der kompliziertere, aber er führt zu mehr. Der Output ist größer. Und darauf kommt es letztlich an. Wenn Sie davon überzeugt sind, daß Sie mit Ihren Argumenten richtig liegen, dann können Sie es sich auch leisten, durch Argumentation zu überzeugen. Wer allerdings keine Argumente hat, der neigt dazu, per Hierarchie zu führen. In Redaktionen muß es sicher auch Hierarchien geben – man sollte sie aber nicht immer ausspielen.

Frage:

Was für Hierarchien gibt es beim *Nachtjournal*?

Bremer:

Hier im *Nachtjournal* gibt es – Gott sei Dank – gar nicht so viele. Es gibt im Grunde die Redaktionsleitung – also mich – und den Chef vom Dienst, der dann auch mein Vertreter, also der zweite Redaktionsleiter ist. Und dann gibt es die Reporter, Autoren, Redakteure, Filmredakteure, die aber hierarchisch eigentlich keine besondere Funktion mehr haben. Und das ist auch gut so. Deshalb ist das Klima hier eigentlich sehr gut, weil alle sich mehr oder minder gleichrangig, gleichberechtigt fühlen. Dann kommt es nämlich darauf an, wer die bessere Idee hat.

Generell ist es bei RTL – und wahrscheinlich bei allen privaten Sendern – eigentlich ein Vorteil, daß die Hierarchiestrukturen – im Gegensatz zu den öffentlich-rechtlichen – relativ begrenzt sind. Wir haben keine Hauptabteilungsleiter oder was es da sonst noch gibt. Bei RTL gibt es im Grunde – bleiben wir einmal im Informationsbereich – einen Chefredakteur und einen stellvertretenden Chefredakteur. Dann folgen schon die einzelnen Sendungsverantwortlichen. Und schließlich gibt es noch eine Art Koordinator für die einzelnen Sendungen. Er soll verhindern, daß alle aneinander vorbei planen und alles wahnsinnig teuer wird. Das hat viel damit zu tun, daß der

Chefredakteur zunehmend auch Geschäftsführungsaufgaben wahrnimmt. Wenn ich also streng hierarchisch im Sinne einer Weisungsbefugnis denke, dann gibt es nur zwei obere Hierarchiepositionen und dann folgen auch schon die Sendungsverantwortlichen.

Das ist bei den öffentlich-rechtlichen Anstalten ja ganz anders. Da gibt es Hauptabteilungsleiter, Abteilungsleiter, Wirtschaftsressortleiter, Politikressortleiter – das ist alles ganz grauenhaft.

Eine flachere Hierarchie erleichtert die Arbeit. Sie können viel schneller entscheiden und brauchen nicht so furchtbar viele Diskussionsstationen. Diskussionen sind ja gut, aber manchmal muß man auch schnell entscheiden. Es hat ja wenig Sinn, wenn Sie die optimale Entscheidung zum falschen Zeitpunkt getroffen haben, nämlich wenn das Ereignis längst vorbei ist. Ein Problem der jungen, privaten Sender ist allerdings, daß es eine auf Führung abzielende Diskussionskultur kaum gibt. Das mag daran liegen, daß der Sender noch zu jung ist, daß die wenigsten es je gelernt haben und daß die wenigen „Hierarchen", die es bei uns gibt, es auch eigentlich nicht wollen. Ihnen ist es dann doch lieber, wenn sie sagen können, wo es langgeht. Dann haben sie ihre Ruhe. Das hat aber eben schwere Nachteile, weil die Motivation natürlich nachläßt. Wenn man wie ich aus langen Jahren Redaktionsarbeit bis hin zum Chefredakteur des STERN kommt, dann hat man gelernt, daß ein Medienunternehmen eine Diskussionskultur braucht. Im Bereich der Medien sind Weisungen ohne Argumente auf Dauer nicht kreativ fördernd.

Frage:

Welche Diskussionskultur gibt es im *Nachtjournal*, um das Produkt, die Sendung voranzubringen?

Bremer:

Es gibt mehrere Stufen. Zunächst gibt es die sogenannte „Tagesplanung", die morgens gegen zehn Uhr anfängt, den ganzen „Nachrichtensalat" ordnet, guckt und entscheidet, was davon und vor allem in welche Richtung es für uns von Interesse sein könnte. Das *Nachtjournal* ist ja eine Magazinsendung. Das heißt, bloßes Nachplappern von Nachrichten kann es für uns nicht sein. Wir müssen die Nachricht weitertreiben, sie hinterfragen, Zusammenhänge herstellen, Hintergründe beleuchten, den Zuschauern Handreichungen geben, die Entwicklung nach vorn treiben.

Nun gibt es etwa zwanzig Meldungen am Tag, die interessant sind und von denen wir allenfalls fünf oder sechs wirklich zu Magazingeschichten bauen können. Dann folgt der erste Diskussionsprozeß, bei dem wir – telefonisch oder in der Redaktion – entscheiden, was die wesentlichen Tagesthemen sind.

Die eigentliche Diskussionsrunde, die manchmal ganz schön lange dauern kann, findet um 15 Uhr mit der Gesamtredaktion statt, vor allem mit den Autoren. Mit denen diskutiere ich darüber, was die richtigen Themen des Tages sind und wohin unsere Umsetzung gehen soll. Das Gestalten der Sendung macht ja mehr Spaß als das bloße Präsentieren. Ich glaube, ich habe eine Menge Erfahrung aus fast dreißig Jahren Journalismus. Deshalb überlege ich mit, was man bei einer Sache wie dem Atomausstieg machen kann. Man kann natürlich eine Geschichte profan an der Oberfläche machen. Beispiel Atomausstieg: Die SPD streitet, ob der nun in dreißig Jahren vollzogen wird, wie Schröder meint, oder früher, was die Grünen wollen, sonst gibt es keine Koalition. „Hickhack bei rot-grün", das kann man machen.

Man kann aber auch weiter gehen. Denn ich weiß nicht, ob es die Leute vom Stuhl reißt, wenn wir nur beschreiben. Man kann sagen: Was heißt das überhaupt? Was ist realistisch an diesem Ausstiegsszenario? Wie teuer wird das? Und wer zahlt das? Der Steuerzahler! Wird der dann nicht sagen: Dann macht es so billig wie möglich, auch wenn es noch dreißig Jahre dauert, als daß jetzt Milliarden investiert werden.

Über diese Dinge wird dann hin und her diskutiert: Welche Gedankengänge pro und contra, welche Argumente muß man berücksichtigen, um nicht einseitig, also agitatorisch zu werden? Davon halte ich nämlich nichts. Ich bin zwar der Meinung, daß Magazinbeiträge – egal, ob im Fernsehen oder in der Presse – eine Stoßrichtung haben müssen, sonst sind sie langweilig. Sie müssen Akzente setzen, aber sie dürfen weder agitatorisch noch missionarisch sein. Die siebziger Jahre und der Journalismus mit dem erhobenen Zeigefinger, das ist vorbei. Der Zuschauer oder Leser will an die Hand genommen, aber er will dabei nicht in eine Richtung gedrängt werden. Er will die Freiheit haben, zu sagen: Ich bin *der* Meinung oder ich bin *der* Meinung. Und das muß man als Journalist berücksichtigen. Solche Diskussionen führen wir dann. Und die führen wir eigentlich jeden Tag.

Darüber hinaus gibt es natürlich noch eine sehr ausgiebige Wochenkonferenz, in der die Planung für die nächste Woche besprochen wird. Bei latent aktuellen Ereignissen, von denen man weiß, daß etwas passiert wird, überlegen wir in der Wochenkonferenz, was uns dazu einfällt und in welche Richtung die Geschichte gehen könnte. Das sind sehr inhaltliche Diskussionen und – wie ich weiß – eigentlich die einzigen der Art, die hier im Sender geführt werden. Bei den Nachrichten z. B. geht das morgens zack-zack-zack, das machen wir, das machen wir nicht, und das war es dann. Und auch bei *Punkt 12* wird nach meiner Kenntnis nicht so intensiv diskutiert. Bei denen liegt es aber wohl auch daran, daß die Redaktion weniger Zeit hat. Die fängt um halb acht an und muß um zwölf eine Sendung auf die Beine gestellt haben. Wenn man sich die Sendung dann anguckt, kann man ja auch daran zweifeln, ob das eine Nachrichtensendung ist oder eigentlich eher eine Unterhaltungssendung nach dem Motto „Menschen, Tiere, Sensationen". Das ist möglicherweise das richtige Konzept für eine Klientel, die um zwölf Uhr mittags Fernsehen guckt: Rentner, Hausfrauen usw. Das *Nachtjournal* hat natürlich einen anderen Anspruch und muß deshalb auch anderes planen und arbeiten.

Frage:

Ist das *Nachtjournal* eine Qualitätsinsel bei RTL?

Bremer:

Ich fürchte, ja. Dafür spricht auch, daß wir manchmal den Eindruck haben, der Stellenwert des *Nachtjournals* ist nach außen ungleich höher als nach innen. Das liegt vielleicht daran, daß RTL einfach aus seiner Entstehungsgeschichte heraus zu stark am Boulevardkonzept orientiert ist, gegen das ich grundsätzlich nichts habe. Es kann eine Schiene sein, es darf aber auf Dauer nicht die einzige bleiben, auch nicht bei einem privaten Sender. Das ist eine Gratwanderung. Ich habe auch nichts dagegen, Quote zu machen. Je stabiler die Quote, desto unangreifbarer ist die Sendung. Also muß man hin und wieder Kompromisse machen. Trotzdem muß man versuchen, das Niveau beizubehalten. Es gibt ja auch guten Boulevard, amüsanten Boulevard. „Boulevard" ist ja eigentlich sowieso falsch als Schimpfwort. Die *Champs-Elysées* – ein Boulevard, also bitte ...!

Das *Nachtjournal* ist also dazugekommen und hat plötzlich einen ganz anderen, einen journalistischen Anspruch. Von daher ist es nicht verwunderlich, daß wir auch ein bißchen beneidet werden und in den Ruf kommen, die Elitären, die Arroganten zu sein, was nicht stimmt. Das *Nachtjournal* ist ganz sicher eine Insel. Und irgendwie hat RTL dann den Mut verloren, mehrere dieser Inseln zu schaffen.

Frage:

Ist es dann schwierig, das eigene Konzept im Sender gegen andere zu verteidigen?

Bremer:

Ich will nicht sagen, daß es schwierig ist. Aber es ist immer ein bißchen anstrengend. Wenn Sie ein stark boulevardeskes Konzept für alle Sendungen haben, dann ist es nicht immer ganz einfach, als einzige Sendung davon nicht in Beschlag genommen zu werden. Vor allem, wenn die Chefredaktion den Journalismus eigentlich eher im Boulevard-Konzept verankert sieht. Natürlich kann man das machen. Bei „Diana" kommt es letztlich nicht darauf an, daß man das Thema macht, sondern wie man es macht. Wir haben es sicherlich immer noch anspruchsvoller gemacht als manch anderer Sender.

Es gibt Themen, die machen wir auch, aber wir setzen sie ein bißchen anders um. Und wegen dieses Andersseins haben wir unsere Zuschauer. Ich glaube, wenn man aus dem *Nachtjournal* eine Art „Mitternachts-Explosiv" machen würde, würde das schief gehen. Schlicht und ergreifend, weil die Zuschauer, die sich das ansehen, dann nicht da sind. Die liegen im Bett, weil sie morgens um fünf oder um sechs aufstehen müssen. Schon von den ansprechbaren Zuschauern her muß die Sendung anspruchsvoller sein. Es sind nämlich die Meinungsbildner, die spät nach Hause kommen und morgens auch erst um halb neun ins Büro fahren. Die wollen dann gerne noch eine fundierte Sendung sehen und hatten vorher immer darunter gelitten, daß es dann nur Drei-Minuten-Flashes gab. In diesem Bereich haben wir uns ja auch durchgesetzt.

Letztlich ist der Sender nach außen dann doch stolz darauf, daß er so ein Angebot wie das *Nachtjournal* hat. Denn die Sendung wird außerhalb von RTL in einem Atemzug mit *Tagesthemen* und *heute journal* genannt. Auch in der Branche ist unser Ruf eigentlich sehr gut.

Frage:

Was heißt für Sie „journalistische Qualität"? Gibt es Kriterien, mit denen man die beschreiben kann?

Bremer:

Das letzte Qualitätsmerkmal ist natürlich die Akzeptanz, wobei man damit allerdings aufpassen muß, gerade im Fernsehen. Ich glaube, der Zuschauer würde im Extremfall irgendwelche Bilder akzeptieren, wenn er das Thema interessant findet. Wir aber sagen dann: Mein Gott, was habt Ihr da für Bilder genommen? Die passen ja gar nicht zum Text. Genauso findet – so glaube ich – der Leser des SPIEGEL eine informative Geschichte ebenso gut wie eine brillant geschriebene Reportage, bei der er die Brillanz gar nicht so erkennt. Für mich sind die Maßstäbe für guten und anspruchsvollen Journalismus: Schwierige, anspruchsvolle Themen, die relevant und interessant sind, so aufzubereiten, daß der Zuschauer nicht wegzappt, daß er sich angesprochen fühlt, dabeibleibt, daß er die Berichterstattung als für ihn wichtig empfindet und sie dabei möglichst einfach nachvollziehen kann, ohne daß der Tiefgang verloren geht.

Das beste ist ja, wenn ich Politik unterhaltsam verkaufe – gerade um Mitternacht, mit witzigen Einfällen, bei denen man gar nicht in die Gefahr gerät, einzuschlafen. Das ist anspruchsvoller Journalismus. Ich informiere, ich kläre auf, ich versuche – soweit es mit den Mitteln des Mediums Fernsehen geht – Hintergründe zu beleuchten oder Zusammenhänge herzustellen.

Dies geschieht für mich unter dem Vorbehalt, daß das Fernsehen per se ein oberflächliches Medium ist, das allzu starke Differenzierung gar nicht erlaubt. Allein deshalb, weil man mit den Mitteln des Bildes nicht alles so differenziert machen kannst. Aber trotzdem kann man es versuchen und jedenfalls einen Status erreichen, wo dann zwar die gut geschriebene Seite-Drei-Geschichte der SÜDDEUTSCHE ZEITUNG das noch vertieft, aber genau da liegt ja auch die Ergänzungsfunktion. Ich habe immer gesagt, solche Zeitungen werden nie sterben, denn die brauchen wir auch. Die Mischung aus hoher Aktualität, starken Bildern, unterhaltsam und leicht nachvollziehbar komponiert und trotzdem mit dem Versuch, dem Zuschauer drei, vier Gedanken nahe zu bringen, das ist für mich guter Fernsehjournalismus.

Frage:

Guter Journalismus kostet Geld. Gibt es Situationen, in denen Sie sich gegen Qualität und für Kosteneinsparungen entscheiden müssen?

Bremer:

Natürlich gibt es die. Das gilt vor allem für Ideen, von denen man ahnt, daß man sie umsetzen könnte – Enthüllungsstories oder exklusive Geschichten –, die aber einfach schon daran scheitern, daß man im Rahmen eines Tagesmagazins nicht die Zeit dazu hat und erst recht nicht das Geld, damit ein Reporter eine Woche nur einem Thema nachgeht. Ich würde deshalb gerne nochmal ein Monats- oder Wochenmagazin machen. Aber ein gutes, nach dem Vorbild US-amerikanischer Magazine, wie *Sixty Minutes*. Das können wir hier nicht. Wir haben weder die Manpower, noch das Geld dazu.

Wenn einer eine Woche lang ausfällt, kostet das zumindest Geld für den, der dafür einspringen muß, den Sie frei engagieren müssen. Und heutzutage kostet in der Regel auch die Recherche Geld, weil Informationsgelder gezahlt werden müssen. Auch wenn es nicht gleich so hohe Summen sind wie bei SPIEGEL oder STERN, aber es läppert sich. Das ist manchmal ein bißchen ärgerlich, aber das gilt für jedes Tagesmagazin im Fernsehen. Es kommt ja immer noch hinzu, daß Sie bei solchen Geschichten auch immer diese Kameras dabei haben. Für die Print-Kollegen ist das ja einfacher: die schreiben mit und haben eine tolle Geschichte. Man glaubt natürlich, im Fernsehen muß das auch so sein. Und dann kommt die Kamera und niemand macht mehr den Mund auf.

Frage:

Verraten Sie mir, was das *Nachtjournal* im Minutenpreis kostet?

Bremer:

Das ist gar nicht so teuer, wie man vielleicht denkt: ungefähr 3.300 Mark pro Minute, alles inklusive.

Frage:

Finanziert sich das Format selbst durch die Werbeeinnahmen?

Bremer:

Sagen wir mal so: Die Werbung, über die man in einer Informationssendung ja streiten kann und die natürlich immer ein bißchen Quote kostet, die hat natürlich einen Vorteil: Sie schafft finanzielle Freiräume. Denn so können wir sagen: Wir tragen zumindest zum Deckungsergebnis bei. Ich glaube nicht, daß wir damit alles abdecken, aber wir haben unseren eigenen Beitrag geleistet.

Frage:

Mit welcher Strategie versuchen Sie, dem negativen Effekt der Werbung, der Zuschauerabwanderung, gegenzusteuern?

Bremer:

Sie müssen dem Zuschauer irgendwie ein Bonbon hinhalten, auf den er sich auch freut. Er muß dann sagen: O.k., Ihr habt jetzt zwar drei Minuten Werbung, aber das, was dann kommt, möchte ich doch noch sehen. Aus Erfahrung sind das vor allem verbraucherorientierte oder Gesundheitsthemen, für die viele dranbleiben. Aber es gehen natürlich auch immer Zuschauer weg. Es gibt ja ein bestimmtes Nachrichtenverhalten, in der Redaktion und bei den Zuschauern. Die wichtigsten Dinge kommen am Anfang, dann gibt's den Nachrichtenblock, und dann kommen vielleicht noch hübsche Geschichten, die einen noch einmal vor dem Zubettgehen amüsieren können. Aber wenn ich todmüde bin, kann ich auf die verzichten. Wenn das allerdings Sachen sind, bei denen die Zuschauer das Gefühl haben, das betrifft ihren Lebensalltag – z. B. Ratschläge, wie man richtig mit Lebensversicherungen umgeht – dann bleiben sie natürlich leichter dran.

Frage:

Gibt es für das *Nachtjournal* ein Budget, in dessen Rahmen Sie Schwerpunkte setzen können?

Bremer:

Es gibt ein Jahresbudget für das *Nachtjournal*. Wie wir das ausgeben, wie wir da die Akzente setzen, liegt in unserer Hand. Trotzdem sollte man – z. B. bei Auslandseinsätzen – versuchen, die Kosten zu minimieren, indem man andere Redaktionen fragt: Seid Ihr daran auch interessiert? So kann man die Kosten auf mehrere Redaktionen verteilen. Wir haben ein Budget, mit dem man eine gute Sendung machen kann. Wir haben kein Budget, mit dem man Wahnsinnssprünge machen kann – das muß man klar sehen.

Frage:

Wenn Sie unabhängig von finanziellen Rahmenbedingungen oder von Vorgaben aus der Chefredaktion strategisch etwas entwickeln könnten: Welche Pläne würden Sie umsetzen?

Bremer:

Stärker reportagehaft angelegte Geschichten aus Deutschland, aber auch aus dem Ausland. Selbstgedrehte – auch mal mit zwei Tagen Investition verbundene – Geschichten, z. B. aus den neuen Ländern. Unter dem Druck der Tagesaktualität reißen wir häufig vieles an und versuchen auch, Hintergründe zu liefern. Aber die hautnahen Geschichten über Menschen, die kommen dann zu kurz. Sowas käme der Mischung des *Nachtjournal* hin und wieder mal zugute. Aber das kostet eben ein bißchen mehr Geld.

Frage:

Gibt es strategische, langfristige Planungen für das *Nachtjournal*, z. B. im Rahmen einer Projektredaktion?

Bremer:

Nein, das lohnt sich nicht. Dazu ist schon das Tagesgeschäft zu stark überlagernd. Es gibt interne Sitzungen, die man an Tagen abhält, an denen nicht so viel los ist – z. B. zum Bundestagswahljahr: Was wollen wir da zusätzlich anbieten? Wir haben ab Mitte August '98 regelmäßig ein 20minütiges „Wahl-Spezial" gemacht. Da haben wir dann überlegt, welche Themen wir aufarbeiten wollen, wie das geschehen soll (Features oder Reportagen?). Das sind Projektdiskussionen, die aber nicht so häufig vorkommen, weil wir so viele Möglichkeiten dazu nicht haben.

Einer der Engpässe hier im Sender ist ja, daß es wenig Chancen gibt, andere Formate umzusetzen. Im Grunde könnten wir mit den *Nachtjournal*-Autoren viele andere Formate angehen. Wir haben kein *Auslandsjournal*, wir haben keine *Brennpunkte* – wir müssen immer alles im *Nachtjournal* unterbringen. Bei RTL heißt es immer: *Brennpunkt*? Sowas läuft nicht! Aber die laufen natürlich alle – sogar sehr gut, weil die Leute bei bestimmten Ereignissen ein Informationsbedürfnis haben. Aber dafür ist hier im Haus zu wenig Mut vorhanden.

Das engt uns sehr ein, denn wir haben dann höchstens mal im Wahljahr die Chance, zusätzlich zwanzig Minuten Sendezeit zu bekommen und ein Spezial zu machen.

Natürlich können wir auch im *Nachtjournal* mal monothematisch vorgehen, wie beim ICE-Unglück von Eschede. Da haben wir zwei Tage lang nur die Bahn im Programm gehabt – aber das ist ja nicht die Regel. Ursprünglich war das so angedacht, nach dem Muster von *ABC Nightline*: jeden Tag nur ein Thema. Ich habe zu Helmut Thoma gesagt: Das funktioniert in Deutschland nicht. Es gibt in Deutschland nicht jeden Tag *das* Thema, das die Leute bindet. Dazu ist Deutschland zu klein, das kann man in den USA machen, aber hier nicht. Hier müssen Sie sich im Grunde entschließen, eine eigene Antwort auf *Tagesthemen* und *heute journal* zu geben. Wenn Schwerpunkte da sind, dann bildet man sie in der Sendung. Aber an sich muß man davon ausgehen, daß es fünf oder sechs Stücke unterschiedlichster Thematik gibt, weil es diese umfassenden Tagesereignisse nicht gibt. Eschede passiert ein Mal in zwanzig Jahren. Gott sei Dank!

Frage:

Die Wissenschaft liebt ja immer die Definitionen. Wenn Sie noch einmal versuchen könnten, „Redaktionsmanagement" auf eine kurze, knappe Formel zu bringen.

Bremer:

Klare Führung bei hoher Motivation.

Heiner Bremer, geb. 1941, studierte Jura und Politikwissenschaft in Berlin und Hamburg. Ab 1971 arbeitete er als politischer Redakteur beim STERN und übernahm 1976 die Leitung des Politikressorts. Von 1984 bis 1986 war Bremer geschäftsführender Redakteur beim STERN, von 1986 bis 1989 einer von drei Chefredakteuren des Magazins. 1989 wechselte er für vier Jahre als Unternehmenssprecher zum *Axel Springer Verlag*. Seit November 1993 ist Heiner Bremer Redaktionsleiter und Moderator des *Nachtjournals* bei RTL.

8.4 Vom Erfinder über den Macher zum Strategen
Interview mit Holger Cappell, Redaktionsleiter *NRW am Mittag*, WDR, Düsseldorf

Frage:

Welche Funktionen hat ein Redaktionsleiter?

Cappell:

Nach meiner Auffassung sind es mindestens fünf Funktionen, die sich teils bedingen, teils ergänzen. Zunächst und vorrangig trägt der Redaktionsleiter die journalistische Gesamtverantwortung für sein Produkt. Zudem ist er verantwortlich für die Personalführung in seinem Zuständigkeitsbereich, d. h. den Einsatz fester und freier Mitarbeiter. Sehr wichtig sind und noch wichtiger werden die Finanzplanung und die Kostenkontrolle – Stichwort Budgetierung. Aber auch die Bedeutung der PR- bzw. Öffentlichkeitsarbeit hat erheblich zugenommen, also die Bemühungen, das Produkt in einem immer unübersichtlicheren Markt zu positionieren. Und schließlich ist der Redaktionsleiter bei zunehmender Arbeitsverdichtung und immer komplexer werdenden Produktionsprozessen wichtiger Kommunikator auch im eigenen Haus.

Frage:

In welcher Rangfolge stehen die einzelnen Ausgaben des redaktionellen Managements?

Cappell:

Als Redaktionsleiter trage ich die journalistische Gesamtverantwortung für die Produkte *NRW am Mittag* und *NRW im Gespräch*. Gesamtverantwortung heißt für mich, die journalistische Richtlinienkompetenz für die Sendung wahrzunehmen. Also: Worüber berichten wir? Und: Wie berichten wir? Ich setze die Standards für die Sendung und sorge dafür, daß sie eingehalten werden bzw. eingehalten werden können. Die journalistische Qualitätssicherung ist mithin das Ziel und hat oberste Priorität. Die anderen genannten Aktionsbereiche – Personalführung, Finanzplanung/Kostenkontrolle und

Produktmarketing im weitesten Sinne – sind notwendig, um dieses Ziel zu erreichen, und zwar in der gerade genannten Reihenfolge.

Frage:

Ein Produkt ist nur so gut wie das Team, das daran arbeitet. Trifft das auch für eine Fernsehsendung zu?

Cappell:

Die Personalführung hat unmittelbar mit der journalistischen Gesamtverantwortung zu tun und ist wichtigstes Steuerungselement des Redaktionsleiters: Wer nimmt wann und wie welche Aufgabe wahr? Es gibt in vielen Köpfen immer noch die Vorstellung, ein Redakteur müsse einfach alles können und er müsse vor allem alles gleichermaßen gut können. Das ist ganz einfach Quatsch – eine Idealvorstellung, die mit der Wirklichkeit nichts, aber auch überhaupt nichts zu tun hat. Ein guter Reporter ist nicht auch per se schon ein guter Redakteur. Und ein guter Redakteur ist nicht zwangsläufig auch ein guter Moderator. Ebensowenig ist jeder Moderator zum Redaktionsleiter geeignet oder umgekehrt. „Superman", auch wenn wir uns ihn noch so sehr wünschen mögen, ist nun einmal eher die Ausnahme als die Regel.

Deshalb ist ganz wichtig, die vorhandenen Mitarbeiter so einzusetzen, wie es ihren Fähigkeiten und Neigungen entspricht. Das ist nicht nur eine Floskel, sondern unabweisbare Notwendigkeit. Andere Mitarbeiter als die vorhandenen habe ich erst einmal nicht. Und vermutlich werde ich sie auch so schnell nicht bekommen, wenn überhaupt! Also muß ich alles daransetzen, daß sich die Mitarbeiter wohl fühlen und somit aus sich selbst heraus motiviert sind. Denn der Spielraum für externe Motivationsfaktoren, etwa Gehaltserhöhungen oder Leistungsprämien, ist gleich null. Viel mehr als ein gutes Redaktionsklima kann ich nicht bieten. Aber auch nicht weniger.

Frage:

Welchen finanziellen Spielraum haben Sie für die Ausgestaltung der beiden Sendungen?

Cappell:

Es gibt für *NRW am Mittag* und *NRW im Gespräch* einen festgesetzten Etat. Der ist niedriger als für alle anderen vergleichbaren Sendungen im WDR. Trotzdem habe ich damit auszukommen. Und ich bin der Auffassung: man kann damit auskommen. Ohnehin sind die Zeiten, in denen man seinen Etat immer kräftig überziehen mußte, um im Folgejahr mindestens genauso viel wie im Vorjahr zu bekommen, längst vorbei. Jetzt gibt's Monat für Monat die Kostenübersicht – und wenn ich überziehe, bekomme ich früher oder später garantiert Ärger. Und zwar um so mehr, je höher die Überziehung wird. Ich muß zwar nicht damit rechnen, daß ich gefeuert werde. Wohl aber damit, daß man mir zunehmend in meine Arbeit hineinredet. Und wer läßt sich schon gerne in seine Arbeit hineinreden? Was gut für den Etat ist, muß nicht gut für das Programm sein. Und umgekehrt. Stichwort „journalistische Qualitätssicherung": Was kann sich die Sendung leisten? Was muß sie sich leisten? Diese Frage sollte unbedingt in der Redaktion beantwortet werden, nicht von außen. Nicht nur wegen des Redaktionsklimas, aber auch deswegen. Deshalb ist die Frage der Finanzplanung und Kostenkontrolle nach der der Personalführung die zweitwichtigste.

Frage:

Sie haben außerdem das Produktmarketing genannt. Warum gehört auch das zum redaktionellen Management?

Cappell:

PR bzw. Produktmarketing wird einfach immer wichtiger. Bei rund 30 Sendern, die inzwischen die meisten Haushalte über Kabel oder Satellit empfangen, können wir uns nicht mehr allein darauf verlassen, daß wir nur zu senden brauchen, um auch gesehen zu werden. Nein, begleitende Presse- und Öffentlichkeitsarbeit ist unabdingbar und wird sehr ernst genommen. Viele Tageszeitungen veröffentlichen auf ihren Fernsehseiten Programmhinweise und nennen die Top-Themen unserer Sendungen. Zusätzlich geben wir in regelmäßigen Abständen Pressekonferenzen, um auf wichtige Veränderungen im Programm von *NRW am Mittag* und *NRW im Gespräch* hinzuweisen. Die Akzeptanzanalysen der Zuschauerforschung zeigen, daß wir nach unseren Pressekonferenzen stets neue Zuschauer hinzugewonnen haben. Das ist gut und wichtig, denn beim Wettbewerb unter den Fernsehsendern spielen neben qualitativen zunehmend auch quantitative Gesichtspunkte eine Rolle. Dennoch, das muß man ganz klar sagen, hat das Produktmarketing unter den fünf genannten Aktionsbereichen noch die geringste Bedeutung.

Frage:

Verstehen Sie sich dann also als personale Schnittstelle zwischen den unterschiedlichen Tätigkeitsbereichen?

Cappell:

Eindeutig ja.

Frage:

Warum sind solche Schnittstellen heute wichtiger als früher?

Cappell:

Die Arbeitsverdichtung hat sowohl in der Redaktion als auch in der Produktion stark zugenommen. Zugleich wird unsere Arbeit immer arbeitsteiliger, schneller und unpersönlicher. Hinzu kommt eine erhebliche Personalfluktuation: Die massive Ausweitung des Programms hat auch eine massive Ausweitung der Zahl der freien Mitarbeiter nach sich gezogen. Die Folgen liegen auf der Hand: Es gibt weniger informelle Kontakte zwischen den einzelnen Arbeitsbereichen, beispielsweise zwischen Autor und Kameramann. Früher haben die sich vor dem Dreh ausführlich besprechen können, vielleicht sogar eine Vorbesichtigung des Drehortes gemacht. Nach dem Dreh haben – im Idealfall – Autor und Kameramann gemeinsam mit der Cutterin das Material gesichtet, in jedem Fall aber beim nächsten Dreh über Erfolg oder Mißerfolg gesprochen.

Und heute? Aktuelles Fernsehen ist so schnell geworden, daß es die klassische Vorbesichtigung längst nicht mehr gibt. Also treffen sich Autor und Kameramann meist erst unmittelbar vor Drehbeginn, häufig auch erst am Drehort, weil es fast schon Standard ist, daß der Kameramann zwei Einsätze hintereinander fährt. Und häufig lernen sie sich sogar erst dort kennen, weil gerade mal wieder ein neuer Autor zum Einsatz kommt. Der Stress ist fast schon programmiert. Gibt es in dieser Situation Probleme, so können die häufig nicht mehr an Ort und Stelle ausgeräumt werden. Der Zeit- und Produktionsdruck machen ein klärendes, um Verständnis bemühtes Gespräch einfach unmöglich. Der Autor muß vom Dreh schnell zurück ins Funkhaus, der Kameramann weiter zu seinem nächsten Einsatz. Ob und wann sie sich wiedersehen und über den Dreh sprechen können, ist unklar.

Frust und Ärger sowohl in der Redaktion als auch in der Produktion nehmen unter solchen Bedingungen zu, wenn nicht gegengesteuert wird. In Grenzen kann ich dem als Redaktionsleiter entgegenwirken. Etwa, indem ich regelmäßig einem größeren Personenkreis Hintergründe und Zusammenhänge erkläre und so Transparenz schaffe. Verständnis für die Situation auch des anderen zu schaffen, das Gemeinsame deutlich zu machen, kann helfen, dem Frust vorzubeugen oder Frust abzubauen, wenn er bereits entstanden ist. Die Redaktionskonferenz ist ein geeigneter Ort dafür. Ebenso das informelle Gespräch mit opinion leadern in der Produktion, also beispielsweise dem Sprecher der Kameraleute oder der Sprecherin der Cutterinnen.

Frage:

Können Sie die Anforderungen an das Redaktionsmanagement an einem Beispiel konkretisieren?

Cappell:

Nehmen wir eine Situation aus dem Frühjahr 1998. Die Sendung *NRW am Mittag*, die Anfang 1997 sehr erfolgreich gestartet war, hatte um die Jahreswende 1997/98 Einbußen bei der Zuschauerakzeptanz erlitten. Der Marktanteil in NRW hatte im Jahresdurchschnitt 1997 bei rund 9,2 % gelegen, war dann aber um den Jahreswechsel herum um etwa zwei Prozentpunkte gesunken. Darauf zu reagieren, gehörte zu den Anforderungen an das Redaktionsmanagement, und zwar unter allen fünf Gesichtspunkten – dem der journalistischen Gesamtverantwortung, der Personalführung, der Finanzplanung und Kostenkontrolle, der PR – bzw. Öffentlichkeitsarbeit und auch der Kommunikation im eigenen Haus.

Die Analyse des Medienreferats ergab, daß wir unter drei Faktoren gelitten hatten. Da war zum einen die Schwimm-Weltmeisterschaft, die regelmäßig extrem hohe Zuschauerzahlen holte, solange deutsche Schwimmer unter den Teilnehmern waren. Zum zweiten machten uns die Olympischen Winterspiele zu schaffen, die ebenfalls viele unserer Stammzuschauer anlockten. Schließlich drittens eine Programmänderung in der ARD, die das Sehverhalten unserer Zuschauer für uns negativ beeinflußte. Was also tun? Rasch wurde klar, daß wir gegen die Schwimm-WM und die Winterspiele nicht wirklich etwas würden ausrichten können. Das sind einmalige, zeitlich begrenzte Ereignisse, wie sie immer mal wieder vorgekommen waren und auch vorkommen werden. Doch gegen die Programmänderung bei den Mitbewerbern können und wollen wir vorgehen – indem wir im eigenen Programm reagieren. Also überlegen Redaktionsleiter und Redaktion, wie eine solche Reaktion aussehen könnte. Das Ergebnis: keine kurzfristige, übereilte Reaktion, statt dessen strategische Maßnahmen, d. h. zwei neue Serien, die wir für *NRW am Mittag* auflegen wollen. Aus zahlreichen Untersuchungen wissen wir, daß Beiträge aus dem Servicebereich besonders gut angenommen werden, ebenso Beiträge, die „Land und Leute" zeigen. Diesen Interessen der Zuschauer wollen wir noch näher kommen. Konkret: eine Serie *Fitness im Alltag* sowie die *NRW am Mittag-Maitour*, eine Radtour auf der alten Kaiserroute von Aachen nach Paderborn, also quer durch unser Land, vor allem unter Beteiligung der Zuschauer. Erste Zuschaueranalysen nach dem Start der *NRW am Mittag-Maitour* zeigen sehr bald, daß die Rechnung aufgeht. Die „Quote", also unser Marktanteil in Nordrhein-Westfalen, klettert wieder deutlich nach oben.

Frage:

Wie ließ sich dieses Projekt organisieren und finanzieren?

Cappell:

Bei einem solchen Projekt ist von vornherein klar, daß wir beides allein mit WDR-Mitteln nicht stemmen können. Also muß die eine Serie als Auftragsproduktion laufen, die andere kann mit WDR-Kapazitäten hergestellt werden. Auch daraus ergeben sich wieder eine Menge Fragen: Wer in der Redaktion betreut die Auftragsproduktion? Klar, das muß ein festangestellter Redakteur machen, da gibt es überhaupt keinen Spielraum. Und wer organisiert die Fahrradtour? Beauftragen wir – wie bei zwei Serien im Vorjahr – einen freien Journalisten? Gehen wir damit den gewohnten und bewährten Weg? Die Redaktion schlägt das vor. Oder macht es diesmal ein festangestellter Redakteur, was ich für eine gute Idee halte? Denn der festangestellte Kollege hat viel Spaß an solchen Projekten und zudem auch die Kosten im Blick. Der Einsatz des festangestellten Redakteurs kann allerdings nur funktionieren, wenn andere Redaktionskollegen – der Redaktionsleiter eingeschlossen – seine Routinetätigkeiten übernehmen. Das heißt im Klartext: Mehrarbeit für alle. So haben wir es einvernehmlich beschlossen.

Frage:

Kann ein solches Projekt denn ohne Mehrkosten auf den Weg gebracht werden?

Cappell:

Die Kostenübersicht dokumentierte für uns schon früh im Jahre 1998 eine angespannte Finanzlage. Damit war die Entscheidung klar: Alles, was auch nur ansatzweise mehr als das übliche Geld kosten würde, war tabu. Also muß der Redaktionsleiter darauf hinarbeiten, daß beide Serien möglichst preiswert produziert werden. Durch den Einsatz des Redakteurs bei der einen Serie ist das gewährleistet. Bei der Auftragsproduktion stellt sich heraus, daß die vom Produzenten kalkulierten Kosten höher sein werden als von der Redaktion bezahlbar. Dennoch wollen wir diese Serie. Also müssen wir nach Auswegen suchen. Es folgen Verhandlungen im Hause über Co-Produktionen, Zweitverwertungen und andere Möglichkeiten, zusätzliche Einnahmen zu erschließen. Ohne Erfolg. Schließlich gelingt nach etlichen Verhandlungen die Einigung mit dem Produzenten. Er geht mit den Preisen runter, weil er die Aussicht auf längerfristige Zusammenarbeit und damit bessere Auslastung seiner Kapazitäten höher schätzt als den kurzfristigen Gewinn.

Damit das funktioniert, müssen beide Aktionen nicht nur im Programm Erfolg haben, sondern auch vom geneigten Publikum wahrgenommen werden. Also Pressekonferenz zum Beginn der Fitness-Reihe, breiter Presseverteiler bis hin zu Fachzeitschriften, auf daß wir in gebührender Form wahrgenommen werden. Hierbei kommt uns zugute, daß wir die Serie zusammen mit der AOK starten. Sie stellt nicht nur eine Fitness-Beraterin, die in den Filmen durch die Übungen führt, sondern auch umfangreiches Broschürenmaterial, das unsere Zuschauer als Serviceleistung kostenlos anfordern können. Die AOK aktiviert ihre eigene PR-Abteilung und erreicht so noch ganz andere Leser bzw. Zuschauer als wir. Die *NRW am Mittag-Maitour* per Tandem von Aachen nach Paderborn findet breites Medienecho. Zahlreiche Lokalzeitungen drucken Berichte und Fotos. Insbesondere die Fahrradprofis

Rudi Altig und Klaus Peter Thaler, die die Tour begleiten, erweisen sich als Publikumsmagneten.

Frage:

Man wirft gerade den öffentlich-rechtlichen Fernsehanstalten fehlende Flexibilität vor, auf Veränderungen im Markt zu reagieren. Die Aktion zeigt aber doch, daß es geht.

Cappell:

Das stimmt. Aber eine Aktion wie die *NRW am Mittag-Maitour* im WDR zu organisieren, setzt erhebliche kommunikative Aktivitäten innerhalb des Senders voraus. Das fängt damit an, daß wir drei Wochen am Stück ein und denselben Kameramann haben wollen, noch dazu einen ganz bestimmten. Das ist eigentlich für unsere Sendung nicht vorgesehen. Die uns zur Verfügung stehenden Kameraleute wechseln in der Regel fast täglich. Also Projektbesprechung mit dem Produktionsverantwortlichen, deutlich machen, um was es geht und warum es so wichtig ist, daß die Regel durchbrochen wird. Es gelingt. Dazu Kommunikation mit allen Studios, durch deren Gebiet die *NRW am Mittag-Maitour* führen wird. Wir wollen natürlich, daß die Regionalprogramme auf unsere Tour aufmerksam machen. Und Kommunikation mit dem Justitiariat, hier lautet die wichtigste Fragestellung: Worauf ist unter rechtlichen Aspekten zu achten? Schließlich die Einbindung der Pressestelle, die die Lokalzeitungen informiert, Aspekt Produktmarketing. Dazu gehört's dann auch, daß in der Hauszeitschrift *WDR print* ein Foto und ein kleiner Artikel über die *NRW am Mittag-Maitour* erscheinen. Jede Menge Kontakte, jede Menge Kommunikation, die auf den ersten Blick nicht direkt mit der Serie zu tun haben, die aber für den Gesamterfolg des Projektes unerläßlich sind. Daß sich am Ende die Abteilung Öffentlichkeitsarbeit des WDR darüber beklagt, daß sie erst aus der Zeitung über unsere Tour erfahren hat, bestätigt nur diese Erfahrung: Man kann auch im eigenen Haus nie genug kommunizieren.

Frage:

In welchen Bereichen gibt es Probleme mit einem integrierten Managementkonzept für Redaktionen?

Cappell:

Probleme treten immer dann auf, wenn die notwendigen Instrumente für das Redaktionsmanagement nicht in ausreichendem Umfang zur Verfügung stehen. Beispiel Personalführung: Sie setzt, ganz banal, voraus, daß überhaupt Personal zum Führen da ist, daß es einen Gestaltungsspielraum gibt, und sei er noch so klein. Es gibt aber Redaktionen, in denen ist die Personaldecke so dünn, daß sich nichts, überhaupt nichts mehr bewegen läßt. Da müssen dann zwangsläufig Mitarbeiter für Tätigkeiten eingesetzt werden, für die sie definitiv nicht geeignet sind und zu denen sie auch keine Lust haben. Das Ergebnis ist dann meistens absehbar, nämlich schlecht – aber eben nicht zu ändern, wenn kein Gestaltungsspielraum geschaffen werden kann.

Beispiel Finanzplanung und Kostenkontrolle: Auch hier kommt es darauf an, daß dem Redaktionsleiter geeignete Steuerungselemente überhaupt zur Verfügung stehen. Eine Budgetierung ist bei uns geplant, aber noch nicht eingeführt. Welche Kosten wann, wo und warum entstehen, kann ich deshalb zur Zeit mit vertretbarem Aufwand nur eingeschränkt kontrollieren und noch schlechter planen.

Die Stärke des integrierten Managementkonzepts, nämlich alle Aktivitäten im Hinblick auf ein Produkt zu bündeln und so auch nachhaltige Synergieeffekte zu erzielen, kann sich meines Erachtens allerdings auch zu dessen Nachteil entwickeln. Tendenziell ist das Konzept des integrierten Managements aufgrund der Vielzahl der gestellten Aufgaben arbeitsintensiv. In Zeiten, in denen ein Aktionsbereich – beispielsweise die journalistische Qualitätssicherung – besonderes Augenmerk verlangt, muß der Redaktionsleiter zwangsläufig andere Aktivitäten zurückstellen. Jüngstes Beispiel: Unsere Berichterstattung über die ICE-Katastrophe von Eschede. Da mußten wir uns zunächst einmal – und das wirklich mit aller Kraft und allen Mitarbeitern – darum kümmern, die Geschichte überhaupt in die Sendung zu bekommen. Das hieß drei Tage absolute Priorität für die journalistischen Inhalte. Alles andere mußte dahinter zurückstehen. Dies birgt natürlich auch die Gefahr, daß die anderen Tätigkeiten regelrecht vernachlässigt werden müssen – zumindest zeitweise.

Zudem kann es Probleme geben, wenn einander widersprechende Zielvorgaben unter einen Hut gebracht werden müssen, also beispielsweise journalistische Qualitätssicherung contra Kostenkontrolle. Dies als Redaktionsleiter mit sich selbst ausmachen zu dürfen, sehe ich allerdings weniger als Problem, denn als Chance an. Mir jedenfalls ist lieber, ich kann selbst die

Abwägung vornehmen und letztlich selbst entscheiden, als daß ein anderer, möglicherweise Sachfremder, den Konflikt für mich entscheidet.

Frage:

Welche Aufgaben sind typisch für das redaktionelle Management einer tagesaktuellen Fernsehsendung?

Cappell:

Dazu gehört auf der Ebene des Redaktionsleiters die Erstellung der Dienst- und Einsatzpläne für feste und freie Mitarbeiter, die Auswahl neuer freier Mitarbeiter und die Honorierung der bereits aktiven freien Mitarbeiter, die Leitung der Redaktionskonferenzen, Verhandlungen mit Auftragsproduzenten, Kommunikation in der Redaktion, im Sender und außerhalb.

Frage:

Verändert sich das Management einer Fernsehredaktion im Laufe der Zeit?

Cappell:

Mit Sicherheit. In der Aufbauphase ist der Redaktionsleiter in erster Linie Pionier, Erfinder und Innovator. Spontanität und Begeisterungsfähigkeit stehen im Vordergrund. Ideen werden geboren und wieder verworfen. Der Laden muß erst einmal ans Laufen gebracht werden. Nur die wichtigsten Dinge sind formal geregelt, das meiste läuft informell, mehr oder minder improvisiert, auf Zuruf. Es gibt noch keinen wirklich festen Stamm von Mitarbeitern, so gut wie keine Kontinuität, keine Erfahrungswerte für diese ganz spezielle Aufgabenstellung.

Diese Aufbauphase geht aber bald über in eine Phase des kontinuierlichen Wachstums. Das ursprünglich kleine Team wird größer und größer, läßt sich nicht mehr ganz so spontan managen. Die Redaktion braucht zunehmend effizientere Abläufe und eine geeignete Organisationsstruktur, um die Arbeit zu bewältigen. Der Redaktionsleiter zeigt in dieser Phase schon ein anderes Aufgabenprofil, nämlich das des Machers und Analytikers. Er setzt Ziele, überzeugt seine Mitarbeiter davon. Zusätzlich führt er Planungs- und Kontrollmechanismen ein, die helfen, die Ziele umzusetzen und Fehlentwicklungen zu korrigieren. Insgesamt heißt Redaktionsmanagement aber auch in dieser Phase noch im wesentlichen Bewältigung des Tagesgeschäfts.

In einer dritten Phase wandelt sich der Redaktionsleiter nach und nach zum Strategen. Sein Handeln ist nicht mehr so stark tagesbezogen, sondern eindeutig zukunftsorientiert. Jetzt erntet er die Früchte der Vorarbeit. Es gibt inzwischen verläßliche Strukturen und klare Standards, das heißt das Programm entsteht und läuft auch, ohne daß er sich täglich im Detail darum kümmern muß. Er delegiert mehr und mehr, macht selber längst nicht mehr alles. Statt dessen kümmert er sich um längerfristige, großräumigere Aufgaben, sichert mit neuen inhaltlichen Konzepten den nachhaltigen Erfolg seiner Sendung ab.

Frage:

Auf welchen Hierarchieebenen in einer Fernsehanstalt sollte man mit Redaktionsmanagement ansetzen?

Cappell:

Ab der Ebene des Chefs vom Dienst. Er ist – vielleicht mit Ausnahme des Produktmarketings – täglich in jeder Hinsicht mit Managementaufgaben befaßt, so u. a. mit der Auswahl der Themen, der Auswahl der Autoren, der Entscheidung über den täglichen Einsatz der Produktionsmittel, den Honorarvorschlägen.

Frage:

Welche Zukunftspläne haben Sie zur Verbesserung des Managements in Ihrer Redaktion?

Cappell:

Im Vordergrund steht eine noch intensivere Zuschaueranalyse, die neben quantitativen nun auch verstärkt qualitative Gesichtspunkte berücksichtigen soll. Die Verhandlungen mit dem Medienreferat hierfür sind im Gange.

Die Kostenkontrolle ist bereits verstärkt worden und zeigt erste wichtige Ergebnisse. Hieran werden wir weiter energisch arbeiten.

Ferner muß und kann die Presse- und Öffentlichkeitsarbeit intensiviert werden, um die Medienpräsenz von NRW am Mittag deutlich zu erhöhen.

In Sachen journalistische Qualitätssicherung müssen die Standards immer wieder überprüft und ggfs. korrigiert werden. An der Qualifizierung unserer jungen Autoren muß noch systematischer als bisher gearbeitet werden, Stichwort Personalführung. Das setzt allerdings voraus, daß wir die dafür notwendigen Betreuungskapazitäten irgendwoher holen. Personalführung heißt in diesem Sinne eben auch „Personal-Herbei-Führung", also Kampf um Planstellen.

Außerdem sind – das stellt sich erst nach und nach heraus – manche redaktionellen Abläufe und Strukturen noch nicht optimal. Es gibt noch Spielraum für Verbesserungen, und in der jetzt angebrochenen Konsolidierungsphase können wir ihn – anderes als in der Aufbau- und Wachstumsphase – wirklich nutzen. Wir haben jetzt etwas mehr Zeit für intensivere Gespräche jenseits der Tagesaktualität. Weil das so ist, weil wir die grundsätzlichen Dinge eher einmal in Ruhe überlegen und bereden können, können auch einige bislang „heilige Kühe" geschlachtet werden, ohne daß dies bei anderen Gefühle der Zurücksetzung hervorruft.

Frage:

Zum Schluß die Bitte um eine kurze und prägnante Definition von Redaktionsmanagement ...

Cappell:

Redaktionsmanagement ist Coaching, wobei der Coach nicht nur situativ führender Koordinator, sondern auch Teamplayer, Kommunikator, Integrator und Motivator ist; und zwar an der Schnittstelle zwischen Redaktion und Produktion auf der einen Seite und dem Publikum auf der anderen Seite. Dieses Bild habe ich nicht selbst entworfen, vielmehr lehnt es sich an Comelli und von Rosenstil an (1995).

Holger Cappell, geb. 01.01.1959, hat Politikwissenschaften, Publizistik und Soziologie in Münster studiert. Seit 1983 arbeitet er beim WDR, zunächst als freier Hörfunk- und Fernsehjournalist, seit 1988 als Fernsehredakteur in Köln und Düsseldorf. Holger Cappell leitet seit Januar 1997 die Redaktion NRW am Mittag des WDR Fernsehens.

8.5 Das Wichtigste ist die Leidenschaft
Interview Roger de Weck, Chefredakteur DIE ZEIT, Hamburg

Frage:

Verstehen Sie sich als journalistischer Manager?

de Weck:

Ich verstehe mich als Journalist, der auch führen kann und der gern führt. Mein Impuls ist es, zunächst an ein gutes Blatt zu denken und dann ein gutes Blatt zu machen. Das ist es, was mich treibt, mich motiviert und mich jeden Tag darin bestärkt, diese Aufgabe wahrzunehmen. Selbstverständlich gehört zu einem guten Blatt nicht nur das Tagesgeschäft, sondern auch die langfristige Anlage einer Redaktion. Deshalb ist mein Beruf auch einer, der einen langen Atem erfordert.

Das Wichtigste für jeden Chefredakteur ist die Personalpolitik. Erst recht bei einem Autorenblatt, eines, das durch die Autoren geprägt wird. Ein zweites Wichtiges ist selbstverständlich auch die Organisation, das Gleichgewicht zwischen Kreativität und Effizienz. Aber das Allerwichtigste ist und bleibt zum Glück die inhaltliche Debatte, die gedankliche Auseinandersetzung – le debat d'idées, wie die Franzosen sagen – das Aufspüren von Themen, von Entwicklungen, das bessere Verständnis dessen, was geschieht – Journalismus pur.

Frage:

Personalpolitik, Organisation und inhaltliche Debatte – kann man diese drei Herausforderungen redaktioneller Führung in eine Rangfolge bringen?

de Weck:

Das ist unmöglich. Die Personalpolitik ist eine stete Aufgabe, die Organisation kann für eine Weile stimmen, muß aber auch immer wieder in Frage gestellt werden, und die inhaltliche Debatte lebt davon, daß das richtige Klima herrscht in einer Redaktion. Dafür bin ich mit zuständig: daß es ein kreatives Klima gibt. Das kann man nicht dekretieren; das ist genau das, was man nicht managen kann. Es gibt zwar „gemanagtes" Klima in Wirtschaftsunternehmen, aber das ist dann meistens auch ein sehr künstliches, der

Kreativität nicht unbedingt förderlich. Die wichtigste Aufgabe, eine Grund-
stimmung der Kreativität zu schaffen, ist eben im eigentlichen Sinne nichts
Machbares, das einem Manager übertragen werden könnte, sondern es lebt
vom Austausch unter Persönlichkeiten.

Frage:

Man kann ein „Klima der Kreativität" also nicht institutionalisieren?

de Weck:

Selbstverständlich müssen die Rahmenbedingungen stimmen, aber das gibt
nicht den Ausschlag. Es gibt Zeitungen, die bestens ausgestattet sind und
ein schlimmes Klima haben, und es gibt Redaktionen, bei denen es an allen
Ecken und Enden fehlt und dennoch ein hervorragendes Klima herrscht.
Hier besteht kein kurzfristiger Zusammenhang. Abgesehen davon, daß ein
Chef natürlich motivieren kann und motivieren soll, ist letztlich jeder Redakteur selber zuständig für die eigene Motivation. Eine Motivation, die
man nur vom Chef erwartet, wäre eine unzulängliche.

Frage:

Dennoch nimmt der Chefredakteur eine herausragende Stellung ein. Was
macht ihn als Führungspersönlichkeit, als kreatives Vorbild für die journalistische Mannschaft aus?

de Weck:

Das Wichtigste überhaupt ist die Leidenschaft. Wer nicht leidenschaftlich
ist, der erschwert es seinen Kollegen, ihre Leidenschaften zu leben, sich zu
entfalten. Lust, Leidenschaft und Laune, die drei gehören unbedingt dazu.
Und die hat man oder man hat sie nicht.
    Leidenschaft kann kommen und gehen. Sie zählt zu den wenigen Din-
gen, die man sich nicht erarbeiten kann. Sie ist da oder sie ist nicht da. Und
manchmal weiß man gar nicht, warum sie da ist oder plötzlich nicht mehr
da ist. Leidenschaft ist für mich auch ein wichtiges Kriterium, wenn ich mich
mit Bewerbern unterhalte. Es können hochqualifizierte Journalisten sein,
denen aber letztlich das feu sacré – die Leidenschaft – fehlt, und das ist von
Nachteil.

Frage:

Sie haben einige Veränderungen bei der ZEIT umgesetzt. Wie waren die Reaktionen darauf?

de Weck:

Die Aufmerksamkeit war größer als die Veränderungen. Das ist vielleicht bezeichnend für die Lage in diesem Land, in dem sich dermaßen wenig verändert, daß die Leute sich freuen, wenn sich überhaupt etwas tut, und sei es bei einer Zeitung. Aber ich habe durchaus vor, noch einiges zu verändern bei der ZEIT. Ich bin nicht am Ende, erst am Anfang.

Frage:

Was werden Sie denn noch verändern?

de Weck:

Es geht darum, daß DIE ZEIT zugleich das bleibt, was sie ist, nämlich eine Institution in Deutschland, aber auch journalistischer wird, ihren journalistischen Impetus verstärkt, allerdings nicht im Sinne des Infotainments, das überall betrieben wird. Es sind eigentlich dieselben Filter, die mehr und mehr Redaktionen anwenden – die Filter, anhand derer man entscheidet: Das ist ein Thema für uns oder das ist es nicht. Man stellt über verschiedenste Gattungen von Zeitungen und Zeitschriften hinweg eine Angleichung der Filter fest, der Kriterien, was ins Blatt kommt und was nicht.

Es ist überhaupt nicht meine Sache, hier auch DIE ZEIT auf dieselbe Schiene zu setzen. Aber sie kann sich selber treu bleiben und trotzdem journalistischer werden. Ein Beispiel ist für mich LE MONDE, die Art und Weise, wie sich LE MONDE in den letzten zwei, drei Jahren erneuert hat. LE MONDE hat sein Gewicht behalten, seinen Einfluß, hat aber zugleich den Journalismus wieder entdeckt, die Lust am Ungewöhnlichen, die Lust daran, Coups zu landen – eben all das, was durchaus auch eine seriöse Zeitung oder Zeitschrift machen soll.

Frage:

DIE ZEIT war ja immer eine Institution, ein „Bollwerk der Qualität". Wie
würden Sie journalistische Qualität definieren?

de Weck:

Genauigkeit, die Fähigkeit zu differenzieren und die Dinge dennoch auf den
Punkt zu bringen. Urteilsfähigkeit, um die Aktualität einzuordnen, und
Sprache natürlich. Das sind schon einige Kriterien, die alle schwer zu erfüllen sind. Es gibt bestimmt noch ein paar andere. Zur journalistischen Qualität gehört ein Standpunkt. Ich glaube nicht, daß man guten Journalismus
ohne jeden Standpunkt machen kann. Wir erleben in einem Teil der Presse,
wie Standpunktlosigkeit fast zur Methode erhoben wird. Ein Wirtschafts-
führer, der schlechte Ergebnisse macht, wird im Sinne des shareholder value
befragt: Warum sind Ihre Zahlen so schlecht? Wenn er ein hohes Ergebnis
hat, wird er dagegen im Sinne der Ökologie befragt: Warum zerstören Sie
zugunsten dieses Gewinns die Umwelt? Das ist Standpunktlosigkeit. Natürlich kann man nicht von jedem Blatt erwarten, daß es bis ins Letzte kohärent
ist. Die Welt ist viel zu kompliziert, als daß eine Zeitung kohärent sein
könnte. Aber die zunehmende Standpunktlosigkeit, die um der journalistischen Wirkung willen aus Prinzip den Gegenstandpunkt einnimmt, die
finde ich der Qualität des Journalismus abträglich.

Frage:

Es hat einige Diskussionen um die Neuerungen in der ZEIT gegeben. Liegt
das auch daran, daß es in dieser Redaktion eher verfestigte Strukturen gibt?

de Weck:

Wenn man zu einem Blatt stößt, dann ist es klar, daß man mit ein paar neu-
en Gedanken und Vorsätzen kommt und daß das durchaus Gewohnheiten
stören kann. Doch ist es meine Aufgabe, immer wieder zu schauen, daß kein
Trott herrscht. Die Routine ist der Tod des lebendigen Journalismus. Zu stören gehört zu meinen Aufgaben. Allerdings habe ich es mit einer starken Redaktion zu tun, die sich gerne stören läßt, die es zwar nicht immer schätzt,
wenn das eine oder andere in Frage gestellt, verändert oder erneuert wird,

die es aber ebensowenig schätzen würde, wenn da ein stromlinienförmiger Chefredakteur wäre.

Frage:

Wie ist ein Autorenblatt, hier DIE ZEIT, redaktionell organisiert – eher zentral, dezentral oder vernetzt?

de Weck:

Wir haben Ressorts, die nach wie vor sehr eigenständig sind. Mein Bestreben ist es, und das ist zum Teil schon gelungen, daß die Ressorts viel stärker miteinander arbeiten, sich austauschen. Die Welt, so wie sie heute ist, läßt sich nicht mehr in Ressorts einteilen. Wir werden am System der Ressorts festhalten. Ich könnte dasselbe über die Ressorts sagen, was Churchill über die Demokratie gesagt hat: Es ist ein schlechtes System, aber das beste im Vergleich zu allen anderen. Nur, wichtig ist, daß man eben zwischen den Ressorts zusammenarbeitet. Um Hollywood zu verstehen, muß man eigentlich sowohl kulturell wie auch wirtschaftlich bewandert sein. Um viele politische Entwicklungen richtig zu begreifen, muß man das Politische wie das Wirtschaftliche oder das Gesellschaftliche bedenken. Und deshalb gibt es bei uns viel projektbezogene Arbeit, bei der Kollegen aus verschiedensten Ressorts zusammenkommen. Ein anderes Beispiel ist die kleine „Reformwerkstatt", die wir gegründet haben. Das ist ein Team, in dem ein Kollege aus dem Ressort Wissen zusammenarbeitet mit einem aus dem Ressort Wirtschaft, und ein Dritter ist im Turnus immer für drei Monate dabei und bringt nochmals einen anderen Horizont ein, sei es aus der Redaktion, sei es von außen. Oder nehmen Sie die Sachbuchseite, die ein Joint-Venture der Ressorts Wissen und Feuilleton ist. Es muß soviel Austausch geben wie nur möglich.

Frage:

Fördern Sie den Ausbau solcher Projektgruppen?

de Weck:

Ja, so stark es geht.

Frage:

Die Amerikaner sind redaktionell ganz anders organisiert. Sie haben meistens Reporterteams, die für ganz spezielle journalistische Geschichten, für das Investigative Reporting zuständig sind. Wäre das auch ein Modell für Deutschland?

de Weck:

Einige Reporter haben wir auch. Und viele Leute haben bei uns durchaus den Freiraum, auch sehr lange an Geschichten zu recherchieren. Es wäre tatsächlich gut, noch länger an Geschichten arbeiten zu können. Im Rahmen des Möglichen will ich das verstärken. Das ist für eine Wochenzeitung ganz wichtig, denn dank dieses Rechercheaufwands unterscheidet sie sich von Tageszeitungen.

Frage:

Wie lautet Ihre Zukunftsprognose für die redaktionelle Organisation der Zeitung: Könnten Sie sich eine völlig andere Organisation journalistischer Arbeit vorstellen als in Ressorts?

de Weck:

Wir werden wohl noch recht lange Ressorts haben. DIE ZEIT unterscheidet sich von vielen Blättern, nicht von allen, darin, daß sie auf Fachkompetenz setzt. Uns reicht nicht nur die journalistische Kompetenz, die Themen richtig und attraktiv umzusetzen, sondern es geht zunächst einmal um richtiges, vertieftes Fachverständnis. Und da ist es ganz gut, wenn Leute einen Humus haben, einen Kreis, in dem sie sich unter Leuten mit ähnlichem Fachverständnis austauschen können. Aber ebenso wichtig ist es, daß sie sich mit Leuten austauschen, die ganz andere Fachkompetenzen haben.

Frage:

In der Wissenschaft heißt das passende Stichwort „Interdisziplinarität" ...

de Weck:

Ich habe irgendwo einmal gesagt, daß alle Kreativen interdisziplinär zu-sammenarbeiten, nur die Journalisten nicht, die recht eigenbrötlerisch sind. Aber gerade in der jüngeren Generation gibt es Fortschritte. Da ist die Of-fenheit, über die Ressortgrenzen hinweg zusammenzuarbeiten, größer.

Frage:

Wie findet bei der ZEIT Qualitätssicherung statt – durch eine Konferenz, in der alle zusammen das Produkt betrachten und sich darüber austauschen?

de Weck:

Donnerstags um 16.00 Uhr findet diese Konferenz statt und dauert etwa zwei Stunden. Ich habe sie von Freitag auf Donnerstag vorverlegt, damit sich die Redaktion in einem relativ frühen Stadium mit dem vorliegenden Blatt auseinandersetzt. Dazu gehört einerseits Blattkritik und andererseits die frühzeitige Diskussion über die Schwerpunkte in der nächsten Ausgabe. Das sind die zwei Hauptpunkte unserer Redaktionskonferenz.

Frage:

Also Kritik und Planung in einem?

de Weck:

Ja. Und inhaltliche Debatte natürlich.

Frage:

Wie hart wird mit Kritik umgegangen?

de Weck:

Hart.

Frage:

In persönlicher Auseinandersetzung?

de Weck:

Hart bedeutet eben nicht persönlich. Persönliche Kritik ist möglicherweise verletzend, harte Kritik zeigt den Willen, sich kritisch mit der eigenen Arbeit auseinanderzusetzen – und das nach Möglichkeit professionell. Wenn in der Blattkritik auch persönliche Konflikte ausgetragen werden, ist es der Tod der Blattkritik. Es werden aber durchaus auch einzelne Artikel angesprochen. Es ist nicht so, daß wir da im Diffusen bleiben, die Kritik ist konkret.

Frage:

Welche Rolle spielen bei Ihnen die Kosten, die ökonomische Effizienz im Journalismus?

de Weck:

Ein Blatt, das sich nicht rentiert, ist auch publizistisch früher oder später in Schwierigkeiten. Es muß beides stimmen, die Publizistik und die Kosten. Das ist eine Frage des Zeithorizonts. Wir leben in einer Zeit, wo sich alles verkürzt und fast alle Leute schnell, schnell, schnell Geld machen wollen. Wir haben zum Glück einen Verleger, der langfristig denkt, denn langfristiges Denken ist eine Voraussetzung für Qualität. Qualität heißt auch Vertrauen, und Vertrauen erwirbt man nicht von heute auf morgen. Mich interessieren die Kosten. Ich setze vieles daran, daß DIE ZEIT ein sehr rentables Blatt ist. Sie ist rentabel, sie kann noch rentabler werden. Das ist mir ein Anliegen, um die publizistische Qualität zu wahren und die publizistische Unabhängigkeit.

Frage:

In manchen Redaktionen werden spezielle Leute eingesetzt, die als Schnittstelle zwischen Verlag und Redaktion, zwischen Geschäftsführung und Redaktion fungieren. Gibt es das auch bei der ZEIT?

de Weck:

Nein, ich bin die Schnittstelle gemeinsam mit ein paar Kollegen in der Chefredaktion. Ich habe auch ein Jahr im Verlag der ZEIT verbracht. Dadurch kenne ich mich, ein Stück weit jedenfalls, gut aus im Verlagsgeschäft, und ich habe durchaus Sinn für betriebswirtschaftliche Belange. Einen Aufpasser brauche ich nicht.

Frage:

Gibt es schon mal Konflikte zwischen journalistischem Anspruch und der Kostenfrage?

de Weck:

Natürlich muß man immer wieder optimieren und die Frage stellen: Leisten wir uns das, was journalistisch wünschenswert wäre, oder ist es einfach zu teuer? Selbstverständlich muß man hier das Gleichgewicht suchen. Wir leben ja in Deutschland, und Deutschland ist ein Land des Konsenses. Also, wenn es Konflikte gibt, dann sucht man den Konsens.

Frage:

Welche journalistische Strategie verfolgen Sie mit der ZEIT für eine Zukunft, die immer mehr durch gesellschaftliche Differenzierung geprägt ist?

de Weck:

Wir sind der Treffpunkt derer, die gern lesen. Und die meisten, die gern lesen, interessieren sich nicht für einen engen Bereich der Wirklichkeit, sondern für die Wirklichkeit in ihrer Breite. Selbstverständlich hat jeder seine Vorlieben, seine Themen, diesen oder jenen Teil der ZEIT, den er bevorzugt. Aber es gibt nach wie vor eine große Chance für Zeitungen mit einem breiten Spektrum. Und in einer Zeit des Spezialistentums bleibt gerade die Wochenzeitung auch eine Wundertüte, die man öffnet und in der man Dingen begegnet, auf die man selber nicht gekommen wäre und die gerade deshalb interessant sind. Wenn man den eigenen Horizont erweitern will, dann ist das gut. Ich glaube, daß es nach wie vor viele gebildete, gescheite Leute gibt,

die sich über ihren engen Bereich hinaus ein Bild der Dinge, der Gesellschaft
und der Politik machen wollen.

Frage:

Ist das der wesentliche Unterschied zwischen der Wochenzeitung und der
Tageszeitung, daß die Wundertüte Dinge offenbart, die nicht nur an Aktualität gebunden sind?

de Weck:

Die Tageszeitung ist auf ihre Art auch eine Wundertüte, eine schneller ge-
öffnete und schneller beiseite gelegte.

Frage:

Gibt es Unterschiede zwischen dem redaktionellen Management einer Tageszeitung und einer Wochenzeitung?

de Weck:

Ja. Man hat natürlich weniger Zeit für die Debatte in der Tageszeitung, dafür kann man schneller reagieren und freut sich, wenn man in der ganz kurzen Zeit, die einem zur Verfügung steht, aus großer Aktualität auch etwas
Großes gemacht hat. Der Rhythmus ist ein anderer. Vielleicht bei der Tageszeitung sogar ein menschlicherer, denn er lebt von der täglichen Spannung
und Entspannung, während die Wochenzeitung dauerhaft eine mittlere
Spannung herstellt. Kaum hat man etwas beendet, ist man eigentlich schon
dabei, am Nächsten zu arbeiten. Und das gibt eine vielleicht etwas höhere
Dauerspannung. Ich liebe jede Art von Spannung.

Frage:

Können Sie den Begriff Redaktionsmanagement kurz in Form einer Definition auf den Punkt bringen?

de Weck:

Da sein, vorhanden sein. Mein erster Chefredakteur formulierte krass: Der Chefredakteur macht seine Zeitung auch mit dem Hintern. Präsent sein, disponibel sein, dafür sorgen, daß schnell entschieden wird, damit die Kollegen nicht blockiert oder gehemmt sind. Entscheiden und sich entscheiden.

Roger de Weck, geb. 1953 in Fribourg (Schweiz), studierte Wirtschaft an der Universität St. Gallen. Von 1976 bis 1979 arbeitete er als Redakteur und Zürich-Korrespondent der TRIBUNE DE GENEVE und wechselte dann ins Wirtschaftsressort der Züricher WELTWOCHE. Von 1979 an arbeitete er für DIE ZEIT, zunächst als Politikredakteur, dann als Paris-Korrespondent und übernahm 1990 die Leitung des Wirtschaftsressorts. Von 1992 bis 1997 war Roger de Weck Chefredakteur des Züricher TAGES-ANZEIGERS und löste am 01.09.1997 Robert Leicht als Chefredakteur der ZEIT ab.

8.6 Ein neues Berufsbild in der Medienwelt
Interview mit Maria Oppitz, Redaktionsmanagerin
TV SPIELFILM, Hamburg

Frage:

Was für ein Funktionskonzept steckt hinter dem Begriff „Redaktionsmanagerin"?

Oppitz:

Für mich umfaßt Redaktionsmanagement die Führung von Redaktionen und zwar – generell und medienübergreifend – alle Aufgaben, die nicht a priori journalistisch sind. Es ist ein neues, kommendes Berufsbild in der Medienwelt, wobei es – ähnlich wie beim Chef vom Dienst – nicht für alle Medien einheitlich ist. Je nach Größe, Struktur und Aufgaben der jeweiligen Redaktion und des Mediums ist das Anforderungsprofil an eine Redaktionsmanagerin unterschiedlich.

Frage:

Sind Sie die personale Schnittstelle zwischen Redaktion und Management/Unternehmensführung?

Oppitz:

Ja, viele dieser Kontakte laufen über mich.

Frage:

Gibt es heute mehr dieser Kontakte?

Oppitz:

In den letzten Jahren sind die Anforderungen an Redaktionsleitungen stark gestiegen. Chefredakteure nehmen heute kaufmännische Aufgaben wahr, kümmern sich um Marketing und PR und sind bei Printmedien nicht selten auch mit der elektronischen Umsetzung betraut. Um weiterhin ihre journalistischen Aufgaben und die Führung der Redaktion zu leisten, brauchen sie

Unterstützung. Und die suchen sie sich lieber selber (und bestimmen damit, in welche Richtung diese gehen soll), als sie in der Verlagsleitung, also der Unternehmensführung, anzufordern.

Frage:

Welche Arbeitsbereiche umfaßt bei Ihnen das Redaktionsmanagement?

Oppitz:

In meinem Fall sind es vor allem der kaufmännische Bereich, das Personalmanagement und Marketingaufgaben. Die journalistische Qualitätssicherung nur insoweit sie die redaktionellen Strukturen betrifft, dafür fühle ich mich schon zuständig.

Frage:

Welche Aufgaben des Redaktionsmanagements sind typisch für TV SPIEL-FILM?

Oppitz:

Es gibt Aufgaben, die stark vom Produkt TV SPIELFILM, also einer vierzehntäglichen Programmzeitschrift, geprägt sind. Der schnelle Produktionsrhythmus, die kurzfristigen Programmänderungen der Sender, die dazu benötigte große Redaktion machen es notwendig, gerade im Personalmanagement den Überblick zu behalten. Das fängt bei der Urlaubsplanung an (wieviele Redakteure können gleichzeitig weg sein), hat viel mit Personalplanung und -entwicklung zu tun (wen stellt man ein, wer kann was, wer wäre auf einer anderen Position evtl. besser eingesetzt – fachlich und persönlich –, wo besteht ein Schulungsbedarf etc.) und macht es notwendig, ständig die redaktionellen Strukturen zu überprüfen.

Frage:

Welche Veränderungen hat das Konzept der „Redaktionsmanagerin" bei TV SPIELFILM mit sich gebracht?

Oppitz:

Da müssen Sie wohl eher die Chefredaktion fragen. Aber im Ernst: Ich denke doch, daß die Dinge bei uns jetzt besser organisiert sind, die Redaktion
auch in finanziellen Dingen mehr Autonomie gewonnen hat. Es ist etwas
anderes, wenn der Etatentwurf aus der Redaktion ins Controlling kommt,
als wenn die Chefredaktion auf die Vorschläge der Geschäftsleitung reagieren muß. Und ich hoffe, unser Chefredakteur hat mehr Zeit für andere Aufgaben.

Frage:

Haben Sie ein anschauliches Beispiel aus der Praxis für die Anforderungen
und die Ergebnisse des Redaktionsmanagements?

Oppitz:

Ein Projekt, das die vielfältigen Anforderungen – und damit das Spannende
an meinem Beruf – gut illustriert ist das Projekt redaktionelle Datenbank,
das ich vor kurzem abgeschlossen habe. Dieses Projekt habe ich von den
ersten Überlegungen an (vor mehr als zwei Jahren) über die Konzeptphase
und die Auftragsvergabe bis zur Realisierung betreut. In der Konzeptphase
war es notwendig, die einzelnen Abteilungen, die Daten erzeugen (und das
sind fast alle), zu koordinieren, den vorhandenen Datenfluß aufzuzeichnen
und die Anforderungen an eine Datenbank festzulegen. Dann ging es darum, die Geschäftsleitung von der Notwendigkeit einer Datenbank zu überzeugen (mit Charts und Kalkulationen). Daraufhin mußten diverse Anbieter
gebrieft werden, Angebote eingeholt und verglichen werden. Und schließlich ging es an das Nachverhandeln (= Preisreduktion), die Konkretisie-
rungsphase und die Information des Betriebsrates. Nach der Einführung
mußten die Mitarbeiter geschult werden und neue Stellen mit geeigneten
Personen besetzt werden. Ich beschreibe das deshalb so detailliert, damit Sie
sehen, mit wieviel unterschiedlichen Personen und Aufgaben man bei einem
solchen Projekt zu tun hat. Die Umsetzung des Konzepts, die ständige Anpassung des Modells an die Realität und die schrittweise Einführung der
Datenbank haben übrigens meine Fähigkeiten im Krisenmanagement nach-
haltig geschult.

Frage:

Wo gibt es Probleme mit der Schnittstelle zwischen Redaktion und Unternehmensführung?

Oppitz:

Die gibt es am ehesten dann, wenn das doch relativ neu eingeführte Redaktionsmanagement Aufgaben übernimmt – um nicht zu sagen: an sich reißt -, die früher in der Geschäftsleitung angesiedelt waren. Oder wenn es mit der Kommunikation nicht so klappt – Stichwort: Informationsfluß. Ich muß aber sagen, daß die Konfliktfelder bei uns sehr gering sind.

Frage:

Auf welchen Hierarchieebenen sollte man mit dem Redaktionsmanagement ansetzen?

Oppitz:

Wenn es in einer Redaktion diese Position nicht gibt (in kleineren Redaktionen z. B.), werden viele dieser Aufgaben wohl am besten von den Ressortleitern übernommen.

Frage:

Welche Verbesserungen sind im redaktionellen Management bei TV SPIEL-FILM aus Ihrer Sicht noch notwendig?

Oppitz:

Ich habe in den letzten Jahren neben der Redaktion TV SPIELFILM mit immerhin 90 Mitarbeitern noch das Redaktionsmanagement für die Online- und die Fernsehreaktion übernommen. Da hätte ich mich vorher gerne noch ein wenig weitergebildet, was aber aus zeitlichen Gründen nicht ging. Allerdings unterstützt mich seit einem Jahr eine Kollegin, damit hat sich mein Hauptproblem – Zeitmangel – deutlich verbessert.

Frage:

Welche Entwicklungspotentiale sagen Sie dem Berufsfeld des Redaktionsmanagements voraus?

Oppitz:

Ich glaube, daß die Chefredakteure großer Redaktionen (damit ist die Personalstärke gemeint) – wenn sie sich ausreichend Zeit für journalistische Aufgaben, die Konzeption und Weiterentwicklung ihres Blattes nehmen wollen – Unterstützung im Personal-, Kosten- und Projektmanagement brauchen. Dazu sind am ehesten Generalisten geeignet, die ausreichend Erfahrung auf mehreren Gebieten gesammelt haben, deshalb wird es wohl keine klassische Ausbildung zum Redaktionsmanagement geben. Dazu sind die Anforderungen in den einzelnen Redaktionen zu unterschiedlich.

Maria Oppitz, geb. 1961 in Wels, Oberösterreich, hat Geschichte und Theaterwissenschaft an der Universität Wien studiert. Seit 1984 arbeitete sie in der Konzeption, Organisation und Durchführung von Ausstellungen und im Verlagswesen. Seit 1994 ist sie als Redaktionsmanagerin bei der *Verlagsgruppe Milchstraße*, Hamburg, für TV SPIELFILM zuständig.

Literatur

Althans, Jürgen (1996): Rechnen ist auch Redaktionssache. Grundzüge der Etatplanung und der Verlagsrechnung. In: Maseberg, Eberhard/Sibylle Reiter/Will Teichert (Hrsg.): Führungsaufgaben in Redaktionen, Bd. 1: Materialien zum Redaktionsmanagement in Zeitungs- und Zeitschriftenverlagen, Gütersloh: 129-151.

Altmeppen, Klaus-Dieter (Hrsg.) (1996a): Ökonomie der Medien und des Mediensystems. Grundlagen, Ergebnisse und Perspektiven medienökonomischer Forschung, Opladen.

Altmeppen, Klaus-Dieter (1996b): Medien und Ökonomie – Medienökonomie. Zur medienökonomischen Forschung und zu diesem Band. In: Altmeppen, Klaus-Dieter (Hrsg.): Ökonomie der Medien und des Mediensystems. Grundlagen, Ergebnisse und Perspektiven medienökonomischer Forschung, Opladen: 9-24.

Altmeppen, Klaus-Dieter (1996c): Märkte der Medienkommunikation. Publizistische und ökonomische Aspekte von Medienmärkten und Markthandeln. In: Altmeppen, Klaus-Dieter (Hrsg.): Ökonomie der Medien und des Mediensystems. Grundlagen, Ergebnisse und Perspektiven medienökonomischer Forschung, Opladen: 251-272.

Ashby, William Ross (1952): Design for a brain. The origin of adaptive behaviour, London.

Bailey, George A./Lawrence Lichty (1972): Rough Justice on a Saigon Street. A Gatekeeper Study of NBC's Tet Execution Film. In: Journalism Quaterly 2: 221-229.

Bantz, Charles R./Suzanne McCorkle/Roberta C. Baade (1980): The News Factory. In: Communication Research 1: 45-68.

Barrett, Grace H. (1984): Job Satisfaction Among Newspaperwomen. In: Journalism Quaterly 3: 593-599.

Baum, Achim (1996): Inflationäre Publizistik und mißlingender Journalismus. Über das journalistische Handeln in einer entfesselten Medienwirtschaft. In: Altmeppen, Klaus-Dieter (Hrsg.): Ökonomie der Medien und des Mediensystems. Grundlagen, Ergebnisse und Perspektiven medienökonomischer Forschung, Opladen: 237-249.

Bausch, Hans (1967): Die Programmverantwortung des Intendanten. In: Rundfunk und Fernsehen 3: 226-238.

Becker, Manfred (1997): Durch den Bauch in den Kopf. TV-Design am Beispiel RTL. In: Diekmann, Thomas/Leonhard Ottinger/Will Teichert (Hrsg.): Führungsaufgaben in Redaktionen II. Materialien zum Redaktionsmanagement in Hörfunk und Fernsehen, Gütersloh: 210-217.

Bergen, Lori A./David Weaver (1988): Job Satisfaction of Daily Journalists and Organization Size. In: Newspaper Research Journal 9: 1-14.

Bittner, Reinhard (1967): Großraumbüro für Journalisten. Rationalisierungsprobleme und ihre Lösung in der Redaktion. In: Neue Deutsche Presse 5: 10-12.

Blaes, Ruth (1998): Blick über die Sendergrenzen. Redaktionsmitarbeiter brauchen Zeit für Weiterbildung, sonst droht Stagnation. In: sage & schreibe 4: 25-26.

Blanchard, Kenneth/John P. Carlos/Alan Randolph (1998): Management durch Empowerment. Das neue Führungskonzept: Mitarbeiter bringen mehr, wenn sie mehr dürfen, Reinbek bei Hamburg.

Blöbaum, Bernd/Petra Werner (1996): Geliebt, gelobt, gekündigt? Die taz und ihr Publikum. Ergebnisse einer LeserInnen-Befragung. In: Mast, Claudia (Hrsg.): Markt – Macht – Medien: Publizistik im Spannungsfeld zwischen gesellschaftlicher Verantwortung und ökonomischen Zielen, Konstanz: 337-349.

Börnicke, Michael (1997): Service für die Programmplanung. Controlling und Kalkulation am Beispiel ProSieben. In: Diekmann, Thomas/ Leonhard Ottinger/Will Teichert (Hrsg.): Führungsaufgaben in Redaktionen II. Materialien zum Redaktionsmanagement in Hörfunk und Fernsehen, Gütersloh: 239-248.

Bogart, Leo (1974): The management of mass media. In: Dacison, Philip W./Frederick T.C. Yu (Eds.): Mass Communication Research. Major issues and future directions, New York u. a.: 143-170.

Bourdieu, Pierre (1998): Über das Fernsehen, Frankfurt/Main.

Brandt, Wolfgang/Oliver Fix (1985): Rundfunk im Strukturbruch. Neue Anforderungen an das Management öffentlich-rechtlicher Rundfunk-anstalten. In: Media Perspektiven 5: 342-350.

Breed, Warren (1973): Soziale Kontrolle in der Redaktion: eine funktionale Analyse. In: Aufermann, Jörg/Hans Bohrmann/Rolf Sülzer (Hrsg.): Gesellschaftliche Kommunikation und Information, Frankfurt/Main: 356-378.

Brosius, Hans-Bernd/Camille Zubayr (1996): Vielfalt im deutschen Fern-sehprogramm. Eine empirische Anwendung eines Qualitätsmaßstabs. In: Rundfunk und Fernsehen 2: 185-213.

Bruhn, Manfred (1998): Wirtschaftlichkeit des Qualitätsmanagements. Qua-litätscontrolling für Dienstleistungen, Berlin, Heidelberg.

Bücher, Karl (1926): Die deutsche Tagespresse und die Kritik. In: Bücher, Karl: Gesammelte Aufsätze zur Zeitungskunde, Tübingen: 307-390.

Bundesverband Deutscher Zeitungsverleger e. V. (BDZV) (Hrsg.) (1997): Zeitungen '97, Bonn.

Bußmann, Nicole (1998): Stellen Sie Fragen! In: sage & schreibe 7-8: 32-33.

Camp, Robert C. (1989): Benchmarking. The Search for Industry Best Prac-tices that lead to superior Performance, New York.

Cohn, Ruth (1976): Von der Psychoanalyse zur Themenzentrierten Interak-tion, Stuttgart.

Comelli, Gerhard/von Rosenstil, Lutz (1995): Führung durch Motivation. Mitarbeiter für Organisationsziele gewinnen, München.

Derieth, Anke (1995): Unternehmens-Kommunikations. Eine Analyse zur Kommunikationsqualität von Wirtschaftsunternehmen, Opladen.

Deutsche Gesellschaft für Qualität e. V. (1995): Begriffe zum Qualitätsma-nagement. DGQ-Schrift Nr. 11-04, Frankfurt/Main

De Weck, Roger (1996): Ein Team führen – haben Sie Lust? Zehn-Punkte-Brevier für effizientes Redaktionsmanagement. In: Maseberg, Eberhard/Sibylle Reiter/Will Teichert (Hrsg.): Führungsaufgaben in Redaktionen, Bd. 1: Materialien zum Redaktionsmanagement in Zeitungs- und Zeitschriftenverlagen, Gütersloh: 15-22.

Donges, Patrick/Otfried Jarren (1997): Redaktionelle Strukturen und publizistische Qualität. Ergebnisse einer Fallstudie zum Entstehungsprozeß landespolitischer Berichterstattung im Rundfunk. In: Media Perspektiven 4: 198-205.

Donsbach, Wolfgang (1993): Redaktionelle Kontrolle im Journalismus: Ein internationaler Vergleich. In: Mahle, Walter A. (Hrsg.): Journalisten in Deutschland. Nationale und internationale Vergleiche und Perspektiven, München: 143-160.

Donsbach, Wolfgang/Jens Wolling (1995): Redaktionelle Kontrolle in der regionalen und überregionalen Tagespresse. Ein internationaler Vergleich. In: Schneider, Beate/Kurt Reumann/Peter Schiwy (Hrsg.): Publizistik. Beiträge zur Medienentwicklung, Konstanz: 421-437.

Dygutsch-Lorenz, Ilse (1971a): Die Rundfunkanstalt als Organisationsproblem, Düsseldorf.

Dygutsch-Lorenz, Ilse (1971b): Empirische Befunde über eine Rundfunkanstalt. In: Rundfunk und Fernsehen 4: 392-405.

Ehlers, Renate (1997): Organisationsprobleme in Rundfunkanstalten. In: Fünfgeld, Hermann/Claudia Mast (Hrsg.): Massenkommunikation. Ergebnisse und Perspektiven, Opladen: 281-294.

Enzensberger, Hans Magnus (1988): Die vollkommene Leere. Das Nullmedium oder warum alle Klagen über das Fernsehen gegenstandslos sind. In: Der Spiegel v. 16.5.1988: 234-244.

Enzensberger, Hans Magnus (1985): Baukasten zu einer Theorie der Medien. In: Prokop, Dieter (Hrsg.): Medienforschung, Band 2: Wünsche, Zielgruppen, Wirkungen, Frankfurt/Main: 471-485.

European Foundation for Quality Management (EFQM) (1997): Der European Quality Award, Brüssel.

Fabris, Hans Heinz (1997): Hoher Standard. Qualität und Qualitätssicherung im Journalismus. In: Renger, Rudi/Gabriele Siegert (Hrsg.):

Kommunikationswelten. Wissenschaftliche Perspektiven zur Medien- und Informationsgesellschaft, Innsbruck, Wien: 69-92.

Faltermaier, Heinz (1997): Freiraum ohne Grenzen? Situatives Führen: Von Machtverzicht und Machtgebrauch. In: Diekmann, Thomas/Leonhard Ottinger/Will Teichert (Hrsg.): Führungsaufgaben in Redaktionen II. Materialien zum Redaktionsmanagement in Hörfunk und Fernsehen, Gütersloh: 80-91.

Fasel, Christoph (1998a): Wege aus der Erstarrung. Motivieren und Kritisieren. In: sage & schreibe 1-2: 29-31.

Fasel, Christoph (1998b): Die Art ist eine Kunst. Erfolgreiche Chefs wissen, daß zur Mitarbeiterführung mehr gehört als journalistisches Talent. In: sage & schreibe 7-8: 34.

Fasel, Christoph (1998c): ... und Reden ist Gold. In vielen Redaktionen wird zuwenig kommuniziert. In: sage & schreibe 5: 25-27.

Fischer, Roland/Michael Haller (1995): Ist der Computer an allem schuld? In: sage & schreibe 1: 10-11.

Fix, Oliver (1988): Organisation des Rundfunks, Wiesbaden.

Fleck, Florian (1987): Grundriß eines Bezugs- und Umweltsystems für Rundfunk-Unternehmen. In: Fleck, Florian (Hrsg.): Planung, Aufsicht und Kontrolle von Rundfunk-Unternehmen. Grundsätzliche und aktuelle Gedanken aus Praxis und Wissenschaft, Stuttgart u. a.: 11-22.

Fontanari, Martin (1996): Kooperationsgestaltungsprozesse in Theorie und Praxis, Berlin.

Franck, Georg (1998): Ökonomie der Aufmerksamkeit. Ein Entwurf, München, Wien.

Fünfgeld, Hermann (1990): Grenzen des Marketing als Managementaufgabe einer öffentlich-rechtlichen Rundfunkanstalt. In: Eichhorn, Peter/Hans Raffée (Hrsg.): Management und Marketing von Rundfunkanstalten, Baden-Baden: 55-64.

Fünfgeld, Hermann (1989): Warum Marketing für öffentlich-rechtliche Rundfunk-Unternehmen? In: Saxer, Ulrich (Hrsg.): Unternehmenskultur und Marketing von Rundfunk-Unternehmen, Stuttgart, Berlin, Köln: 35-48.

Gärtner, Hans-Dieter (1997): ZMG – Ein neues Konzept für das integrierte Marketing der Zeitungen in Deutschland. In: Bundesverband Deutscher Zeitungsverleger e. V. (Hrsg.): Zeitungen '97, Bonn: 108-116.

Gafron, Georg (1997): Kreativität, Konsequenz, Kontrolle. Unternehmensmarketing im privaten Hörfunk. In: Diekmann, Thomas/Leonhard Ottinger/Will Teichert (Hrsg.): Führungsaufgaben in Redaktionen II. Materialien zum Redaktionsmanagement in Hörfunk und Fernsehen, Gütersloh: 195-199.

Gangloff, Tilmann P. (1997): Alles unter einem Dach. In: Journalist 5: 50-53.

García, Mario (1998): Schöner lesen! Der Inhalt hat eine wichtige Verbündete – die Ästhetik. In: Die Zeit v. 29.01.1998: 15-18.

García, Mario (1994): Das Wichtigste ist der Inhalt. In: Zeitung der Zukunft. Kongreßzeitung zum Seminar Zeitung der Zukunft – Zukunft der Zeitung, Oktober 1994, Könisgwinter: 8.

Gaßdorf, Dagmar (1997): Zeitungsmarketing auf der Zielgraden. In: Bundesverband Deutscher Zeitungsverleger e. V. (Hrsg.): Zeitungen '97, Bonn: 120-133.

Gieber, Walter (1956): Across the Desk: a Study of 16 Telegraph Editors. In: Journalism Quaterly 4: 423-432.

Giles, Robert H. (1988): Newsroom Management. A guide to theory and practice, Detroit.

Gladney, Georg Albert (1992): The McPaper Revolution? In: Newspaper Research Journal 1-2: 54-71.

Gläser, Martin (1987): Nachfrageorientierte Programmressourcen-Steuerung bei Rundfunk-Unternehmen. Zur Methodik des Controlling im Rundfunk. In: Fleck, Florian H. (Hrsg.): Planung, Aufsicht und Kontrolle von Rundfunkunternehmen, Stuttgart u. a.: 121-146.

Glotz, Peter (1998): Ferenczy. Die Erfindung des Medienmanagements, München.

Glotz, Peter/Wolfgang R. Langenbucher (1969): Der mißachtete Leser. Zur Kritik der deutschen Presse, Köln, Berlin.

Göpfert, Winfried (1993): Publizistische Qualität: Ein Kriterien-Katalog. In: Bammé, Arno/Ernst Kotzmann/Hasso Reschenberg (Hrsg.): Publizistische Qualität: Probleme und Perspektiven ihrer Bewertung, München, Wien: 99-110.

Greenberg, Bradley S./Rick Busselle (1994): Audience Dimensions of Quality in Situation Comedies and Action Programs. In: Studies of Broadcasting 30: 17-48.

Greenberg, Bradley S./Rick Busselle (1992): Television Quality from the Audience Perspective. In: Studies of Broadcasting 28: 157-194.

Groth, Otto (1960): Die unerkannte Kulturmacht. Band 1, Berlin.

Grunenberg, Nina (1998): Das Wort als Ware. Wie Buchhalter die Blattmacher ablösen. In: Die Zeit v. 28.05.1998: 3.

Haacke, Wilmont (1962): Vom Management der Massenmedien. In: Haacke, Wilmont (Hrsg.): Publizistik. Elemente und Probleme, Essen: 39-56.

Hagemann, Walter (1950): Die Zeitung als Organismus, Heidelberg.

Hagen, Lutz (1995): Informationsqualität von Nachrichten. Meßmethoden und ihre Anwendung auf die Dienste von Nachrichtenagenturen, Opladen.

Hall, Peter Christian (1997): Vorwort. In: Hall, Peter Christian (Hrsg.): Wohin treibt das Fernsehen? Ein Schauplatz der Kultur im Wandel. 29. Mainzer Tage der Fernseh-Kritik 1996, Mainz: 7-11.

Haller, Michael (1997): Die Grenzen redaktioneller Macht. Qualitätssicherung durch Kompetenzausweitung von Chefredaktionen? In: Bertelsmann Briefe 138: 62-66.

Heinrich, Jürgen (1996): Qualitätswettbewerb und/oder Kostenwettbewerb im Mediensektor? In: Rundfunk und Fernsehen 2: 165-184.

Heinrich, Jürgen (1994): Medienökonomie, Band 1: Mediensystem, Zeitung, Zeitschrift, Anzeigenblatt, Opladen.

Hersey, Paul/Kenneth H. Blanchard (1977): Management of Organizational Behavior: Utilizing Human Ressources, Englewood Cliffs.

Hertl, Michael (1997): Der Producer – ein Berufsbild gewinnt an Konturen. In: Institut zur Förderung publizistischen Nachwuchses e. V.: Jahresbericht 1997, München: 34-35.

Hesselbach, Christian (1998): Videojournalisten im aktuellen Fernsehen. Kommunikatorstudie am Beispiel des Ballungsraumsenders Hamburg 1, Münster (unveröff. Magisterarbeit).

Hienzsch, Ulrich (1990): Journalismus als Restgröße. Kybernetisierung und Orientierungsverlust in der Tageszeitungsredaktion, Wiesbaden.

Hoch, Marc (1997): Kompaß der Kopflosen. Das Modell der „Lernenden Organisation" hilft Unternehmen in der grundlegend geänderten Wirtschaftswelt. In: Süddeutsche Zeitung v. 31.05./01.06.1997: P1.

Hörnig, Annette (1998a): Einzelkämpfer mit dünner Haut. Interview mit dem Diplomsoziologen Jens Hager-van der Laan. In: sage & schreibe 1-2: 35-36.

Hörnig, Annette (1998b): Erfolg muß erlebbar sein. Interview mit dem Diplompsychologen Reimer Hintzpeter. In: sage & schreibe 3: 30-31.

Hoffmann-Riem, Wolfgang (1988): Rundfunkrecht und Wirtschaftsrecht – ein Paradigmenwechsel in der Rundfunkverfassung? In: Media Perspektiven 2: 57-72.

Hoffmann-Riem, Wolfgang (1979): Innere Pressefreiheit als politische Aufgabe, Neuwied.

Huber, Christian (1996): Nachricht und Meinung. Ist ihre Trennung ein journalistisches Qualitätskriterium? In: Medien Journal 2: 36-46.

Hünnekens, Wolfgang (1997): Auf einer Wellenlänge. Corporate Image bindet Macher und Publikum. In: Diekmann, Thomas/Leonhard Ottinger/Will Teichert (Hrsg.): Führungsaufgaben in Redaktionen II. Materialien zum Redaktionsmanagement in Hörfunk und Fernsehen, Gütersloh: 200-204.

Imai, Masaaki (1993): KAIZEN. Der Schlüssel zum Erfolg der Japaner im Wettbewerb, München.

Jacobi, Ursula/Günter Nahr (1977): Manager der Kommunikation. Teil B: Der Zeitungsverleger im Strukturwandel der Presse. In: Jacobi, Ursula/Günter Nahr/Wolfgang R. Langenbucher/Otto B. Roegele/Marta Schönhals-Abrahamsohn: Manager der Kommunikation, Berlin: 185-339.

Jonscher, Norbert (1995): Lokale Publizistik. Theorie und Praxis der örtlichen Berichterstattung. Ein Lehrbuch, Opladen.

Kaase, Max/Friedhelm Neidhardt/Barbara Pfetsch (1997): Politik und Ökonomie der Massenkommunikation: Forschungsdesiderate unter veränderten Strukturbedingungen des Mediensystems. In: Publizistik 1: 3-15.

Kaden, Norbert (1997): Die Chancen von Reformen nutzen. Outsourcing und andere Marktstrategien im öffentlich-rechtlichen Rundfunk. In: Menschen Machen Medien 12: 41.

Kammann, Uwe (1998): Redakteure als Produktmanager. Der Quotenerfolg ist garantiert, die Glaubwürdigkeit verspielt – ARD und ZDF verlaufen sich auf kommerziellen Schleichpfaden. In: Die Zeit v. 22.01.1998: 47.

Karmasin, Matthias (1996): Qualität im Journalismus. Ein medienökonomisches und medienethisches Problem. Theoretische und empirische Ansätze. In: Medien Journal 2: 17-26.

Kirchner, Karin (1997): Das Management der integrierten Unternehmenskommunikation. In: Renger, Rudi/Gabriele Siegert (Hrsg.): Kommunikationswelten. Wissenschaftliche Perspektiven zur Medien- und Informationsgesellschaft, Innsbruck, Wien: 213-242.

Klassen, Ralf (1998): Ressortleitung: Macht auf die Tür! In: sage & schreibe 3: 29.

Kleinsteuber, Hans J. (1997): Informationsgesellschaft: Entstehung und Wandlung eines politischen Leitbegriffs der neunziger Jahre. In: Gegenwartskunde 1: 41-52.

Klenke, Klaus (1997): „ ... ohne zu lügen". Regeln und Prinzipien für Führungskräfte. In: Diekmann, Thomas/Leonhard Ottinger/Will Teichert (Hrsg.): Führungsaufgaben in Redaktionen II. Materialien zum Redaktionsmanagement in Hörfunk und Fernsehen, Gütersloh: 99-110.

Klepsch, Rüdiger (1997): Ohne Ziele geht es nicht. Mitarbeiterführung in Redaktionen. In: Diekmann, Thomas/Leonhard Ottinger/Will Teichert (Hrsg.): Führungsaufgaben in Redaktionen II. Materialien zum Redaktionsmanagement in Hörfunk und Fernsehen, Gütersloh: 73-91.

Kommission zur Ermittlung des Finanzbedarfs der Rundfunkanstalten (KEF) (1995): Zehnter Bericht der Kommission zur Ermittlung des Finanzbedarfs der Rundfunkanstalten, Mainz.

Kossbiel, Hugo (1983): Personalwirtschaft. In: Bea, Franz Xaver/Erwin Dichtl/Marcell Schweitzer (Hrsg.): Allgemeine Betriebswirtschaftslehre. Band 3: Prozesse, Stuttgart: 243-284.

Kotler, Philip/Friedhelm Bliemel (1992[7]): Marketing-Management. Analyse, Planung, Umsetzung und Steuerung, Stuttgart.

Krüger, Wolfgang (1997): Neue Herausforderungen – alte Probleme. Personalentwicklung im öffentlich-rechtlichen Rundfunk. In: Diekmann, Thomas/Leonhard Ottinger/Will Teichert (Hrsg.): Führungsaufgaben in Redaktionen II. Materialien zum Redaktionsmanagement in Hörfunk und Fernsehen, Gütersloh: 92-98.

Kruse, Jörn (1996): Publizistische Vielfalt und Medienkonzentration zwischen Marktkräften und politischen Entscheidungen. In: Altmeppen, Klaus-Dieter (Hrsg.): Ökonomie der Medien und des Mediensystems. Grundlagen, Ergebnisse und Perspektiven medienökonomischer Forschung, Opladen: 25-52.

Krzeminski, Michael/Peter Ludes (1996): Marketing für den Qualitätsjournalismus. Perspektiven jenseits einer Dichotomie von Ethik und Markt. In: Mast, Claudia (Hrsg.): Markt – Macht – Medien: Publizistik im Spannungsfeld zwischen gesellschaftlicher Verantwortung und ökonomischen Zielen, Konstanz: 273-281.

Kuczera, Susanne (1995): Personal-Management. Kreativität fördern. In: sage & schreibe 1: 14.

Küpper, Mechthild (1998): Die „Zeit" heilt Wunden. Die Hamburger Wochenzeitung bekommt ein neues Aussehen und übt sich in der Tugend der Entschiedenheit. In: Süddeutsche Zeitung v. 22.01.1998: 19.

Küpper, Mechthild (1997): Qualität statt Bohrmaschine. In: Süddeutsche Zeitung v. 31.10./01./02.11.1997: 29.

Lampe, Joachim/Peter Mewes (1998): Produktionssteuerung im öffentlich-rechtlichen Rundfunk. Entwicklungen des Fernsehproduktionsbetriebs am Beispiel des Norddeutschen Rundfunks. In: Media Perspektiven 5: 214-221.

Langford, Norma Jane (1969): Creative Thinking in Newspapers. In: Journalism Quaterly 4: 814-817.

Ledford, G. E./E. E. Lawler/S. A. Mohrmann (1988): The quality circle and ist variations. In: Campbell, J. P./R. J. Campbell (eds.): Productivity in organizations, San Francisco: 255-294.

LeMar, Bernd (1997): Kommunikative Kompetenz. Der Weg zum innovativen Unternehmen, Berlin.

Lesche, Dieter (1996): Glanzvolle Versager. Wie Manager und Macher das Fernsehen ruinieren. Ein Insider berichtet, Düsseldorf.

Lewin, Kurt (1963): Psychologische Ökologie. In: Lewin, Kurt: Feldtheorien in den Sozialwissenschaften. Ausgewählte theoretische Schriften, Bern, Stuttgart: 206-222.

Lindlau, Dagobert (1990): Das Krankheitsbild des modernen Journalismus. Diagnose am Beispiel der Rumänienberichterstattung. In: Rundfunk und Fernsehen 3: 430-436.

Löffelholz, Martin/Markus Kieppe (1990): Viele Programme, viele Probleme. Weiterbildungsangebote für Journalisten in der Bundesrepublik. In: Weischenberg, Siegfried (Hrsg.): Journalismus & Kompetenz. Qualifizierung und Rekrutierung für Medienberufe, Opladen: 107-144.

Ludwig, Johannes (1998): Zur Ökonomie der Medien: Zwischen Marktversagen und Querfinanzierung. Von J. W. Goethe bis zum Nachrichtenmagazin Der Spiegel, Opladen, Wiesbaden.

Ludwig, Johannes (1996): Kosten, Preise und Gewinne. Zur Betriebswirtschaft von Medienunternehmen: Das Beispiel *Der Spiegel*. In: Altmeppen, Klaus-Dieter (Hrsg.): Ökonomie der Medien und des Mediensystems. Grundlagen, Ergebnisse und Perspektiven medienökonomischer Forschung, Opladen: 81-99.

Ludwig, Johannes (1994): Medienökonomie – Eine Einführung in die ökonomischen Strukturen und Probleme von Medienunternehmen. In: Jarren, Otfried (Hrsg.): Medien und Journalismus 1. Eine Einführung, Opladen: 145-209.

Luhmann, Niklas (1996): Die Realität der Massenmedien, Opladen.

Luhmann, Niklas (1990): Die Wissenschaft der Gesellschaft. Frankfurt/Main.

Luhmann, Niklas (1984): Soziale Systeme. Grundriß einer allgemeinen Theorie, Frankfurt/Main.

Luhmann, Niklas (1981): Veränderungen im System gesellschaftlicher Kommunikation und die Massenmedien. In: Luhmann, Niklas: Soziologische Aufklärung 3. Soziales System, Gesellschaft, Organisation, Opladen: 309-320.

Luhmann, Niklas (1975): Soziologische Aufklärung 2. Aufsätze zur Theorie der Gesellschaft, Opladen.

Luhmann, Niklas (1971): Lob der Routine. In: Luhmann, Niklas: Politische Planung. Aufsätze zur Soziologie von Verwaltung und Politik, Opladen: 113-142.

Luhmann, Niklas (1970): Soziologische Aufklärung 1. Aufsätze zur Theorie sozialer Systeme, Opladen.

Luhmann, Niklas (1964): Funktionen und Folgen formaler Organisation, Berlin.

Luyken, Georg-Michael (1991): Ein Markt für unabhängige TV-Produzenten in Europa: Mythos oder Realität? In: Mahle, Walter A. (Hrsg.): Medien im vereinten Deutschland. Nationale und internationale Perspektiven, München: 177-185.

MacDougall, Curtis D. (1947): Newsroom Problems and Policies, New York.

Marmor, Lutz (1997): Navigationsinstrumente für das Medienmanagement. Aufgaben der Redaktion im Controlling-System. In: Diekmann, Thomas/Leonhard Ottinger/Will Teichert (Hrsg.): Führungsaufgaben in Redaktionen II. Materialien zum Redaktionsmanagement in Hörfunk und Fernsehen, Gütersloh: 221-230.

Maslow, Abraham H. (1977): Motivation und Persönlichkeit, Olten, Freiburg.

Mast, Claudia (1995): Journalismus oder Redaktionsmanagement? Professionalität im journalistischen Alltag heute. In: Schneider, Beate/Kurt Reumann/Peter Schiwy (Hrsg.): Publizistik. Beiträge zur Medienentwicklung, Konstanz: 409-419.

Mathes, Rainer (1995): Konzepte zur Nutzung und Bewertung von Tageszeitungen. In: Böhme-Dürr, Karin/Gerhard Graf (Hrsg.): Auf der Suche nach dem Publikum. Medienforschung für die Praxis, Konstanz: 69-87.

McQuail, Denis (1992): Media Performance. Mass Communication and the Public Interest. London.

McQuail, Denis (1986): Kommerz und Kommunikationstheorie. In: Media Perspektiven 10: 633-643.

Meckel, Miriam (1997): Die neue Übersichtlichkeit. Zur Entwicklung des Format-Fernsehens in Deutschland. In: Rundfunk und Fernsehen 4: 475-485.

Meckel, Miriam (1994): Fernsehen ohne Grenzen? Europas Fernsehen zwischen Integration und Segmentierung, Opladen.

Meckel, Miriam/Klaus Kamps (1998): Fernsehnachrichten. Entwicklungen in Forschung und Praxis. In: Kamps, Klaus/Miriam Meckel (Hrsg.): Fernsehnachrichten. Prozesse, Strukturen, Funktionen, Opladen: 11-29.

Meffert, Heribert (1986[7]): Marketing. Grundlagen der Absatzpolitik, Wiesbaden.

Meier, Werner A./Michael Schanne/Josef Trappel (1993): Produktstrategien und Marktnischenpolitik. In: Bruck, Peter A. (Hrsg.): Print unter Druck. Zeitungsverlage auf Innovationskurs, München: 195-291.

Meier-Beer, Jürgen (1995): Produktionssteuerung statt Produktion? In: Rundfunk und Fernsehen 1: 56-61.

Metzler, Eric (1996): Lauter kleine Redaktions-Unternehmer. „Outsourcing" und was für Lokalredaktionen dahintersteckt. Über Chancen und Risike des neuen Arbeitsmodells. In: MediumMagazin 12: 48-50.

Meyer, Claus (1994[2]): Betriebswirtschaftliche Kennzahlen und Kennzahlen-Systeme, Stuttgart.

Michel, Lutz/Michael Schenk (1994): Audiovisuelle Medienberufe. Veränderungen in der Medienwirtschaft und ihre Auswirkungen auf Qualifikationsbedarf und die Qualifikationsprofile, Opladen.

Milz, Annette (1997): Auflage durch Tugendpflege. In: MediumMagazin 10: 30-36.

Möllmann, Bernhard (1998): Redaktionelles Marketing bei Tageszeitungen, München.

Mortensen, Frands/Erik Nordahl Svendsen (1980): Creativity and control: the journalist betwixt his readers and editors. In: Media, Culture & Society 2: 169-177.

Moss, Christoph (1998): Die Organisation der Zeitungsredaktion. Wie sich journalistische Arbeit effizient koordinieren läßt, Opladen, Wiesbaden.

Müller, Eckhard (1994): Offensiv vermarktet. Mit einer Imagekampagne soll „Das Erste" als Markenname positioniert werden. In: Journalist 8: 31-32.

Neumann, Sieglinde (1997): Redaktionsmanagement in den USA: Fallbeispiel „Seattle Times", München.

Neverla, Irene/Susie Walch (1993): Flexible Organisation. Entscheidungsstrukturen in Printmedienunternehmen. In: Bruck, Peter A. (Hrsg.): Print unter Druck. Zeitungsverlage auf Innovationskurs. Verlagsmanagement im internationalen Vergleich, München: 293-386.

Nonaka, Ikujiro/Hirotaka Takeuchi (1997): Die Organisation des Wissens. Wie japanische Unternehmen eine brachliegende Ressource nutzbar machen, Frankfurt/Main.

Odenthal, Walter (1997): Wider das Peter-Prinzip. Instrumente der Personalplanung. In: Diekmann, Thomas/Leonhard Ottinger/Will Teichert (Hrsg.): Führungsaufgaben in Redaktionen II. Materialien zum Redaktionsmanagement in Hörfunk und Fernsehen, Gütersloh: 118-129.

Oehmichen, Ekkehardt (1993): Qualität im Fernsehen aus Zuschauerperspektive. Ansätze praxisorientierter Forschung. In: Media Perspektiven 1: 16-20.

Ott, Klaus (1998): Die Doppelverdiener. Moderatoren übernehmen auch noch die Produktion ihrer Shows – zumindest in der ARD gehen sie damit kein Risiko ein. In: Süddeutsche Zeitung v. 19.03.1998: 23.

Peter, Lawrence/Raymond Hall (1972): Das Peter-Prinzip oder die Hierarchie der Unfähigen, Reinbek bei Hamburg.

Pintzke, Thomas (1997): KISS: keep it small and stupid. Kostenplanung und -kontrolle als redaktionelle Aufgabe. In: Diekmann, Thomas/Leonhard Ottinger/Will Teichert (Hrsg.): Führungsaufgaben in Redaktionen II. Materialien zum Redaktionsmanagement in Hörfunk und Fernsehen, Gütersloh: 231-238.

Prott, Jürgen (1994): Ökonomie und Organisation der Medien. In: Merten, Klaus/Siegfried J. Schmidt/Siegfried Weischenberg (Hrsg.): Die Wirklichkeit der Medien. Eine Einführung in die Kommunikationswissenschaft, Opladen: 481-505.

Raffée, Hans (1990): Marketing als Führungskonzeption für öffentlich-rechtliche Rundfunkanstalten. In: Eichhorn, Peter/Hans Raffée (Hrsg.): Management und Marketing von Rundfunkanstalten, Baden-Baden: 25-34.

Raffée, Hans (1979): Marketing und Umwelt, Stuttgart.

Rager, Günter (1994a): Dimensionen der Qualität. In: Bentele, Günter/Kurt Hesse (Hrsg.): Publizistik in der Gesellschaft, Konstanz: 189-209.

Rager, Günther (1994b): Mehr Dienst am Kunden. In: Rager, Günther/Susanne Schaefer-Dieterle/Bern Weber: Redaktionelles Marketing. Wie Zeitungen die Zukunft meistern, Bonn: 7-38.

Rager, Günther/Susanne Schaeferle-Dieter/Bernd Weber (1994): Redaktionelles Marketing. Wie Zeitungen die Zukunft meistern, Bonn.

Raulf, Holger (1994): Gesteuerte Kreativität? Qualitätssicherung durch Personalentwicklung. In: Reiter, Sibylle/Stephan Ruß-Mohl (Hrsg.): Zukunft oder Ende des Journalismus? Publizistische Qualitätssicherung, Medienmanagement, redaktionelles Marketing, Gütersloh: 99-119.

Redelfs, Manfred (1996): Investigative Reporting in der USA. Strukturen eines Journalismus der Machtkontrolle, Opladen.

Reiter, Sibylle/Stephan Ruß-Mohl (Hrsg.) (1994): Zukunft oder Ende des Journalismus? Publizistische Qualitätssicherung, Medienmanagement, redaktionelles Marketing, Gütersloh.

Reschenberg, Hasso (1993): Unabhängig und professionell kontrollieren. Qualitätsmanagement von Zeitschriften. In: Bammé, Arno/Ernst Kotzmann/Hasso Reschenberg (Hrsg.): Publizistische Qualität. Probleme und Perspektiven ihrer Bewertung, München, Wien: 173-184.

Reusch, Andreas (1997): Arbeitsrecht in der redaktionellen Praxis. Wesentliche Aspekte bei Auswahl, Einstellung und Kündigung. In: Diekmann, Thomas/Leonhard Ottinger/Will Teichert (Hrsg.): Führungsaufgaben in Redaktionen II. Materialien zum Redaktionsmanagement in Hörfunk und Fernsehen, Gütersloh: 130-143.

Richter, Jürgen (1996): Unternehmerische Essentials für die Zeitung von morgen – Verantwortung in den Printmedien. In: Hamm, Ingrid (Hrsg.): Verantwortung im freien Medienmarkt, Gütersloh: 76-84.

Ridder, Christa-Maria (1993): Zukunftsstrategien der BBC. Die Rolle des öffentlich-rechtlichen Rundfunks im kommerzialisierten Mediensystem. In: Media Perspektiven 4: 150-158.

Riehl-Heyse, Herbert (1997): Aktion und Redaktion. Was unterscheidet Qualitätszeitungen von Fußballclubs? In: Süddeutsche Zeitung v. 22.5.1997: 13.

Rifkin, Jeremy (1997): Das Ende der Arbeit und ihre Zukunft, Frankfurt/Main.

Robinson, Gertrude Joch (1973): 25 Jahre „Gatekeeper"-Forschung: Eine kritische Rückschau und Bewertung. In: Aufermann, Jörg/Hans Bohrmann/Rolf Sülzer (Hrsg.): Gesellschaftliche Kommunikation und Information, Frankfurt/Main: 344-355.

Robinson, Gertrude Joch (1970): Foreign News Selection is Non-Linear in Yugoslavia's Tanjug Agency. In: Journalism Quaterly 2: 340-351.

Roll, Evelyn (1997): Dr. Werner und Mr. Funk. In: Süddeutsche Zeitung v. 22./23.02.1997: 18.

Rosengreen, Karl Erik/Mats Carlsson/Yael Tågerud (1991): Quality in Programming: Views from the North. In: Studies of Broadcasting 27: 21-80.

Roßner, Stefanie (1998): Cinema TV. Analyse der intermediären Kooperation zwischen einem Fernsehsender und einem Verlag, Münster (unveröff. Magisterarbeit).

Rühl, Manfred (1993): Marktpublizistik. Oder: Wie alle – reihum – Presse und Rundfunk bezahlen. In: Publizistik 2: 125-152.

Rühl, Manfred (1989): Organisatorischer Journalismus. Tendenzen der Redaktionsforschung. In: Kaase, Max/Winfried Schulz (Hrsg.): Massenkommunikation. Theorien, Methoden, Befunde. Kölner Zeitschrift für Soziologie und Sozialpsychologie, Sonderheft 30, Opladen: 253-269.

Rühl, Manfred (1980): Journalismus und Gesellschaft. Bestandsaufnahme und Theorieentwurf, Mainz.

Rühl, Manfred (1979[2]): Die Zeitungsredaktion als organisiertes soziales System, Freiburg/Schweiz.

Rühl, Manfred (1969): Die Zeitungsredaktion als organisiertes soziales System, Bielefeld.

Ruß-Mohl, Stephan (1995): Redaktionelles Marketing und Management. In: Jarren, Otfried (Hrsg.): Medien und Journalismus 2. Eine Einführung, Opladen: 103-138.

Ruß-Mohl, Stephan (1994a): Anything goes? Ein Stolperstein und sieben Thesen zur publizistischen Qualitätssicherung. In: Reiter, Sibylle/Stephan Ruß-Mohl (Hrsg.): Zukunft oder Ende des Journalismus? Publizistische Qualitätssicherung, Medienmanagement, redaktionelles Marketing, Gütersloh: 20-28.

Ruß-Mohl, Stephan (1994b): Der I-Faktor. Qualitätssicherung im amerikanischen Journalismus. Modell für Europa? Zürich, Osnabrück.

Ruß-Mohl, Stephan (1992a): Am eigenen Schopfe ... Qualitätssicherung im Journalismus – Grundfragen, Ansätze, Näherungsversuche. In: Publizistik 1: 83-96.

Ruß-Mohl, Stephan (1992b): Zeitungs-Umbruch. Wie sich Amerikas Presse revolutioniert, Berlin.

Sahlender, Anton (1998): Jeder muß investieren. Wenn die Weiterbildung in Printredaktionen ein Schattendasein führt, bleiben große Chancen ungenutzt. In: sage & schreibe 4: 27-29.

Santen, Oliver (1995): Medien und Marketing. In: Journalist 9: 32-34.

Schaefer-Dieterle, Susanne (1994a): Kommunikative Kompetenz an der Spitze. In: Reiter, Sibylle/Stephan Ruß-Mohl (Hrsg.): Zukunft oder

Ende des Journalismus? Publizistische Qualitätssicherung, Medienmanagement, redaktionelles Marketing, Gütersloh: 70-73.

Schaefer-Dieterle, Susanne (1994b): Was wollen die Werbeleute bei uns in der Zeitung? In: Rager, Günther/Susanne Schaefer-Dieterle/Bernd Weber: Redaktionelles Marketing. Wie Zeitungen die Zukunft meistern, Bonn: 39-67.

Schatz, Heribert/Winfried Schulz (1992a): Qualität von Fernsehprogrammen. Überlegungen zu Kriterien und Methoden eines Leistungsvergleichs zwischen den öffentlich-rechtlichen und den privaten Anbietern von Fernsehprogrammen in der Bundesrepublik Deutschland. Gutachten im Auftrag der ARD-/ZDF-Medienforschung, Duisburg, Nürnberg, Manuskript.

Schatz, Heribert/Winfried Schulz (1992b): Qualität von Fernsehprogrammen. Kriterien und Methoden zur Beurteilung von Programmqualität im dualen Fernsehsystem. In: Media Perspektiven 11: 690-712.

Schenk, Michael/Susanne Gralla (1993): Qualitätsfernsehen aus der Sicht des Publikums. Literaturrecherche zum Forschungsstand. In: Media Perspektiven 1: 8-15.

Schiwy, Peter (1994): Management und Rundfunk. Das Ende der öffentlichrechtlichen Wirklichkeit. In: Bentele, Günter/Kurt R. Hesse (Hrsg.): Publizistik in der Gesellschaft, Konstanz: 109-115.

Schneider, Markus (1990): Der Köder muß dem Fisch gefallen, nicht dem Angler. In: Rheinischer Merkur v. 26.10.1990: 19.

Schnibben, Cord (1995): Der McJournalismus. Über den Zusammenhang von Gehacktem und Gedrucktem. In: Spiegel special 1: 49-50.

Scholl, Armin/Siegfried Weischenberg (1998): Journalismus in der Gesellschaft. Theorie, Methodologie und Empirie, Opladen, Wiesbaden.

Schreiber, Hermann (1994): „ ... der unermüdliche Versuch, sehr gut zu sein". Qualitätssicherung durch dialogische Führung. In: Reiter, Sibylle/Stephan Ruß-Mohl (Hrsg.): Zukunft oder Ende des Journalismus? Publizistische Qualitätssicherung, Medienmanagement, redaktionelles Marketing, Gütersloh: 29-44.

Schröter, Detlef (1995): Qualität und Journalismus. Theoretische und praktische Grundlagen journalistischen Handelns, München.

Schuler, Thomas (1998): Ein paar Tränen für die Quote. Die „Los Angeles Times" läßt täglich die Leser befragen. In: Süddeutsche Zeitung v. 08./09.08.1998: VII.

Schulte-Hillen, Gerd (1994): Sicherung publizistischer Unabhängigkeit. Führungskonzepte für Medienunternehmen. In: Reiter, Sibylle/Stephan Ruß-Mohl (Hrsg.): Zukunft oder Ende des Journalismus? Publizistische Qualitätssicherung, Medienmanagement, redaktionelles Marketing, Gütersloh: 78-88.

Schulz, Winfried (1996): Qualität von Fernsehprogrammen. In: Hömberg, Walter/Heinz Pürer (Hrsg.): Zehn Jahre dualer Rundfunk in Deutschland, Konstanz: 45-59.

Schulze, Rudolf (1993): Qualität ist, was sich verkauft. In: Bammé, Arno/Ernst Kotzmann/Hasso Reschenberg (Hrsg.): Publizistische Qualität. Probleme und Perspektiven ihrer Bewertung, München, Wien: 235-255.

Schulze, Ulrich (1995): Das Ende der Denkfabriken. Neue Technik und redaktionelle Organisation. In: sage & schreibe 1: 8-9.

Schumm-Garling, Ursula (1973): Organisationssoziologische Überlegungen zur Medienanalyse. In: Aufermann, Jörg/Hans Bohrmann/Rolf Sülzer (Hrsg.): Gesellschaftliche Kommunikation und Information, Frankfurt/Main: 402-420.

Schümchen, Andreas (1998): Qualitätsfernsehen hat seinen Preis. Interview mit Markus Schächter, Programmdirektor des Zweiten Deutschen Fernsehens (ZDF). In: Grimme 1: 6-8.

Schunk, Klaus (1997): Radiosender als Marke. Programm, Werbung und Promotion als Einheit. In: Diekmann, Thomas/Leonhard Ottinger/Will Teichert (Hrsg.): Führungsaufgaben in Redaktionen II. Materialien zum Redaktionsmanagement in Hörfunk und Fernsehen, Gütersloh: 205-209.

Schwaderlapp, Werner (1995): Mehr Konkurrenz, weniger Geld. Herausforderungen an Programmqualität und Programmökonomie aus der Sicht des ZDF. In: Rundfunk und Fernsehen 1: 41-55.

Schwarzwälder, Werner (1995a): Redaktionelle Kommunikation. Der Chef macht das Klima. In: sage & schreibe 1: 12-13.

Schwarzwälder, Werner (1995b): Die Lokalredaktion. Zurück zu Mappen und Körbchen. In: sage & schreibe 1: 15-16.

Schwertzel, Uwe (1997): Benchmarking für Rundfunkveranstalter. Konzeptionen für kennzahlengestützte Wirtschaftlichkeitsvergleiche von Anwendungsproblemen im Rundfunk, Berlin.

Senge, Peter M. (1996): Die fünfte Disziplin. Kunst und Praxis der lernenden Organisation, Stuttgart.

Seufert, Wolfgang (1996): Rundfunkunternehmen – Gewinner beim Strukturwandel der Medienwirtschaft. In: Altmeppen, Klaus-Dieter (Hrsg.): Ökonomie der Medien und des Mediensystems. Grundlagen, Ergebnisse und Perspektiven medienökonomischer Forschung, Opladen: 165-178.

Shugaar, Antony (1994): Truth of Consequences. Inside the New Yorker's Fact-Checking-Machine. In: Columbia Journalism Review 5-6: 14-15.

Sjurts, Insa (1996): Wettbewerb und Unternehmensstrategie in der Medienbranche. Eine industrieökonomische Skizze. In: Altmeppen, Klaus-Dieter (Hrsg.): Ökonomie der Medien und des Mediensystems. Grundlagen, Ergebnisse und Perspektiven medienökonomischer Forschung, Opladen: 53-80.

Snider, Paul (1967): Mr. Gates Revisited, A 1966 Version. In: Journalism Quaterly 3: 419-427.

Sökeland, Werner (1998): Information ist Bringschuld. Zehn Regeln für mehr Transparenz. In: sage & schreibe 5: 28-30.

Sontheimer, Michael (1994): Professionalisierung oder „konservative" Wende? Entscheidungsstrukturen im Alternativbetrieb am Beispiel der *taz*. In: Reiter, Sibylle/Stephan Ruß-Mohl (Hrsg.): Zukunft oder Ende des Journalismus? Publizistische Qualitätssicherung, Medienmanagement, redaktionelles Marketing, Gütersloh: 155-170.

Spaeth, Andreas/Annette Milz (1998): Zeit für Reformen. Wie Chefredakteur Roger de Weck die altehrwürdige Institution ZEIT ins 21. Jahrhundert führen will. In: MediumMagazin 2: 30-37.

Sperl, Gerfried (1996): Dirigent und Animator. Von Außenwirkung, Zeitgefühl und Motivationsschüben. In: Maseberg, Eberhard/Sibylle Reiter/Will Teichert (Hrsg.): Führungsaufgaben in Redaktionen, Bd. 1:

Materialien zum Redaktionsmanagement in Zeitungs- und Zeitschriftenverlagen, Gütersloh: 43-47.

Sprenger, Reinhard K. (1998): Die Entscheidung liegt bei dir. Wege aus der alltäglichen Unzufriedenheit, Frankfurt/Main.

Stadler, Rainer (1997): Hallo Werbekunden! Wie bei der „Los Angeles Times" mit Anzeigenexperten die Linie des Blattes bestimmt wird. In: Süddeutsche Zeitung v. 28.10.1997: 19.

Staehle, Wolfgang H. (1992): Funktionen des Managements. Eine Einführung in einzelwirtschaftliche und gesamtgesellschaftliche Probleme der Unternehmensführung, Bern, Stuttgart.

Stamm, Keith/Doug Underwood (1993): The Relationship of Job Satisfaction to Newsroom Policy Changes. In: Journalism Quaterly 3: 528-541.

Stauss, Bernd (1987): Grundlagen des Marketing öffentlicher Unternehmen, Baden Baden.

Streng, Isabel (1996): Strategisches Marketing für Publikumszeitschriften, Frankfurt/Main u. a.

Taylor, Frederick Winslow (1917): Die Grundsätze der wissenschaftlichen Betriebsführung, Berlin, München.

Teichert, Will (1998): Lernziel Kommunikation. Zur Lösung betriebswirtschaftlicher Probleme gehören zunächst kommunikative und organisatorische Kompetenz. In: sage & schreibe 4: 30-31.

Theis, Anna M. (1992): Vom Umgang mit Komplexität – Organisatorische Konsequenzen des dualen Rundfunksystems. In: Rundfunk und Fernsehen 4: 493-506.

Töpfer, Armin/Hartmut Mehdorn (1995): Total Quality Management. Anforderungen und Umsetzung im Unternehmen, Neuwied u. a.

Tuchman, Gaye (1978): Making News. A Study in the Construction of Reality, New York.

Tuchman, Gaye (1972): Objectivity as a Strategic Ritual: An Examination of Newsmen's Notions of Objectivity. In: American Journal of Sociology 1: 660-679.

Underwood, Doug (1993): When MBAs rule the newsroom, New York.

Underwood, Doug (1988): When MBAs rule the newsroom. A concerned reporter shows how bottom-line editors are radically changing American journalism. In: Columbia Journalism Review 3-4: 23-30.

Verfürth, Heinz (1998): Redaktionskonferenz: Ein offenes Forum für alle. In: sage & schreibe 5: 30-31.

Völker, Peter (1997): Wer schützt den öffentlich-rechtlichen Rundfunk vor sich selbst? Rationalisierungsstrategien bedrohen Unabhängigkeit und Programmauftrag des demokratischen Rundfunksystems. In: Menschen Machen Medien 10: 7-10.

Wallisch, Gianluca (1995): Journalistische Qualität. Definitionen – Modelle – Kritik, Konstanz.

Walz, Hartmut/Thomas Bertels (1995): Das intelligente Unternehmen. Schneller lernen als der Wettbewerb, München.

Weber, Bernd (1994): Mit System vom Chaos zur Kreativität. In: Rager, Günther/Susanne Schaefer-Dieterle/Bernd Weber: Redaktionelles Marketing. Wie Zeitungen die Zukunft meistern, Bonn: 81-116.

Weischenberg, Siegfried (1997): Neues vom Tage. Die Schreinemakerisierung unserer Medienwelt, Hamburg.

Weischenberg, Siegfried (1995): Journalistik, Bd. 2: Medientechnik, Medienfunktionen, Medienakteure, Opladen.

Weischenberg, Siegfried (1992): Journalistik, Bd. 1: Mediensysteme, Medienethik, Medieninstitutionen, Opladen.

Weischenberg, Siegfried (1990): Das „Prinzip Echternach". Zur Einführung in das Thema „Journalismus und Kompetenz". In: Weischenberg, Siegfried (Hrsg.): Journalismus und Kompetenz. Qualifizierung und Rekrutierung für Medienberufe, Opladen: 11-41.

Weischenberg, Siegfried/Klaus-Dieter Altmeppen/Martin Löffelholz (1994): Die Zukunft des Journalismus. Technologische, ökonomische und redaktionelle Trends, Opladen.

Weischenberg, Siegfried/Ulrich Hienzsch (1994): Die Entwicklung der Medientechnik. In: Merten, Klaus/Siegfried J. Schmidt/Siegfried Weischenberg (Hrsg.): Die Wirklichkeit der Medien. Eine Einführung in die Kommunikationswissenschaft, Opladen: 455-480.

Wenderoth, Andreas (1998): Wotan wütet. Wagner-Festspiele in Berlin: Wie der Klaus Kinski unter den Chefredakteuren die „B.Z." neu erfindet. In: Die Woche v. 28.08.1998: 21.

Wetzel, Rudi (1968): Moderne Redaktionsgebäude. In: Neue Deutsche Presse 4: 14-21.

White, David Manning (1950): The „Gatekeeper": A Case Study in the Selection of News. In: Journalism Quaterly 4: 383-390.

Williamson, Daniel R. (1979): Newsgathering, New York.

Winterhoff-Spurk, Peter/Christian Senn (1992): Qualität als Konzept. Organisationspsychologische Aspekte der Aus- und Fortbildung in Medienorganisationen. In: Media Spectrum 2: 40-45.

Wolff, Volker (1998): Wettbewerb und Qualität bei Presseprodukten. In: Publizistik 3: 260-272.

Zakrzewski, Raimund H. (1995): Marketingforschung für eine Tageszeitung. Primär- und Sekundärerhebungen der Süddeutschen Zeitung. In: Böhme-Dürr, Karin/Gerhard Graf (Hrsg.): Auf der Suche nach dem Publikum. Medienforschung für die Praxis, Konstanz: 45-67.

Zweites Deutsches Fernsehen (1994): Weitergehende Maßnahmen zur Effektivitätssteigerung und Aufwandsminderung im ZDF. ZDF-Schriftenreihe, Heft 49, Mainz.

Zweites Deutsches Fernsehen (1993): Maßnahmen zur Effektivitätssteigerung und Aufwandsminderung im ZDF. ZDF-Schriftenreihe, Heft 46, Mainz.

Medien und Journalismus

Klaus Kamps / Miriam Meckel (Hrsg.)
Fernsehnachrichten
Prozesse, Strukturen, Funktionen
1998. 346 S. Br. DM 64,00
ISBN 3-531-13104-4
Die Fernsehnachrichtenlandschaft hat sich in den vergangenen Jahren erheblich verändert und umstrukturiert. Weiterhin gelten Fernsehnachrichten – auch hinsichtlich ihrer Glaubwürdigkeit – als die zentralen Vermittler des aktuellen Weltgeschehens. Das Buch bietet eine strukturierte Analyse der Grundfragen und aktuellen Entwicklungstrends von Fernsehnachrichten und reicht von Theorieansätzen und Rezeptionsaspekten über Veränderungen im Nachrichtenmarkt und im journalistischen Produktionsprozeß bis zu Fragen der Ästhetik und Gestaltung von Fernsehnachrichten im nationalen und internationalen Kontext.

Thomas Leif (Hrsg.)
Leidenschaft: Recherche
Skandal-Geschichten und Enthüllungs-Berichte
1998. 225 S. Br. DM 39,80
ISBN 3-531-13290-3
Im publizistischen Alltag ist die Recherche eine seltene Leidenschaft: Termin- und Arbeitsdruck, aber auch die unzureichende Kenntnis von professionellen Arbeitstechniken führt dazu, daß Journalisten sich meist auf die Ergänzungsrecherche auf der Grundlage einer Agentur- oder Zeitungsmeldung stürzen. Um die Sozialtechnik des Recherchierens wieder in Erinnerung zu rufen, zu pflegen und mit Beispielen zu ermutigen und die vorhandene Erfahrungspotenz für andere fruchtbar zu machen, ist dieses Lesebuch aus der Werkstatt ganz unterschiedlicher Rechercheure entstanden.

Claudia Mast
Berufsziel Journalismus
Aufgaben, Anforderungen und Ansprechpartner
1999. 341 S. Br. DM 29,80
ISBN 3-531-13340-3
Der Band analysiert Aufgaben und Anforderungen für Journalisten in den 'alten' Medien Presse und Rundfunk, die neue Anforderungen stellen sowie in den 'neuen' Angeboten wie Online-Diensten und dem angrenzenden Berufsfeld Public Relations. Adressen für Ansprechpartner beim Berufseinstieg steigern den Nutzwert der Publikation.

Änderungen vorbehalten. Stand: November 1998.

WESTDEUTSCHER VERLAG
Abraham-Lincoln-Str. 46 · D - 65189 Wiesbaden
Fax (06 11) 78 78 - 400 · www.westdeutschervlg.de